개정판

COMMUNITYWELFARE &
PRACTICE

지속 가능한 지역사회를 추구하는

지역사회복지론

김만호 저

양 성 원

개정판 머리말

지역사회는 지역주민의 생활 공간이며, 지역주민이 빈번한 교류를 통하여 형성한 지역문화의 결정체이다. 지역사회는 지역주민들의 삶의 질에 직접적인 영향을 미치고 있으며, 지역주민들은 다양한 사회적 활동을 통하여 지역사회의 지속적인 성장과 발전을 추구한다. 지역사회는 산업화와 도시화 등으로 커다란 변화를 경험하였고, 지역주민의 생활방식도 변화하였다. 특히 정보화 사회의 급격한 진전은 지역사회의 기능을 변화시키고, 지역주민의 삶에도 지대한 영향을 미치고 있다. 전통사회의 약화와 이익사회의 성장은 지역 간 경계를 허물고, 지역 문화의 교환을 가능하게 하고 있다.

최근 우리나라는 저출생, 고령화로 인하여 지역소멸을 넘어 국가소멸의 위기 상황을 맞이하고 있다. 젊은 사람들이 직장, 주거, 사교육 등으로 인하여 결혼, 출생, 양육 등에 대한 부담을 가지게 되어 출생율이 심각하게 낮아지고 있으며, 위생, 영양, 의학 등의 발전으로 기대수명이 연장되고 있기 때문이다. 이러한 상황에서 지역사회의 유지와 발전을 위해 새로운 구성원의 유입이 필요한 상황이다. 구성원의 자연적 증가가 어려운 상황에서 외부 지역사회로부터의 인구 유입은 지역사회의 지속가능성을 위한 필연적 조건이다.

그럼에도 불구하고 지역사회에는 경제성장 과정에서 예상하지 못한 다양한 문제가 발생하며, 이러한 문제를 해결하는 과정에서 지역주민 간 이해충돌로 인하여 갈등이 발생하기도 한다. 갈등을 해결하는 과정은 지역사회의 환경과 구조로부터 영향을 받는다. 지역사회의 유지에 필요한 환경과 구조는 권력의 소재와 크기에 따라 지배계층과 피지배계층으로 나누어지며, 갈등해결 과정에 직접적인 영향을 준다.

한편 지역사회복지는 사회복지실천에서 지역사회의 문제를 해결하고, 지역주민의 공통 욕구를 충족시키는 것이 주요 목표이다. 지역사회 통합과 공동체 사회 건설은 지역사회복지가 달성하고자 하는 목적이다. 이 과정에서 주민의 참여와 조직화, 합리적 계획의 수립, 그리고 조직적인 사회행동은 목적을 달성하는 데 중요한 기술이다. 지역사회복지는 정부의 실패와 시장의 실패에 대한 대안으로서 인식되고 있다. 지역사회에 기반을 두고 있는 다양한 조직은 지역사회의 가치와 특성을 잘 파악하고, 지역사회의 자원을 동원하는 데 효과적이다. 또한 토착적 지도자를 개발하여 지역사회문제 해결에 충분히 역할을 할 수 있게 자극할 수 있다.

지역사회복지의 중요성에 비하여 지역사회복지론의 학문적 성과는 그리 크지 않다. 지역사회복지 이론이 다양하게 연구되고 있음에도 불구하고 지역사회복지 실천모델은 초창기의 모델을 근간으로 하고 있다. 저자는 변화하는 지역사회의 현실을 반영하고, 현실에 적합한 새로운 지역사회복지 모델을 적용하여야 하는 당위를 이해하고 있다. 하지만 새로운 현실에 적용할 실천모델을 접목하는 데 상당한 어려움을 겪고 있다.

본 교재는 지역사회복지의 효과적인 교육과 지역사회문제에 대한 적용을 반영하고자 노력하였으나 근본적인 접근에는 이르지 못하고 있음을 밝히고자 한다. 다만 교재의 구성을 새롭게 하여 실천모델과 사회제도 간의 연계성을 강조하여 개정하였다. 지역사회복지론이 강의실에서 분명한 이론과 내용을 제시하지 못하여 학생들로부터 구름 잡는 듯한 느낌을 받는다는 우려를 지우려고 노력하였다.

기존 교재에서 내용의 일관성을 가지기 위하여 전면적으로 재구성하였다. 제1장부터 제3장은 총론적인 측면에서 지역사회복지를 전반적으로 이해할 수 있도록 구성하였다. 제1장에서는 지역사회와 지역사회복지를 간단하게 언급하여 지역사회복지에 대한 개념을 형성할 수 있게 하였다. 제2장에서는 지역사회복지와 관련된 이론을 사회변화 및 사회복지사의 역할 등을 중심으로 구성하였다. 지역사회 문제를 분석하는 거시이론으로 기능주의와 갈등주의, 생태계의 다양성과 위기 상황에 대한 이론으로 생태주의, 그리고 지역사회와 지역주민의 주체성을 강조하는 임파워먼트 이론을 중심으로 설명하였다. 제3장은 지역사회복지의 발달과정을 서구와 한국으로 구분하여 설명하였다. 서구의 발달과정은 공적주체와 민간주체의 역할을 중심으로 서술하였으며, 한국의 발달과정은 연대적으로 구성하였다.

제4장부터 제8장까지는 지역사회복지의 실천모델을 제시하여 지역사회문제에 대한 접근방법을 제시하였다. 제4장에서는 지역사회복지실천모델을 개괄적으로 설명하여 학자들의 모델을 비교할 수 있게 하였다. 제5장은 지역사회개발모델을 설명하고 대표적인 사례로써 새마을운동을 설명하였다. 제6장은 사회계획 모델을 설명하고 지역사회보장계획과 지역사회보장협의체를 사례로 설명하였다. 제7장은 사회행동 모델을 설명하고, 사회적 경제를 사례로 설명하였다. 그리고 제8장은 지역사회복지실천모델의 적용에 따른 실천과정을 제시하였다.

제9장부터 제11장까지는 지역사회복지의 적용 분야에 해당하는 내용으로 구성하였다. 제9장은 지역사회복지실천에서 중요한 방법인 사례관리에 대한 설명을 제시하였으며, 제10장은 지역사회복지의 주요 실천 분야로써 지역사회복지관, 사회복지협의회, 지역자활센터, 공동모금회 등을 설명하고 있다. 제11장은 지역사회복지의 새로운 형태로써 외국의 사례를 소개하였다. 그리고 제12장은

우리나라 지역사회복지실천의 발전을 위한 과제를 제시하고 있다.

본 교재를 개정하면서 새로운 지역사회문제에 효과적으로 대응할 수 있는 사회복지사의 역할을 제시하고자 하였으나 의욕만으로 그쳤다. 지역사회복지현장에서 수고하는 선후배 사회복지사의 열정과 경험을 충분히 반영하지 못한 것도 매우 아쉽다. 차후에 이러한 부분을 보완하고자 한다.

저자의 게으름으로 교재 개정이 시기를 많이 놓친 것을 매우 부끄럽게 생각한다. 그럼에도 불구하고 오랜 시간 저자에게 긍정적 자극을 준 선·후배 교수와 사회복지사에게 감사를 표한다. 그들과 지역사회복지에 관한 의견을 나눔으로써 일관된 구성, 논리적인 표현, 정확한 용어의 사용이 이루어지게 된 것을 감사하게 생각한다.

양성원 대표님과 편집부 직원 선생님들께도 감사를 드린다. 오랜 기다림, 편집의 신속함과 깔끔함은 양성원 편집부의 대단한 역량이다. 본 개정본이 다소 덜 민망한 모습으로 세상에 나온 것은 모두 그들의 덕분이다. 양성원 관계자들의 건강과 발전을 기원한다.

2024. 2.

저자 김만호 올림

차 례

Chapter

01

지역사회와 지역사회복지

1. 지역사회의 개요
2. 지역사회복지의 개념
3. 지역사회복지의 구성
4. 지방자치와 지역사회복지

Chapter

01

지역사회와 지역사회복지

1. 지역사회의 개요

1) 지역사회의 개념

지역사회는 사람들이 특정의 지리적 경계 안에서 동질적 의식과 문화가 상호작용하는 공동체이다. 지역사회는 주민들이 특정의 지리적 경계 내에 같이 모여 집단을 이루고 사고와 문화를 공유하며 소속된 공동체에 대한 일체감을 지니는 삶의 터전(류종훈, 2007: 18)으로 이해하기도 한다.

인간은 혼자만의 힘으로 살아갈 수 없으며, 집단활동을 함으로써 그들만의 생활공동체를 구성한다. 지역사회의 상호작용방식이 다양한 것처럼 공동체도 시대와 상황에 따라 다양하게 정의되는 인간의 생존 방식이며, 삶의 표현방식이다(강대기, 2001: 23).

집단활동은 생존을 위한 사회화 과정을 거치며 다양한 활동으로 이루어진다.

다양한 경험을 가진 개인은 특정 지역에 거주하고 있는 개인과 지속적인 교류를 수행한다. 사람들은 교육, 문화, 의료, 경제, 정치, 예술, 오락 등의 활동을 상호 교류하며 집단활동을 유지하고 발전시키고 있다. 이와 같은 집단활동을 위한 토대가 동일한 생활공간으로서 지역사회라고 할 수 있다.

이러한 의미에서 지역사회의 구성원은 개인과 집단의 삶의 질을 향상하기 위하여 인접한 지역을 중심으로 다자간 교류를 전개하여 일상생활에 필요한 재화와 서비스를 교환하는 상호 교류를 강화하고 있다. 따라서 지역주민은 지역사회를 쾌적하고 살기 좋은 공간으로 만들기 위한 다양한 노력을 기울이게 된다. 즉, 공동체로서의 지역사회와 공동체 구성원으로서 개인은 동반자적 관계를 형성하고 있는 것이다.

지역사회에서 공동체를 강조하는 이유는 구성원 간의 동질적인 의식과 문화는 공동체[1] 속에서 형성되고 학습되기 때문이다. 따라서 개인은 결코 공동체를 떠날 수 없으며, 공동체의 가치, 문화, 제도 등을 통하여 자신의 역할과 의미를 찾게 된다.

2) 지역사회의 구분

지역주민의 일상생활은 지역사회에서 이루어지는 사람들과의 만남 속에서 일어나는 상호작용을 통하여 창출되는 공동체의 결과물이다. 다양한 활동을 통

1) 공동체(community)의 의미에 대해서는 다양한 의견이 있을 수 있으며, 여기에서는 공동체의 의미를 동질성을 지닌 집단을 포함하여 동일한 이념이나 목적을 지향하는 집단이라고 정의한다. 공동체의 구성요소로는 일반적으로 지역성, 사회적 상호작용, 공동의식을 들 수 있다.

하여 상호 간의 교류가 촉진되고 있을 뿐만 아니라 사회환경 및 자연환경과도 상호작용하여 특수한 문화를 창출하고 있다. 문화적 생활은 인간 내부의 다양한 활동과정을 포함하여 사회환경과 자연환경의 관계 속에서 만들어진다.

헌팅턴(Huntington)은 자신의 저서 『문명의 충돌』에서 지역적 정체성에 기반을 둔 다양한 문화[2)]를 강조하고 있다. 다양한 관점을 가진 다원주의 혹은 문화주의가 이성적 합리성을 넘어서 생활 속에 깊숙이 뿌리를 내리고 있으며, 이러한 문화적 다양성을 보존하는 것이 '지속 가능한 사회'를 만드는 요소라는 것을 강조하고 있다.

한편 지역사회는 사회환경적 특성에 따라 여러 가지의 특징을 지니고 있다. 이러한 특징은 지리적 경계, 사회적 상호작용, 공통의식과 문화라는 구성요소에 따라 다양하게 나타나며, 지역사회를 구분하는 구성요소로써 작용한다.

지리적 경계는 산이나 강처럼 자연적으로 경계를 이루고 있는 공간을 의미하는 것으로 지역주민의 생존을 보장하는 생활공간이며, 물리적 환경이다. 지리적 특징에 따라 다른 지역사회와 구분되는 삶의 방식이 결정되는 것처럼 지리적 경계는 공동체를 가능하게 하는 기본 조건이다(강대기, 2001: 25). 지리적 영역은 나름대로의 지역적 특성을 형성하면서 타 지역사회와 구분되는 정체성과 소속감을 형성하지만 상대적으로 배타적 특성을 지니기도 한다.

사회적 상호작용은 공동체를 만들어 가는 과정으로서 서로의 생활에 필요한 활동이나 교류, 사회적 관계 등의 공생적 관계를 통하여 생존 문제를 해결해 왔으며 상황에 따른 교환방식을 가지고 있다.

2) 허팅턴은 문화는 실체적 개념으로, 문명은 문화의 총체적이고 포괄적인 개념으로서 구분한다. "문명은 크게 씌어진 문화다."라고 하였다(Huntington, 이희재 역, 2000: 45-56 참고).

공통의식과 문화는 제한된 물리적 공간에서 지속적으로 이루어지는 상호작용의 결과이며, 다른 지역사회와 구분되는 정체성을 가진다. 정체성은 구성원 간에 동질적 사고를 형성하여 지역사회의 문화를 지속시키고 소속감을 강화시켜 준다.

이러한 세 가지 구성요소에 따라 지리적 지역사회와 기능적 지역사회로 구분할 수 있다. 지리적 지역사회는 산, 강 등의 지리적 경계 내에서 지역주민의 상호 작용을 통하여 형성되는 동질적 사고와 문화를 가진 집단을 의미한다. 기능적 지역사회는 교육, 종교, 회사, 의료 등에서 공통의 관심과 이익을 추구하기 위한 사고를 가지고 상호작용하는 집단이다. 단지 기능적 지역사회는 산, 강 등의 지역적 경계가 뚜렷하지 않다는 특성을 가지고 있다.

이러한 세 가지 요소는 전통사회를 규정하고 분석하는 데 유리하지만 교통과 통신의 발달로 지리적 경계가 불분명해지면서 지역사회의 고유성을 점진적으로 상실하고 있다. 즉, 지리적 경계의 약화는 기능적 지역사회[3)]의 형성을 촉진하고 있다. 기능적 지역사회는 지리적 경계를 강조하지 않는 대신에 공통의 목표와 관심사를 충족하기 위한 다양한 활동을 추구하고 있다. 개인적 관심사에 따라 활동하는 동호회활동 등도 기능적 지역사회의 형태에 포함된다.

3) 김종일(2005)은 기능적 지역사회라는 용어에 대해 부정적 견해를 보이며 공동체라는 용어를 사용하기를 권하고 있으나 공동체가 가지고 있는 속성에 비추어 볼 때 용어가 정확하다고 보기는 어렵다. 따라서 이 책에서는 기능적 지역사회라는 기존의 관례적 용어를 사용하고자 한다.

3) 지역사회의 기능

지역사회는 지역주민들이 건강하고 문화적인 생활을 영위할 수 있도록 다양한 기능을 수행하고 있다. 교육, 의료, 정치, 경제, 노동, 문화, 예술, 오락 등은 지역사회에서 이루어지는 다양한 활동으로 지역주민의 삶의 질을 강화하는 중요한 기능이다.

이와 같이 지역사회는 다양한 기능을 수행하고 있는데, 가장 대표적인 것으로 길버트와 스펙트(Gilbert & Specht, 1974: 4-5)가 설명한 다섯 가지의 기능으로 생산 · 분배 · 소비 기능, 사회화 기능, 사회통제 기능, 사회통합 기능, 그리고 상부상조 기능을 예로 들 수 있다.

〈표 1-1〉 지역사회의 기능과 제도

지역사회의 기능	사회제도
생산 · 분배 · 소비 기능	경제제도
사회화 기능	가족제도
사회통제 기능	정치제도
사회통합 기능	종교제도
상부상조 기능	사회복지제도

(1) 생산 · 분배 · 소비 기능

생산 · 분배 · 소비 기능은 일상생활에 필요한 재화와 서비스를 지역주민 간에 교환하는 경제적 기능을 의미한다. 생산 · 분배 · 소비 기능은 지역사회의 자연자원을 가공하여 1차적 생산, 2차적 생산, 3차적 생산 과정을 거쳐 재화와 서비스를 만들어 지역주민 간에 정당한 대가를 지불하여 분배하고 소비함으로써 지역주민의 욕구를 충족하게 한다.

현대사회에서 생산과 분배의 기능은 대부분 기업에서 담당하고 있으며 개인은 소비의 주체로 기능하면서 생산과 분배의 일부에 참여하고 있다. 지역주민의 만족스러운 삶은 재화와 서비스의 종류와 생산방법, 유통과 분배과정, 소비량과 지불방법에 따라 달라지고 있다.

(2) 사회화 기능

사회화 기능은 공동체의 유지와 존속에 필요한 사회적 가치와 행동양식 등을 새로운 사회구성원에게 전수하는 기능으로 가족제도를 통하여 이루어진다. 사회화의 기본적이고 일차적인 역할은 가정이 담당하며, 가정교육을 통하여 구성원으로서의 가치와 성품을 형성한다. 그 후 제도화된 교육기관과 또래집단을 통하여 사회적 규범과 규칙을 습득한다. 하지만 최근에는 정보기술의 발달로 사회의 변화가 급격하게 진행되고 있기 때문에 전 생애에 걸쳐서 사회화가 이루어진다고 할 수 있다.

(3) 사회통제 기능

사회통제의 기능은 사회의 질서를 유지하고 규율을 따르도록 지역주민의 행동을 규제하는 기능이다. 모든 지역사회는 도덕, 관습, 규칙 등을 따르도록 지역주민을 규제함으로써 지역사회를 존속하게 한다. 주로 정치제도를 통하여 법을 제정한다. 즉, 법적 규제를 통하여 사회의 질서를 유지하려는 것으로 입법활동과 행정집행이 이루어지는 과정을 포함한다. 모든 지역사회는 그 특성에 맞는 법과 규범을 가지고 있다.

(4) 사회통합 기능

사회통합의 기능은 구성원 간의 정서적 공감대를 형성하고 동질적 의식을 통하여 소속감과 결속력을 강화하는 것을 의미한다. 소속감과 결속력은 지역사회 조직에 귀속됨으로써 체계 내·외적 협력관계를 구축하는 것으로 지역주민의 자발적 참여와 봉사를 통하여 강화된다. 또한 지역사회의 정상적 운영과 성장을 위하여 구성원의 적극적 참여가 전제되는 것으로 종교제도를 통하여 이루어진다.

(5) 상부상조 기능

상부상조 기능은 지역사회구성원의 개인적 어려움을 보상 없이 지원하는 기능이다. 사회복지제도는 어려움에 처해 있는 이웃을 서로 도와주는 사회적 연대성을 강조한다. 이는 평등한 인간으로서의 당연한 역할이라고 할 수 있다.

지역주민은 일상생활을 유지하는 가운데 질병, 고령, 실직, 사망, 사고 등으로 생존 및 생활의 위협을 당할 수 있다. 전통사회에서는 가족 및 이웃의 도움으로 이러한 어려움을 극복할 수 있었으나 현대사회에서는 국가, 지방자치단체 그리고 지역사회의 공·사조직을 통하여 어려움을 극복할 수 있도록 지원하고 있다.

4) 지역사회의 변화

(1) 개념적 변화

지역사회의 기능은 도시화, 정보화, 산업화 등의 사회 변화에 따라 급격하게 변화하고 있다. 이러한 변화에 영향을 미친 요인은 다양하지만 명확하게 규정할 수 있도록 분리되어 있는 것은 아니다. 도시화는 지역사회의 규모를 확대하여 왔으며, 정보화는 지역적 특성을 약화시키고 지역적 정체성을 상실하게 하였고, 산업화는 물질적 풍요로움을 가져왔으나 인간관계의 질을 변화시켜 관계적 · 문화적 욕구를 증가시켰다. 이러한 상황에 대한 대응노력도 다양하게 이루어짐으로써 지역사회는 엄청난 변화를 맞이하고 있는 것이다.

따라서 지역사회의 개념은 현대사회에서 상대적 개념을 가지고 있을 뿐만 아니라, 기능성이 강조되어 지리적 개념이 약화되고 사회관계적 개념이 부각되고 있다(Johnson, 1989: 242). 기능성의 강화는 정보통신이나 인터넷의 영향으로 더욱 확대되고 있으며 자연적으로 형성되는 인간적 관계보다 공동의 목적을 추구하기 위한 이익단체의 역할을 강화하고 있다.

지리적 경계를 무시한 각종 조직, 즉 'Green Peace'를 비롯한 국제적 환경운동단체, 인터넷을 통한 '각종 동호회', 특수한 목표를 가진 '지역통화운동(LETS)', '마이크로 크레디트(micro credit)' 그리고 '마을 만들기' 등의 기능적 활동이 존재하고 있다.

그럼에도 불구하고 지역사회는 공동생활의 장이며, 건강한 지역사회를 만들기 위해서는 가상의 공간이 아니라 현실공간에서 이루어지는 상호작용이 강조되어야 한다. 지역사회에서 활동하는 사회복지사는 기능성을 강조하는 지역사회에 관심을 가져야 하지만 기본적으로 지리적 지역사회에서 지역주민들이 소속감과 결속력을 높일 수 있는 다양한 활동을 적극적으로 실천하는 것이 매우 중요하다.

(2) 기능적 변화

지역사회는 다양한 기능을 수행하고 있지만 교통과 통신의 발달, 산업화와 도시화의 촉진, 그리고 인간관계의 질적 변화에 따라 다음과 같이 지역사회의 특성도 변화되고 있다.

첫째, 사회화 기능의 변화: 사회화 기능은 전통사회에서 가족이 중심이 되어 그 기능을 수행하여 왔다. 그러나 도시화로 가구의 규모가 작아지게 됨으로써 가족 기능도 변화되고 있다. 산업화 및 도시화는 농업 중심의 사회를 상공업 중심의 사회로 변화시켰다. 농업이 대단위의 노동력을 공급하기 위하여 대가족 중심의 가족체제를 유지하였다면 산업화는 노동력이 이동하기 쉬운 핵가족으로 대체하였다. 가족제도의 변화는 당연하게 가족 기능의 변화를 가져오는데, 대가족이 주거를 함께하지 않기 때문에 가족부양의 기능이 약화되어 지역사회(혹은 정부)가 이를 대체하기 위하여 노력하고 있다.

둘째, 생산 · 분배 · 소비 기능의 변화: 산업화는 대량생산을 가능하게 하여 물질적 풍요로움을 가져왔지만 경쟁 사회에서 정서적 고독감을 초래하고 있다. 산업화의 진전은 대량 생산과 대량 소비를 가능하게 하였으며, 대다수의 지역주민은 절대적 빈곤상태에서 탈피하여 생활의 질은 매우 향상되었다. 그러나 의식주를 비롯한 물질적 욕구는 거의 충족되었으나 상대적으로 인간관계의 약화로 인하여 소속감이나 결속력이 약화되어 정서적 빈곤상태에 이르게 되어 사회적 제도를 통하여 정서적으로 도움을 받고 있다.

셋째, 사회통제 기능의 변화: 도시화와 산업화의 진전은 전통사회를 해체하고 이익사회를 강화하고 있다. 전통사회는 지리적 경계를 중심으로 구분되는 특성을 가지고 있었으나 교통과 통신의 발달은 지리적 경계를 허물고 있으며, 지리적 제한을 받지 않고 공통의 관심사, 즉 교육, 환경, 종교, 동호회에 따라 다양한 이익사회가 출현되고 있다.

넷째, 사회통합 기능의 변화: 사회통합은 종교가 담당하는 중요한 역할이다. 현대 사회에서 종교는 세속화되고 있을 뿐만 아니라 사이비 종교로 인하여 다수의 사람들이 고통을 받기도 한다. 또 주류 종교도 대형화하면서 소외되는 신자는 발생하고, 교인만을 대상으로 사회통합을 진행하고 있다.

다섯째, 상부상조 기능의 변화: 사회복지제도는 개인으로부터 국가로 역할이 변화하고 있으며, 국가의 사회복지제도는 잔여적 복지에서 보편적 복지로 변화하고 있다. 또한 인권보장을 위하여 탈시설화와 지역사회보호가 대세가 되고 있다. 전통적 의미에서 사회복지는 거주시설을 중심으로 형성되고 발전하였으나 거주시설이 규모의 경제를 강조하여 관리 중심으로 나타나는 여러 가지 한계로 인하여 탈시설화의 경향이 나타나고 있다. 정상화에 대한 기대를 가진 사람들이 거주시설을 떠나 지역사회로 돌아오면서 이들에 대한 지역사회의 역할이 강화되고 있다. 정상화의 원칙에 따라 지역사회의 다양한 자원을 활용하여 그들이 지역사회구성원으로 통합될 수 있는 다양한 서비스와 기능을 강화하고 있다. 특히, 일상생활을 영위함에 있어서 차별과 불편함이 없도록 지역사회시설을 편리하게 만드는 과업이 진행되고 있다.

2. 지역사회복지의 개념

1) 지역사회복지의 개념

(1) 지역사회복지의 정의

지역사회복지는 지역사회와 사회복지의 합성어이다. 지역사회의 개념은 특정의 지리적 경계를 중심으로 지역주민이 상호작용하며 동질적 의식과 문화를 형성하는 공동체라고 할 수 있다.

지역사회복지(community welfare)는 다양한 사회환경적 상황 속에서 지역주민의 개인적 문제를 수렴하여 공통적 과제를 해결하는 사회복지실천방법이다. 지역사회복지는 지역주민 공동의 노력으로 린드만(Lindeman)이 정의한 '이상적 지역사회(ideal community)'를 건설하고 지역주민의 삶의 질을 향상하기 위하여 사회통합을 추구한다. 즉, 의도적이고 계획적으로 지역사회에 존재하는 수많은 문제와 욕구를 바람직하게 해결함으로써 사회의 변화를 도모한다.

지역사회복지는 지역사회를 대상으로 적극적이고 전문적인 접근방법을 통하여 사회변화와 사회통합을 추구하는 것을 목적으로 한다. 구체적 목표는 정치, 경제, 사회문화에 따라 약간의 차이를 가지고 있다. 특히, 개발된 지역과 미개발된 지역에 따라 욕구는 상당한 차이를 보이고 있어 접근방법이 달라지기도 한다. 지역사회복지는 이러한 사회경제적 차이, 개발 정도에 따른 욕구의 차이, 환경과 생태문제에 대한 인식의 차이 등을 충분히 고려하여야 한다.

(2) 지역사회복지의 등장 배경

지역사회복지는 시설복지에 반대되는 개념으로 파악하기도 하고,[4] 사회복지 전문가에 의해서 수행되는 문제해결과정으로 파악하기도 하며, 공사(公私)의 기관에 의해서 수행되는 다양한 사회복지활동을 포함하기도 한다. 시설복지에 대비되는 지역사회보호는 탈시설화의 경향이 강조되면서 지역사회 내에서 지역주민에 의해 만성적이고 지속적인 문제를 가진 지역주민의 욕구를 해결하기 위한 것이다. 이는 지역사회에서 주민의 참여를 강조함으로써 지역사회복지의 중요성을 부각시키는 계기가 되었다.

따라서 지역사회복지는 지역사회 안에서 지역주민과 공사의 사회복지기관이 지역사회 문제나 지역주민의 공통 욕구를 예방하고 해결하여 사회통합을 달성하고자 하는 사회적 노력이라고 할 수 있다. 즉, 지역사회복지는 지역주민의 자발적 참여를 통하여 지역사회(주민)의 다양한 욕구와 문제를 해결함으로써 정치 · 경제 · 사회 · 문화적으로 공정하고 지속 가능한 사회를 건설하려는 공동의 노력이라고 정의할 수 있다.

2) 지역사회복지의 유사 개념

(1) 주민조직화

주민조직화는 지역사회복지의 핵심적 개념이라고 할 수 있다. 오카무라 시게

4) 황성철(1997: 24)은 영국의 지역사회보호나 일본의 재택복지와 같이 지역사회에서 각종 서비스를 제공하여 개인이 독립적으로 생활할 수 있는 재가복지서비스를 지역사회복지라고 정의하고 있다.

오(岡村重夫)는 지역사회복지의 개념 변화를 잘 서술하고 있다(永田幹夫, 김현훈 · 유승호 · 최재항 역, 2000: 59-63). 그는 1970년 자신의 저서 『지역복지연구』에서 "지역사회복지는 지역주민의 주체적 협동에 의한 복지의 실현을 원조하는 지역조직화 활동"이라고 정의하였다. 그 후 1974년에 발간된 『지역복지론』에서는 가장 직접적이고 구체적인 활동으로서의 지역사회보호(community care), 이를 가능하게 하는 지역조직화 활동 및 지역사회복지조직화 활동, 그리고 예방적 사회복지를 지역사회복지의 구성요소라고 하여 요소 간의 균형 유지를 강조하고 있다. 이러한 인식의 변화는 사회문화적 변화를 적절하게 반영한 것이며, 경제 성장과 고령화 사회를 맞이하면서 지역사회보호(community care)와 같은 구체적 서비스를 강조하게 되었다.

(2) 지역사회보호

지역사회보호는 지역사회라는 공간과 지역주민이라는 주체의 개념을 함축하고 있다. 지역사회보호는 영국의 시설에서 보호받고 있던 정신장애인의 재활과 치료를 위한 대안적 방법으로 시작되었으며 노인과 장애인을 중심으로 지역사회돌봄서비스를 제공한다. 일본에서는 노인이나 장애인의 일상생활을 지원하는 방법으로 재택복지를 강화하고 있다. 우리나라에서는 노인장기요양서비스, 장애인활동지원서비스 등을 중심으로 지역사회보호를 강화하고 있다. 한편 지역사회보호가 충분히 기능하려면 지역사회의 다양한 기관의 협력과 연계가 필요하다.

(3) 지역사회조직

지역사회조직은 지역주민의 문제해결을 위하여 만들어진 단체이다. 로스(Ross, 1975: 39)는 지역사회복지를 전통적 개념인 지역사회조직으로 설명하였다. 그는 공동사회 스스로 그 필요성과 목표를 발견하고 필요한 자원을 내부에서 추구하여 실제 행동하는 것으로 공동사회가 단결, 협력하여 실행하는 태도를 육성해 가는 과정으로서 지역사회의 문제해결능력과 자원 활용을 통한 사회통합을 강조한 것으로 보고 있다. 지역사회조직은 과정적 목표를 지향하며 의식과 가치관의 변화에 역점을 두고 있음을 알 수 있다.

한편, 최일섭과 류진석(1998: 34-38)은 지역사회복지를 지역사회조직이 확대된 개념으로 정의하면서 "전문 혹은 비전문 인력이 지역사회의 문제를 예방하고 치료하고자 하는 일체의 사회적 노력으로서 지역사회에 존재하는 각종 제도에 영향을 주고자 하는 것"이라고 하였다. 그리고 더욱 구체적인 개념으로 지역사회조직사업은 공사(公私) 기관의 전문 사회복지사에 의해서 보다 조직적이고, 추구하는 변화에 대해 의도적 · 계획적이며 과학적인 지식과 기술을 사용한다는 점에서 다른 지역사회복지활동과 차별화된다고 강조하였다. 즉, 지역사회복지를 전문적 분야로 인식하고 치료적 성격을 강조하고 있음을 알 수 있다.

3) 지속 가능한 지역사회복지

지역사회는 급격하게 변화되고 있다. 기존의 지배적 가치가 새로운 가치로 바뀌고 있으며, 지역주민은 경쟁적 사회구조에서 조직에서 생존하기 위하여 헌신적 노력을 기울이고 있는 상황이다. 따라서 공동체에 대한 관심보다 자신과 가족에 대한 관심이 더욱 많다. 이러한 과정에서 지역사회의 공동체의식은 더욱 약화되고 있으며, 지역주민 간의 상호작용은 개인의 관심 사항을 중심으로 이루어지고 있다. 공동체의식의 부재는 지역사회문제의 해결에 있어서 지역주민을 소극적으로 참여시키며, 사회복지서비스의 공급에서도 지역주민을 단순한 서비스의 수혜자로 머물게 하고 있다.

이러한 상황에서 지역사회복지서비스 역시 근본적 문제를 해결하기 위한 접근보다는 지역주민의 직접적인 욕구를 해결하기 위한 서비스를 제공하고 있는 실정이다. 지역사회구조와 생활방식의 변화 없이 사회통합을 추구하기는 어렵다. 결국 지역사회복지는 부분적으로 소소한 문제는 해결하고 있지만 사회구조적인 문제, 환경적 문제 등은 해결하지 못하고 있다. 따라서 지속 가능한 지역사회를 건설하기 위한 지역사회복지방법은 절실하다.

맥넛(McNutt, 1995: 50-51)는 지속 가능한 사회복지체계를 다섯 가지로 제시하고 있다. 첫째는 주민 중심의 원칙이며, 둘째는 사회정의의 원칙이며, 셋째는 참여의 원칙이다. 넷째는 예방의 원칙이며, 다섯째는 발전의 원칙이다. 지역주민의 행복한 생활과 사회통합을 추구하기 위한 지역사회복지는 경제지표, 사회지표와 함께 환경지표가 중요한 기준으로 작용하여야 한다는 것이다.

따라서 지속 가능한 지역사회복지의 기본 전제를 살펴보면, 먼저 지속 가능한 지역사회복지는 종합적이고 거시적인 차원에서 지역사회복지 발전 모델을 구상하고 계획하여야 한다. 현재의 사회구조는 사회경제적 힘이나 정치적 역량에 의해서 커다란 영향을 받았다고 할 수 있다. 지속 가능한 지역사회복지는 지역사회 내의 많은 이익단체의 이권과 첨예하게 대립될 수 있다. 따라서 지속 가능한 지역사회복지는 모든 사람의 합의와 협력을 통해서 지속 가능한 거시정책의 수립과 정책결정과정에서 다양하고 폭넓은 의사소통구조가 필요하다.

둘째, 지속 가능한 지역사회복지는 통합적이며 상호작용적이어야 한다. 지속 가능한 지역사회복지는 주민의 삶의 질을 향상하는 것과 지역사회환경의 안정성과 순환성을 높이기 위한 방법이다. 특히, 인간과 자연, 인간과 인간, 자연과 자연이 통합되는 상호작용적 관계가 형성될 때 지속 가능한 지역사회가 될 수 있다(김일태, 2001: 39). 지속 가능한 지역사회복지를 보다 유기적으로 형성하는 중요한 조건은 지역 간의 교류/협력과 아울러 자원의 재활용 및 소비 감소와 같은 순환성을 높여 환경을 보호하는 노력이다.

셋째, 지속 가능한 지역사회복지는 다른 분야와 영역에 대해서 관심을 가져야 한다. 지역사회의 성장과 발전은 물리적 환경의 성장뿐만 아니라 자연적 환경을 동시에 추구하여야 한다. 따라서 정치적 여건, 경제적 상황, 사회적 조건, 문화적 요인에 대한 충분한 연계를 통하여 보다 완전한 계획을 수립할 수 있다.

넷째, 지역사회의 독특한 문화적 특성을 개발하고 확대하여 새로운 문화적 전통을 확립하는 것이다. 지역사회는 나름대로의 독특한 문화와 전통을 가지고 있다. 이것은 지역사회가 하나의 발달과정을 가진 역사적 존재라는 것을 의미한다. 그러나 지속 가능한 지역사회복지는 다른 지역과의 차별적 전략을 통해서 독특한 문화를 보유함으로써만 지속적으로 존립이 가능하다.

3. 지역사회복지의 구성

1) 지역사회복지의 목표

(1) 사회통합

지역사회복지는 사회통합의 목적을 달성하기 위한 다양한 활동을 전개하는 수단이다. 지역사회가 자립적이며 통합적인 공동체를 조성하기 위해 지역주민의 주인의식과 참여노력이 선행되어야 함은 당연하다. 사회통합은 지역주민의 적극적인 참여가 필요하다.

지역사회복지에서 강조하는 주민참여 혹은 주민조직화는 지역주민이 정책결정과정에 영향력을 행사할 수 있는 다양한 활동을 포함하고 있다. 지역주민은 정책결정과정에서 벗어나 있지만 자신의 삶의 질을 향상시키기 위하여 정책의 변화를 끌어낼 수 있는 주체이며, 지역사회의 주인이라는 점에서 지역사회 변화의 핵심이며 중추이다.

지역사회복지의 일반적 목적은 지역사회자원과 지역주민의 욕구를 효과적으로 연계하고 조정하는 것이라고 할 수 있다. 이를 위하여 지역사회복지는 욕구를 발견하고 정의하며 자원과 욕구를 분명하게 연결하여 자원을 지속적으로 재조정하여 욕구를 충족할 수 있도록 지원한다(양정하 외, 2008: 36). 이러한 의미에서 지역사회복지는 의도적이고 계획적인 과정으로 문제해결이라는 결과를 중요시한다는 것을 알 수 있다.

(2) 과업지향목표와 과정지향목표

로스만(Rothman)은 지역사회복지의 목표를 과업지향의 목표와 과정지향의 목표, 두 가지로 구분하여 설명하고 있다. 과업지향의 목표는 지역사회의 특정한 욕구나 구체적 문제를 반드시 해결하여야 하는 과업 완수로서 결과에 관심을 두는 것이며, 과정지향의 목표는 해결되어야 할 과업이 중요한 것이 아니라 지역주민이 문제해결과정에 관심을 가지고 의식적으로 참여하고 문제해결방법을 습득함으로써 문제해결역량을 강화하는 것에 목표를 둔다. 구체적으로는 지역주민이 지역사회문제에 대한 관심을 가지도록 촉진하고 이 과정에서 다양한 경험을 통하여 문제해결역량을 갖추는 것에 관심을 가진다.

(3) 관계지향목표

던햄(Dunham)은 로스만의 2가지 목표 외에 권력 관계 혹은 분배 관계를 강조하는 관계 중심의 목표를 추가하여 3가지로 설명하고 있다. 관계지향의 목표는 자본과 노동, 지배와 피지배, 명령과 순종 등의 주종의 관계를 변화시키는 것이다. 정당하고 평등한 관계를 통하여 지역주민들의 삶의 질을 높이고자 한다. 하지만 지역사회문제는 많은 부분이 정치과정을 통하여 법과 제도에 의해서 이루어지기 때문에 지역주민이 결정권 있는 모임에 직접 참여하여 의사결정에 영향력을 가짐으로써 관계의 질을 변화시킬 수 있다. 관계의 질을 변화시킴으로써 지역주민의 권한을 강화하여 사회조건을 개선하고 불이익을 당하고 있는 지역주민의 이익을 증대하여 사회정의를 실현할 수 있다.

2) 지역사회복지실천 주체

지역사회복지는 전문가와 비전문가에 의해 이루어지는 것으로 정의되고 있다. 여기에서 전문가는 사회복지 전문가를 의미하는 것이며, 비전문가는 다른 영역의 전문가 및 지역주민을 포괄하여 명명한 것으로 볼 수 있다. 이러한 의미에서 지역사회복지의 실천 주체는 사회복지, 보건, 의료, 위생, 교통, 교육 등의 다양한 주체에 의해 제공된다. 길버트와 스펙트의 지역사회 기능을 중심으로 본다면 가족 및 교육기관, 경제기관, 정치기관, 종교기관, 그리고 사회복지기관 등이 실천 주체라고 할 수 있다.

지역사회복지의 실천 주체는 여러 가지의 유형으로 구분할 수 있다. 지역사회복지의 공식적 실천 주체는 정부 혹은 민간의 역할을 중심으로 공공기관과 민간기관으로 구분하며, 비공식적 실천 주체는 가족, 이웃, 종교단체 등의 자연적 집단을 예로 들 수 있다.

일반적으로 사회복지서비스는 공적기관인 국가와 지방자치단체가 우선적으로 서비스를 제공하지만 최근에 지역사회의 역할이 강화되면서 민간기관인 지역주민이나 시민단체의 역할이 중요하게 등장하고 있다. 국가, 지방자치단체 그리고 민간 및 시민단체의 역할은 사회복지에 대한 국가 책임의 정도, 지방분권의 수준, 민간기관의 능력 등에 따라 달라질 수 있다.

(1) 공적주체

지역사회복지의 공적주체는 정부와 지방자치단체, 국 · 공립 사회복지시설 등이 있다. 중앙정부 차원에서 지역사회복지를 실천하는 경우는 유럽 국가와 일본 등이 있다(박용순, 2006: 31). 영국은 1970년 이후 복지국가의 재정 위기를 극복하는 과정에서 국가 중심에서 지방자치단체를 중심으로 지역사회복지를 실천하고 있다. 국 · 공립기관은 사회복지관 등을 국가와 지방정부 차원에서 직접 운영하고 있는 것을 예로 들 수 있다.

최근에 국가의 역할은 직접적 개입을 축소하고 지방자치단체로 권한을 분배하는 분권화를 통해 사회적 하위체계 간의 의사소통을 중재하고 조정하는 복지다원주의로 변화하고 있으며, 지방정부는 복지서비스의 직접적 제공보다 다른 영역과의 파트너십을 통한 복지서비스 공급을 강조하고 있다(김희연, 2002: 1).

(2) 민간주체

민간주체는 순수한 의미보다는 운영의 주체라는 점으로 이해하는 것이 바람직하다. 민간주체는 우리나라의 사회복지제도 형성과정에서 공적복지가 확립되기 이전에 자선적 차원에서 시작되었으며, 국가의 재정이 확충된 후에 보조금을 지급받아 운영비와 사업비를 충당하는 혼합적 특징을 보이고 있다.

민간주체는 전문가에 의해 운영된다는 점에서 전문성과 문제해결 중심이라는 특성을 가지고 있다. 구체적으로는 사회복지협의회와 사회복지공동모금회 등의 지원단체와 지역사회복지관(재가복지봉사센터 포함), 가족지원센터, 지역자활센터(시니어클럽 포함), 정신건강복지센터(사회복귀시설 포함), 지역아동센터, 노인복지센터, 장애인주간보호센터 등의 실천 단체로 구분할 수 있다. 기타 민 · 관 협력체로서의 지역사회보장협의체, 자원봉사센터 등이 서비스 제공 주체로서의 역할을 수행하고 있다.

최근에 지역사회복지는 개인적 특수성과 지역적 상황을 반영하여 탈시설화와 지역사회보호가 강화되고 있는 추세이며, 지방분권화 정책으로 지방정부의 역할이 강화되고 있다. 특히 노인돌봄서비스의 경우 노인장기요양보험제도가 시행되면서 국가의 통제하에 민간(사회복지법인, 비영리법인, 개인) 중심의 사회보험이 확대되고 있는 상황이다.

〈표 1-2〉 지역사회복지의 실천 주체

서비스 제공 주체			
공식			비공식
공공 부문	민간 부문	복지 혼합 부문	
중앙정부 지방자치단체 국 · 공립기관	사회복지협의회 공동모금회 지역사회복지관 지역자활센터 정신건강복지센터 시니어클럽 지역아동센터 노인종합복지관 노인복지센터 가족지원센터	지역사회보장협의체 시군구 자원봉사센터	가족 이웃 동료 종교단체

(3) 혼합주체

혼합주체는 급격한 산업화 과정에서 지역적 특수성과 지역적 상황에 따라 국가의 획일적 서비스 공급이 효과를 거두지 못하기 때문에 지역주민의 욕구에 부합하기 위하여 등장하게 되었다. 이는 복지서비스의 다원화에 대한 요구가 증대되어 국가의 역할이 축소되면서 공급 주체가 혼합되어 등장한 것이다. 이러한 혼합적 실천 주체는 관료제에 의한 공공 부문의 한계를 극복하고 전문성을 가진 민간 부문의 장점을 활용하면서 재정적으로는 정부의 지원과 클라이언트의 부담을 활용하는 형태로 혼합되고 있다. 뿐만 아니라 최근에는 개인적 욕구의 충족을 위하여 이윤창출을 목적으로 하는 기업에 의한 서비스 공급이 이루어지고 있다. 하지만 보편적 복지의 축소는 지역사회복지서비스의 공공성과 안정성을 약화시키고, 서비스 공급 주체의 과다 경쟁을 유발시킬 뿐만 아니라 이용자 부담 증가 등으로 서비스에서 배제되는 경우가 발생하는 역기능적 현상이 나타나고 있다.

3) 지역사회복지의 대상

지역사회복지의 대상은 기본적으로 지역사회라고 할 수 있다. 지역사회의 핵심은 지역주민이다. 따라서 지역주민의 공통된 욕구와 사회적 위험으로서의 사회문제가 지역사회복지의 대상이다(한국임상사회사업학회, 2008: 32-33). 사회문제는 바람직하지 않은 방식으로 지역주민에게 부정적 영향을 주는 조건을 의미한다(강철희 · 정무성, 2006: 249). 지역주민이 일상생활을 영위하면서 직 · 간접적으로 관련되어 있는 사회문제 혹은 공통의 욕구는 지역주민 간에 갈등을 초래하여 경쟁함으로써 결속력을 약화시키고 있다.

지역주민의 욕구는 소득, 의료, 주택, 교육 등의 기본적 욕구가 충족되지 못한 경우와 교통, 환경, 스포츠, 여가, 문화적 활동 등의 이차적 욕구의 미충족을 포함하고 있다.

로스만의 구분을 중심으로 볼 때 지역사회복지의 1차적 대상은 불평등한 사회구조, 지역주민의 이기주의적 무관심과 아노미적 규범의 약화, 그리고 범죄 ·

교통 · 주거 · 위생 등의 사회발전과정에서의 부작용으로 인한 일탈행위 등이라고 할 수 있다. 이와 같이 사회문제는 사회구조적 문제로서 지역사회의 모든 구성원이 공동으로 해결해야 하는 특성을 가지고 있다.

4) 지역사회복지의 방법

지역사회복지의 궁극적 목적은 사회통합이다. 지역사회복지가 사회복지의 실천방법 중의 하나이기 때문에 사회통합을 추구하는 방법으로 조직화 기술, 자원 동원, 사회계획, 사회행동 등의 기술을 활용한다.

조직화는 지역주민의 권리의식과 책임의식이 표현되는 것으로 적극적이고 자발적인 참여가 이루어질 때 이를 체계화함으로써 이루어진다. 또한 지역사회의 부족한 자원을 해결하기 위하여 내 · 외적 자원을 동원하는 기술이 활용되며, 불평등한 사회구조로 인하여 억압과 착취현상이 나타날 때 사회행동 등의 직접적 방법이 사용된다. 또 지역사회의 발전과정에서 나타나는 부작용인 사회문제를 해결하기 위한 사회계획도 활용된다. 이 외에도 임파워먼트 혹은 강점 기술 등이 사용되기도 한다.

머피(Murphy)는 지역사회의 문제를 해결하기 위한 지역사회조직의 실천적 기능을 아홉 가지로 들고 있다(김영모, 2001: 48-52).

① 지역사회의 욕구해결을 위한 자원 동원
② 주민의 의사를 반영할 수 있는 위원회 활동
③ 문제를 토의하기 위한 집단회의

④ 조언을 구하기 위한 협의
⑤ 다양한 영역 간의 협력과 조정을 위한 협상
⑥ 지역사회현상을 분석하고 해결책을 마련하기 위한 해석
⑦ 사회현상의 객관적이고 과학적인 조사와 연구
⑧ 계획을 실천, 유지, 관리하기 위한 행정
⑨ 계획 및 실천과정을 자료화하고 보관하기 위한 기록의 기능

머피의 이러한 기능은 계획 단계로서는 조사 · 연구, 집단회의, 협의, 해석의 기능이 해당되며, 실천 단계로서는 자원 동원, 위원회 활동, 집단회의, 협의, 협상의 기능이 해당될 수 있으며 주민조직화 및 유지와 관련된 기능이라고 할 수 있다. 종결 단계로 행정관리와 기록의 기능으로 구분할 수 있다.

5) 사회복지사의 역할

사회복지사는 문제해결에 따른 목표를 설정하고 이를 해결하는 방도를 강구하도록 원조함으로써 최선의 문제해결 방법을 선택하여 지역주민들이 주체적으로 능력을 개발하여야 하며 지역주민에 대한 회유나 강요보다 격려와 지지를 통한 자발적 참여가 바람직하다.

이는 사회복지사가 전체 지역주민과 함께 일해야 한다는 것을 의미하며 편파성을 배제하고 민주적 절차를 통하여 의사결정이 이루어지고 지역주민이 합의한 문제를 중심으로 역할을 수행하여야 한다는 것을 의미한다. 당연하게 사회복지사는 구체적 방법과 직접적 해결을 제시하거나 지시하는 것은 바람직하지

않다. 다만, 문제해결을 위한 자료 제시, 다양한 견해, 대안의 시사점 및 대안에 대한 논의를 통하여 지역주민 스스로가 문제를 인식하고 해결하도록 도와주는 일은 가능하다.

사회복지사는 지역주민의 참여와 통합을 강화시키려는 목표, 환경 변화에 대한 지역주민의 대처능력을 강화시키려는 목표, 불리한 사회적 조건과 서비스를 개선하고자 하는 목표, 그리고 특정 불이익집단의 이익을 신장시키고자 하는 목표를 달성하기 위하여 노력하여야 한다.

하지만 이들 목표는 유사하거나 중복되는 경향도 있고, 이해관계가 상충될 수도 있다. 따라서 이러한 목표를 달성하기 위한 사회복지사의 역량은 통합적 조정능력이 필요하다. 지역주민이 무관심한 상황에서도 그들을 자극하고 대안을 제시할 수 있어야 하기 때문에 사회복지사의 주체성과 적극성이 요구된다. 구체적으로 사회복지사의 역할은 다음과 같다.

(1) 조력자의 역할

지역주민은 지역사회의 문제를 인지하고 있어도 이를 어떻게 해결하는지 방법을 알지 못한다. 혹은 일상생활에 쫓기어 문제 자체를 인식하기도 어렵다. 다만, 일상생활의 불편함이나 부당함에 대해서는 인지할 수 있다. 사회복지사는 지역주민의 개인적 불만이 지역사회 전체의 문제라고 의식하고 이를 표출할 수 있도록 자극하고 집약하는 노력을 할 수 있다.

사회복지사는 주민 간의 원만한 관계 확립을 위한 교량적 역할을 수행하면서 좋은 대인관계를 유지할 수 있도록 신뢰 관계를 형성하고 지지와 격려를 통하여 우호적 분위기를 조성하도록 노력하여야 한다. 지속적이고 장기적인 목표를 계획하도록 지원하고 특정 과업만을 강조하여 장기적 목표를 상실하지 않도록 하여야 한다. 이러한 활동에 장애가 되는 요인을 제거하기 위해 노력하는 것은 당연하다.

(2) 계획가의 역할

지역주민의 공통적 욕구와 사회문제는 집단적이며 의도적이고 계획적인 방법으로 해결하는 것이 바람직하다. 따라서 사회복지사는 사회문제와 사회문제에 영향을 미치는 요인, 지역사회의 갈등을 조장하는 사고나 태도, 지역사회의 구조 및 역할에 대한 관계 파악, 지역사회의 역사나 관습 등에 관한 조사를 통하여 지역사회의 구조와 특성을 파악한다.

또한 다른 지역사회에서 실시한 조사, 연구, 시범사업 등에 관한 자료와 정보를 파악하도록 다른 지역사회에 관한 정보를 제공하고 효과적으로 조직을 결성하는 방법과 절차 및 운영에 관한 충분한 지식을 제공할 수 있어야 한다. 프로그램이나 기관의 운영능력을 고려하여 목표 달성을 위한 인적 · 물적 자원의 적절한 관리와 문제해결을 위한 통찰력과 기술이 필요하다.

(3) 조직가의 역할

조직가의 역할은 지역사회조직의 과정을 용이하게 하는 조력가의 역할과 같다. 지역주민의 공동의 불만을 집약하고 이를 바탕으로 불만을 공유하며 불만을 해결할 수 있는 조직화를 격려하는 것을 의미한다(김범수 · 신원우, 2006: 141).

이를 위하여 사회복지사는 지역주민과 우호적 관계를 형성하고 협동적 관계를 구축하는 것은 당연하다. 조직가의 역할은 개인만을 대상으로 하는 것이 아니라 지역사회의 다양한 조직도 문제해결과정에 참여시킬 수 있어야 한다. 지역사회 기존의 조직은 지역사회문제에 관심이 많으며, 구성원에게 영향력을 가지고 있기 때문에 문제해결의 중요한 자원이 된다.

지역사회의 다양한 조직이 계획의 수립과 실천과정에 참여할 수 있도록 참여단체의 역할을 분명히 정해 주고, 역할 수행을 위한 교육을 수행하여 스스로 추진해 갈 수 있는 사기와 능력을 강화하여야 하는데(한국임상사회사업학회, 2008: 135), 이는 지역사회 취약계층의 영속적 혹은 반영속적 권력 기반을 구축하기 위한 기본적 토대가 될 수 있다.

(4) 옹호자의 역할

옹호자의 역할은 지역주민이 자원과 서비스를 받을 권리를 유지하도록 돕거나 지역주민에게 불이익을 주는 정책을 변화시키기 위한 다양한 활동을 적극적으로 지지하는 역할이다. 즉, 지역주민의 입장에서 그들의 요구를 표현하고, 그들의 권익을 대신 주장하는 것을 말한다. 또한 지역주민의 권익을 옹호하기 위하여 지역주민의 입장에서 필요한 정보를 끌어내어 지역주민의 불이익과 정당한 권리를 주장하고 이를 실현할 수 있는 필요한 자원을 지원하는 것도 포함된다.

(5) 행동가의 역할

행동가의 역할은 정당하지 못한 여러 가지의 형태로 불이익을 당하고 있는 지역주민의 사회적 조건을 향상시키거나 사회 변화를 통하여 사회정의를 달성하기 위한 사회복지사의 역할을 말한다.

지역사회가 구조적으로 계층화되어 불평등의 정도가 심하여 다수의 지역주민이 고통스러운 상태에 있을 때 지역주민의 정당한 권리를 알려 주고 그 상황을 해결하기 위하여 정책이나 제도를 변화시키며 지역사회 내의 불이익을 당하는 지역주민을 위해 주민조직과 함께 지역사회환경을 개선하고 서비스를 요구하기 위한 집단행동에 있어서 리더십을 발휘하여 직접적이고 간접적인 다양한 활동을 전개함으로써 사회정의를 실현하는 역할을 한다.

4. 지방자치와 지역사회복지

1) 지방자치의 개념

(1) 지방자치제도 실시

우리나라는 1991년 지방의회를 구성하고 1995년 지방자치단체장을 국민이 직접 선출하면서 본격적으로 지방자치제도를 실시하였다. 지방자치제도는 지방분권사상에 의해 중앙정부로부터 독립된 자치권이 있는 지방자치단체에 의해서 지방행정을 독자적으로 운영하는 것을 의미한다. 민주주의 사상으로 지방자치단체의 행정 사무가 지역주민의 참여에 의해 이루어지는 것이다. 지방자치제도는 지역사회의 문제는 지역주민이 스스로 처리하고 다스린다는 자기통치의 원리를 강조한다. 이는 지역사회 권력의 주인은 지역주민이라는 것을 의미하므로 지방행정에 있어서 주민참여의 중요성을 강조하는 것이다.

(2) 지방분권

지방자치제도가 본격적으로 시행된 시기는 2005년에 추진된 지방분권이다. 지방분권은 중앙정부의 권한이 지방정부에 위임되어 지방자치단체의 권한으로 통치행위를 가능하게 하는 것이다. 지방분권이 충분한 효과를 발휘하기 위해서 지방자치단체가 자율적 권한을 가지고 모든 행정사무를 독자적으로 수행할 수 있다. 이렇게 되면 지방의 특수성과 상황에 적합한 행정을 수행할 수 있다는 점에서 진정한 의미의 지방자치가 실현되는 것이라고 할 수 있다. 우리나라의 지방분권은 참여정부가 지방정부의 자율성과 역량을 발휘하고 중앙과 지방정부 상호 간의 협력을 통하여 지역적 특성에 부합되는 정책을 개발하고 실현할 수 있도록 추진한 정책이다. 하지만 지방분권은 당초의 의도와는 달리 지역주민의 욕구와 서비스의 불일치, 서비스 간의 연계 및 협력 미비, 포괄적이고 체계적인 서비스의 부재 등으로 적지 않은 문제를 야기하였다. 이러한 문제가 발생함으로써 지방분권의 의미를 살리기 위한 실질적인 사회복지 전달체계의 확립이 시급한 상황에 직면하여 있다.

이는 지방분권이 지역주민의 참여나 지방자치단체의 의지와 무관하게 진행되어 왔기 때문에 지방자치단체에 따라 예산의 감소 배정과 서비스의 축소현상으로 지역 간 격차가 심화될 수 있으며, 지역주민의 욕구에 부합되는 서비스를 제공하지 못할 때에는 오히려 사회복지서비스의 무용론을 촉발하여 지역사회복지를 위축시킬 수 있다. 따라서 중앙정부와 지방정부가 협력해서 지역사회의 문제를 효과적으로 해결하고 지역사회가 성장할 수 있도록 중앙정부의 적극적인 지원이 필요하다. 전국이 균형적으로 발전하기 위하여 지방정부가 주도하고 중앙정부가 지원하는 협력적 지방분권이 필요하다.

(3) 지방자치의 가치

지방자치제도는 중앙정부의 특성인 거대화, 보편성(획일화), 불균형, 관료주의 등의 문제를 해결하고 지역사회의 특성에 맞도록 주민욕구를 중심으로 행정을 실시하여 지역발전을 도모하는 데 가치가 있다. 지역적 창의성을 보장하고 행정의 효율성을 강화하기 위하여 지역주민의 다양한 욕구, 균형된 발전, 공동체의 성장, 지역주민의 적극적 참여를 주된 가치로 삼고 있다. 이는 중앙정부와 지방정부 간 역할 분담을 통하여 행정 부담을 나누어 인력과 경비를 절감하는 효과가 있다. 다른 한편으로 국민의 자치능력 강화 및 국가 권력의 비대화를 방지할 수 있다는 장점이 있다.

(4) 지방자치의 방향

지방자치는 지역사회의 책임을 강조하는 것으로 지방정부의 자율성, 지역주민의 책임성, 성숙한 시민의식을 전제로 하고 있으며 참여적 환경을 조성하는 것이 무엇보다 중요하다. 즉, 지역사회의 욕구에 부합되는 서비스를 개발하고 공동체를 형성할 수 있도록 지역주민이 적극적으로 참여할 것을 요구하기 때문에 지역사회복지의 역할이 매우 중요하다.

최근에 장애범주의 확대, 고령화의 촉진, 저출생, 가족 기능과 형태의 변화 등으로 국민의 욕구는 다양하게 분출되고 있지만 지역사회복지서비스는 분리되고 단편적으로 제공될 뿐이다. 따라서 지역주민의 다양한 욕구에 대한 사회복지서비스는 언제든지 단 한 번의 방문으로 문제를 해결할 수 있는 원스톱서비스가 되어야 한다.

2) 지역사회복지에서 지방자치의 의미

지방자치제도가 실시되면서 지역사회복지에 미치는 영향이 적지 않다. 대체로 긍정적 영향이 많지만 사회구조가 경제 중심의 구조로 전환되면서 오히려 지방 간 차이를 심화시키는 요인이 되기도 한다. 지방자치제도가 지역사회복지에서 가지는 의미는 다음과 같다.

첫째, 현대사회가 급변하고 사회구조가 변화되면서 지역사회 및 가족의 기능이 변화되고 있다. 이는 중앙정부의 보편적 정책으로 해결할 수 없는 문제가 많다는 것을 보여 준다. 가족과 지역공동체의 기능을 대신할 서비스가 필요한데, 보편적인 중앙정부정책보다 욕구 중심적 지방정부의 구체적이고 직접적인 서비스가 필요하다.

둘째, 국민의 삶의 질이 높아지면서 지역주민의 복지 욕구가 변화되고 있다. 주민의 욕구가 의식주의 경제적 욕구에서 심리적 · 사회적 욕구와 같은 비경제적 욕구로 변화되었다. 이는 지역사회의 특성에 따라 다양하게 나타나며, 주민

욕구에 부합하는 정책을 실시하기에 지방정부가 효율적이라는 것을 보여 준다.

셋째, 사회복지서비스가 거주시설 중심의 서비스에서 지역사회보호 중심으로 변화되고 있다. 특히, 우리나라에서는 지역사회보호 중에서 재가복지서비스로 패러다임이 변화되고 있다. 재가복지서비스는 중앙의 거대화된 정책보다 지역사회에서 지역주민에 의해 수행되는 것이 훨씬 효과적임을 강조하는 것이다.

넷째, 지역사회복지서비스 전달체계를 확립할 수 있다. 즉, 지역주민의 욕구와 가용 자원을 연계하거나 공사의 민 · 관 협력체를 구성하는 데 의미가 있다. 지역사회복지서비스가 중앙에 종속되거나 위임 사무를 중심으로 처리하는 경우에 자체적 전달체계를 구축하지 못하여 업무 효율성이 떨어지지만 독자적으로 업무를 처리하는 경우 적극적 행정을 실시할 수 있다.

다섯째, 지역사회의 복지자원을 축적할 수 있다. 지역사회에는 다양한 영역의 서비스가 존재하지만 지역사회의 자원을 발견하고 활용하는 데 적극적이지 않았다. 지역사회의 다양한 자원을 발굴함으로써 지역 발전과 주민의 복지 증진을 위한 지역 차원의 사업을 전개하는 것이 가능하다.

여섯째, 지역사회의 다양한 자원 이외에도 각종 전문 인력을 확보할 수 있다. 전문 인력은 지역사회를 위하여 봉사하고 노력할 준비가 되어 있지만 어떻게 어떤 방법으로 참여할지 모르는 경우가 다반사이다. 지방자치제도는 이러한 전문 인력을 확보하여 지역 특성에 맞는 합리적 조사를 실시하고 지역 발전계획을 수립하며 실천하는 전문가와 연계체계를 구축할 필요가 있다.

Chapter

02

지역사회복지이론

1. 지역사회복지의 이념
2. 지역사회복지의 원칙
3. 지역사회복지이론

Chapter

지역사회복지이론 02

1. 지역사회복지의 이념

지역사회복지의 이념은 명확하게 정립되어 있지 않지만, 핵심 개념으로 사회통합과 주민참여를 거론하는 데 주저함이 없다. 사회통합과 주민참여는 지역주민의 평등한 권리를 전제하고 있으므로 정상화 이념이 강조된다(표갑수, 2003: 39-40). 또 지방소멸 등의 현실적 상황을 반영하여 지속가능성이 중요한 이념으로 인식되고 있다.

1) 사회통합

(1) 사회통합의 정의

사회통합(social integration)은 집단이나 개인이 서로 적응함으로써 단일 집합체로 통합되어 가는 과정으로 볼 수 있고(한국사회복지협의회, 1993), 또 전체 사회가 사회적, 심리적, 구조적으로 융합되는 것을 의미하기도 한다(한국지역사회복지학회, 2004: 85). 한편, 사회통합을 정상화(normalization) 원리의 실천방법(표갑수, 2003: 50)으로 보기도 한다.

사회통합은 심리적 동일시를 기본 조건으로 하되 상호 간의 교류와 협력이 활발하게 이루어지는 공동체적 관계를 의미한다. 사회통합은 사회적 연대성에 의거하여 지역주민이 공통의 관심사에 공동으로 대처하며, 아울러 개인적 사고에 대하여 적극적으로 지원할 수 있는 사회적 · 문화적 · 심리적 응집력을 의미하는 것으로 볼 수 있다.

사회통합은 구성원의 정체성을 확립하는 과정으로 구성원의 다양성, 평등성, 자발성을 존중하면서 상호 간에 의존적 관계를 형성하는 것으로 보기도 한다. 따라서 사회통합은 구성원의 의식 · 가치 · 심리 · 문화의 통합을 의미한다(길은배, 2001: 26-27).

(2) 사회통합의 주체

사회통합의 주체를 누구로 하느냐에 따라 정의는 달라질 수 있다(백은령, 2003: 37). 예를 들어, 장애인이 통합의 주체라면 지역사회가 장애인에게 가치 있는 사회적 역할을 수행할 수 있는 사회환경적 조건을 구비하는 것이며, 반대로 기득권을 가진 사회환경적 조건이 주체라면 사회구조에 순종적으로 적응하는 것을 통합이라고 할 수 있다. 하지만 생태체계적 관점에서 보면 상호 교류적이며 의존적 관계를 강조하는 입장에서 쌍방 간의 변화와 적응을 사회통합이라고 할 수 있다.

(3) 사회통합의 요인

산업화된 사회와 같이 기능적 조직이 자연적 조직보다 활성화되어 있는 사회에서 전문적 교육과 훈련을 통하여 개인적 특성을 강화할 수 있으며, 공동체의식은 약화되지만 성과 중심의 상호 의존성은 증가한다. 그러나 기능적 조직의 구성원은 목표 지향적이어서 협력과 협동의 자세는 가질 수 있지만 조직 외적인 문제에 대하여 무관심하고 배타적이어서 전체 사회의 통합에 소극적인 경향이 있다.

따라서 산업화된 사회의 사회통합은 의도적이고 계획적으로 공통의 가치와 신념을 형성할 수 있는 목표를 제시하는 것이 필요하다. 이러한 목표 달성과정에서 이질적 의식이나 억압과 차별 등의 불평등적 요소를 해소할 수 있으며, 결과적으로 사회통합을 완성할 수 있다.

사회통합을 저해하는 것으로 지역주민의 이기주의적 무관심, 냉소주의, 갈등과 경쟁 등의 의식적 문제를 가장 큰 요인으로 지적할 수 있다. 이러한 의식의 결과로 나타나는 억압, 착취 등의 불평등은 근본적 문제인 이기적이고 배타적인 의식을 제거함으로써 해소될 수 있다. 또한 지역주민이 고통스러운 가운데 적극적으로 해결하기 어려운 주택, 환경오염, 범죄, 교통, 교육 등의 문제도 공동으로 대처하여 효과적으로 해결할 수 있을 것이다.

2) 주민참여

(1) 정책결정의 주체

주민참여는 지역주민이 권리의 주체라는 것을 강조하며, 지역사회의 문제해결에 주체가 되어야 한다는 것을 의미한다. 헌팅턴은 주민참여를 정책결정에 영향력을 미치기 위한 일반 주민의 행위라고 정의하고, 아른스테인(Arnstein)은 정책과정에 관여할 수 있는 시민권력의 한 형태로 보기도 한다. 버바(Verba)는 공권력이 배제된 상태에서의 정책결정과정에의 참여라고 규정하였다(장윤정, 1999: 16 재인용).

이와 같은 개념을 살펴보면 주민참여를 주민이 정책결정에 영향력을 행사할 수 있는 활동으로 규정하였다는 점에서 공통점을 찾을 수 있다. 즉, 주민참여는 주민이 종전까지 정책을 결정하던 엘리트 집단이 아니면서도 정책결정과정에서 배제되지 않고 공동의 목표를 이루기 위한 정책 변화를 끌어낼 수 있는 주체적 힘으로서 권력 배분이 민주적으로 이루어지는 것이라고 할 수 있다.

(2) 주민참여 요인

김종해(1995: 5)는 지역주민의 참여를 자극하는 요인으로 인구학적 특성과 소외감, 상대적 박탈감과 같은 성격적 특성, 지역의식, 사회관계망 참여경험 등의 지역사회관계 등을 제시하였다. 인구학적 특성은 성, 연령, 직업 등과 같은 자원의 보유와 관계되는 것으로 동원 노력의 결과가 미약할 것으로 판단하였으며 성격적 특성은 현실에 대한 불만이나 상대적 박탈감에 의해 사회의 변화를 강력히 원하는 동인으로서 참여를 촉진시킬 수 있는 것으로 파악하였다. 지역사회와의 관계는 지역사회에 대한 애향심이나 소속감과 같은 동질적 요소를 의미하는 것으로 사회적 관계망을 통해서 참여가 이루어진다는 특성을 가진다고 하였다.

(3) 주민참여 효과

주민참여는 지역주민의 다양한 권리를 적극적으로 반영하고 다양한 이해집단 간의 견해를 수용하여 합의를 조정할 수 있고, 광범위한 주민의 참여와 관심을 자극하여 주민 간의 협동적 태도를 함양함으로써 주민은 자신들의 요구와 권리를 지켜낼 수 있다. 주민참여는 지역사회에 대해 더 많은 것을 이해하게 하며, 계속 참여하려는 동기를 발생시키고 능동적으로 지역사회문제해결에 참여할 수 있도록 한다. 아울러 문제해결 기술을 익히게 하여 지역주민의 잠재능력을 강화시킬 수 있다.

적극적 주민참여는 현대사회에서 느끼는 고립감과 무력감을 극복할 수 있는 계기가 되며 삶의 활력을 되찾을 수 있다. 또한 문제해결에 대한 이해도와 참여도를 높여 개인의 만족감과 사회에 관한 관심을 제고할 수 있다.

주민참여는 주변인으로 살아온 주민에게 자아존중감, 자아 강화, 새로운 역할에 대한 기대, 사회에 대한 긍정적 관심, 책임감의 향상, 자율성 증대 등과 같은 긍정적 효과를 가지고 있다. 또한 다양한 활동을 통하여 사회활동을 경험하게 되므로 자신감, 통찰력, 지도력을 배양할 수 있다는 장점이 있다(류기형 · 박경일, 1998: 309-336).

결론적으로 주민참여는 의사결정과정에서 다양한 쟁점을 토론하고 정책 대안의 개발을 모색함에 합리적이고 민주적인 기회를 제공함으로써 의사결정의 정당성을 부여하고 지역사회통합에 긍정적으로 기여할 수 있다.

3) 정상화

정상화는 탈시설화와 거의 같은 의미로 사용되며, 탈시설화의 결과가 정상화된 사회에서의 지역사회보호로 나타난다. 정상화는 특정의 욕구를 가진 지역주민이 다른 지역주민과 같이 하루, 일주일, 한 달, 일 년의 생활주기를 가지고 동일한 사회적 경험을 하며 지역사회 내에서 지역주민과 더불어 살아갈 수 있도록 지역사회구조를 만들어 가는 것을 의미한다. 이러한 사회적 경험은 일상적인 활동을 비롯하여 교우관계, 경제활동, 교육 및 훈련, 문화 및 여가 등을 포함한다.

정상화는 사회통합의 이념과 밀접한 관련성을 가지고 있다. 정상화된 사회는 통합된 사회라고 볼 수 있기 때문이다. 역으로 통합된 사회는 정상화된 사회이기도 하다. 지역사회는 다양한 유형의 구성원이 모여서 상호작용함으로써 독특한 문화적 특성을 형성한다. 이는 지역사회의 모든 구성원이 차별받거나 배제되지 않고 동등하게 생활함으로써 가능하다.

이러한 의미에서 장애를 비롯한 특정한 욕구를 가진 구성원을 지역사회로부터 격리하여 그들만의 생활공간, 즉 거주시설에서 살게 하는 것은 정당하지 않으며 오히려 비정상적인 사회라고 할 수 있다.

거주시설은 특정의 지역주민을 보호, 혹은 치료하기 위하여 지역사회와 분리하여 24시간 의식주를 비롯하여 교육, 훈련 등의 서비스를 제공하는 것으로 시설거주인의 개성과 인권을 충분히 보장하지 못하고 있다. 특히, 1950년대 후반에 영국에서 정신장애인 거주시설이 유익하지 않다는 논쟁이 일어나면서 탈시설화 운동이 본격적으로 전개되었다.

4) 지속 가능성

지속 가능성은 인구감소로 인한 지방소멸, 자원남용으로 인한 기후 위기, 이상기온으로 인한 생태계 위기, 인공지능의 등장으로 인한 상호관계의 위기 등을 경험하고 있는 현 상황에서 중요한 이념이 되고 있다.

지속 가능성은 기존의 생산구조와 소비구조의 분리 대신에 새로운 틀을 구성하는 것을 의미하며 삶의 방식이 생태적으로 재구성되는 것을 의미한다. 생태학적으로 볼 때 지역사회를 구성하는 모든 체계들은 서로 연결되어 그물처럼 관계망을 형성하고 있기 때문에 서로 간에 영향을 미치며 공생하는 순환적 구조를 지니고 있다.

지속 가능성은 사회체계가 지배와 복종의 이분법적 구조가 아니라 자율적이고 주체적인 생활방식으로서 자립적이고 순환적인 구조를 추구한다. 즉, 자율적이고 창조적인 활동을 중심으로 나눔, 협동, 자주, 참가를 강조한다. 이러한 패러다임은 지역사회에서의 일상적 생활방식과 과정에서 상호 의존적 관계를 중요시한다(권영근 · 허헌중 역 2002: 291-292). 인간의 생활공간인 지역사회는 바로 이러한 자립적 생활방식이 형성되고 교환되는 창조적 공간이다. 즉, 시장중심의 소비 지향적 생활방식이 아니라 공동생활 중심의 자립과 자율의 재생산적 생활방식이 강조된다.

지속 가능한 지역사회는 지금까지 산업문명 안에서 내재화된 성장 중심적 가치 패러다임이 생태 중심으로 전환되어야 하는 것을 의미하며, 사회적 패러다임으로 국가 발전의 목표와 수단, 사회적 가치관, 정치 · 행정 · 경제체제 등이 새로운 패러다임으로 구체화되어야 한다는 것을 의미한다. 즉, 우리 사회의 사회적 · 정치적 생활양식을 지배하는 주류 가치가 생태학적 관점으로 새롭게 구성되어 사회복지제도와 정책이 전환되어야 한다. 결국 이러한 문제는 기술적이고 방법적인 것에 앞서 사상적이고 이념적인 문제가 우선적으로 해결되어야 가능하다.

2. 지역사회복지의 원칙

1) 일반적 원칙

지역사회복지는 이상적이고 통합적인 지역사회를 만들기 위한 방법론이다. 이상적 지역사회는 지역사회 내부에서 지역주민이 필요한 서비스를 제공할 수 있는 자립적 조직이라고 할 수 있다. 그러나 모든 지역사회가 완전하게 자급자족할 수 있는 사회를 구성하는 것은 불가능하다. 지역사회는 다른 지역사회와의 교류를 통하여 서로 간에 필요한 재화와 서비스를 공급받을 수밖에 없는 의존적 특성을 가지고 있기 때문이다.

박태영(2008: 89-92)은 오오하시 겐사쿠(大橋謙策)의 지역사회복지 전개 원칙을 인용하여 열 가지로 제시하고 있다. 그 열 가지의 원칙은 전체성, 지역성, 접근성, 사회성, 주체성, 문화성, 협조성, 교류성, 쾌적성, 신속성이다. 이 원칙은 의미가 다소 중복적이어서 전체성, 정체성, 접근성, 사회성의 네 가지 원칙으로 줄여서 설명하고자 한다.

(1) 전체성

지역사회는 다양한 조직과 체계를 가지고 있으며, 조직과 체계의 상호 작용으로 지역 특성이 만들어진다. 이는 특정의 영역만으로 지역사회를 규정짓기 어렵다는 것을 의미한다. 마찬가지로 지역주민의 생활은 다양한 상호 작용을 통하여 이루어지며 지역주민 상호 간에 의존적 관계를 형성한다.

지역주민의 생활은 경제적 · 문화적 · 환경적 수준을 통합하는 수준에서 이루어진다. 즉, 지역사회와 지역주민은 서로 분리된 것이 아니므로 전체적으로 파악하고 사정하여 종합적 계획과 서비스를 제공하는 것이 필요하다. 따라서 주민생활의 전반적 상황에 필요한 서비스 제공을 위한 통합적 서비스 조직의 구축이 필요하다.

(2) 정체성

지역사회는 다른 지역사회와 구분되는 특징을 가지고 있다. 지역적 특성을 중심으로 다른 지역사회와 구분되는 특성을 정체성이라고 한다. 정체성은 경계를 중심으로 그들만의 독특한 의식, 문화, 생활양식 등을 통해 형성된다. 정체성은 구성원의 소속감, 응집력 등을 가지게 하며, 심리적 동질감을 형성하여 대외적으로 구분되는 특성을 가진다. 정체성이 강하면 내적 응집력이 크지만 배타적이고 폐쇄적인 경향이 강하다.

이러한 정체성을 중심으로 지역주민은 자신들만의 방법과 기술을 사용하여 지역사회문제를 해결하고 있다. 개인적으로는 자립 생활을 위하여 개인의 주체적 역량을 높이는 것이 필요하다. 또한 사회문제로 고통받고 있는 사람들이 자신들의 문제해결에 주도적으로 참여하는 것이 바람직하며, 그들의 역량을 강화할 수 있는 기술과 방법이 필요하다. 따라서 지역사회복지는 지역사회 전체의 서비스 전개와 아울러 소규모 지역의 특성에 부합하는 서비스 전개가 필요하다.

(3) 접근성

지역사회복지서비스는 모든 지역주민이 쉽고 편하게 이용할 수 있어야 한다. 노인, 장애인 등과 같은 사회생활에 불편함이 있는 사람들이 이용 가능한 서비스는 그들이 살고 있는 가장 가까운 지역에서 제공되는 것이 필요하며, 그들의 사회적 활동의 불편을 충분히 고려하여 접근성을 충분히 보장할 수 있는 적극성을 가져야 한다. 장애인이나 노인 등의 사회적 약자는 생명과 안전이 위협받는 상황에 처해 있기 때문에 접근성은 매우 중요하다. 지역주민에게 필요한 지역사회복지서비스는 급박한 상황이 일어날 수 있으므로 응급연락체계와 대응체계를 갖추어 신속하게 제공되는 시스템이 필요하다.

접근성은 거리 접근성만을 의미하는 것은 아니다. 심리적 접근성, 비용 접근성이 충족되어야 완전한 의미의 접근성이 형성된다.

(4) 사회성

지역주민은 상호 의존적 관계를 형성하는데, 새로운 구성원은 기존의 사회체계에 적응할 수 있는 적절한 과정이 필요하다. 다양한 활동과 문화, 원만한 대인관계를 통하여 지역주민이 적극적으로 사회활동에 참여함으로써 지역사회의 통합과 성장에 기여할 수 있다. 이를 위한 전제조건으로 의사소통 수단이나 이동 수단이 마련되어야 한다.

한편, 지역사회의 문제는 개인적 차원에 한정되지 않는다. 다양하고 복잡한 문제를 해결하기 위하여 공공기관에서 실시하는 서비스와 민간 혹은 이웃 주민에 의해 제공되는 서비스가 연대하고 협력하는 참여 노력이 필요하다. 특히, 지역사회에서 다양한 활동을 전개하고 있는 민간단체의 역할이 강조되며 정상화의 원리에 입각하여 서비스 이용자의 문제와 속성에 따라 분리하지 않고 통합적으로 접근하기 위하여 서비스의 네트워크를 구축하는 것이 필요하다.

2) 전문적 원칙

지역사회복지는 지역사회에 있어서 지역주민의 참여에 의한 조직적인 실천 노력을 의미하는 것으로서 그 원칙도 사회복지의 이념과 가치체계에 합당한 것이어야 한다. 따라서 지역사회복지의 원칙은 지역사회복지의 실천방향을 제시하는 역할을 한다. 지역사회복지의 원칙은 '지역사회복지사업을 수행하는 데 있어서 올바른 행동에 관한 규칙', 즉 '무엇이 바람직하고 이상적인 지역사회복지인가'라는 가치적 기준을 제시한다.

지역사회복지의 전문적 원칙은 다양하게 제시되었으며 다음과 같이 정리할 수 있다(최일섭 · 류진석, 1998: 156-158).

(1) 지역주민 욕구 중심

지역사회복지는 지역주민의 욕구와 문제를 우선적으로 반영하여야 한다. 사회복지는 클라이언트의 욕구와 문제를 해결하는 실천적 활동이므로 지역사회복지의 원칙은 지역사회에 거주하고 있는 지역주민의 욕구를 충족시키고자 하는 사회복지사업의 한 과정이다. 이 욕구는 지역주민의 자발적 욕구여야 하며, 사회복지기관의 이익을 위해서 조작되거나 강요되어서는 안 된다.

(2) 광범위한 주민 참여

지역사회의 문제해결에는 주민의 광범위한 참여가 있어야 한다. 지역주민은 다양한 전문성을 보유하고 있으며, 이들이 자신들의 역량을 효과적으로 발휘할 수 있는 기회를 제공하는 것은 중요하다. 다만 주민참여는 자기결정권을 가지고 자발적으로 일어나야 하며, 전 지역주민 개개인이 아니라 각계 각층의 대표와 정치, 경제, 사회, 종교 등의 대표를 통해서 이루어져야 한다. 특히 지역사회의 문제에 불편함을 가진 사람을 참여시키는 것이 중요하다.

(3) 지역사회문제의 개별화

지역사회복지는 전통적 사회복지실천원칙에서와 마찬가지로 지역사회를 있는 그대로 수용하고 그 특성을 개별화하여야 한다. 지역사회는 다른 지역사회와 구분되는 독특한 특성을 가지고 있으며 지역사회 주민들의 대응노력도 다르게 이루어지고 있다. 즉, 지역사회의 어떤 문제도 일반화할 수 없으며, 문제를 해결하기 위한 방법도 획일적으로 적용할 수 없다.

(4) 다양성의 존중

지역사회문제 해결을 위한 접근방법에 있어서 다양성이 존중되어야 한다. 지역사회에는 다양한 경험과 특성을 가진 사람들이 거주하고 있으므로 그들의 사고와 문화도 다양하다. 따라서 지역사회의 서비스는 모든 지역주민에게 공평하게 분배되어 구성원들이 차별 없이 평등하게 이용할 수 있어야 한다.

(5) 연계와 협력

지역사회의 문제를 해결하여 지역주민의 복지를 증진시키기 위해 결성된 지역사회의 협의체는 서비스의 조정을 통해서 제한된 복지자원을 효율적으로 활용하고 연계하여야 한다. 각각의 개별 기관은 고유의 전문성을 가지고 있으며, 개별 기관의 역량을 최대한 활용할 수 있도록 협력적 관계를 구축하는 것이 바람직하다.

3. 지역사회복지이론

지역사회복지의 이론적 배경은 다양하게 제시되고 있다. 대체로 자유주의적 관점과 마르크스주의적 관점(김영모, 2001), 기능주의적 관점과 갈등주의적 관점(최일섭 · 류진석, 1998)으로 양분하거나 기능주의적 관점, 갈등주의적 관점, 통합주의적 관점(이영철, 2003)으로 삼분하기도 한다.

이 장에서는 자유주의와 같은 맥락에 있는 기능주의, 마르크스주의와 같은 맥락에 있는 갈등주의, 환경과의 관계를 강조하는 생태주의, 그리고 지역주민의 주체적 역량을 강조하는 임파워먼트 이론을 중심으로 설명하고자 한다. 기능주의와 갈등주의는 지역사회를 설명하는 거시적인 이론이며, 기본적인 설명을 제시하고 있다는 점에서 살펴볼 필요가 있다. 또 생태주의와 임파워먼트 이론은 지역사회의 다양성과 지역주민의 주체성을 강조하고 있다는 점에서 살펴볼 필요가 있다.

1) 기능주의

(1) 기능주의 개념

① 자유와 계층화

기능주의는 자유주의 사상이나 보수주의 정책과 유사한 맥락을 가지고 있다. 자유주의는 개인의 자유를 존중하며, 개인의 능력을 최대한 발휘하는 선의의 경쟁을 강조한다. 즉, 개인의 능력차에 따라서 사회적 지위와 역할이 층화되어 있는 자유주의적 입장을 가지고 있다. 따라서 지역사회는 계층화된 유기체로서 상호 의존적 구조이며, 지역사회의 특성이 체계적으로 제도화되어 있으나 다소 비공식적인 관계를 강조한다.

② 안정 지향

지역사회는 하나의 체계로 구성되어 성장과정에서 변화를 동반한다. 변화는 끊임없이 일어나며, 변화과정에서 체계는 불안정한 상황을 경험하므로 지속적인 성장을 위하여 균형과 안정을 추구하는 성향이 있다. 체계는 서로 유기적 의존관계이며, 각각의 특성을 가지고 균형을 유지하는 성질을 가지고 있다.

③ 상호의존적 공동체

지역사회의 모든 체계는 서로 의존적이며 심지어 불평등도 순기능을 가지는 것으로 본다. 사회 변화는 점진적이고 누적적으로 진행되며, 사회체제의 유지를 위해 구성원의 공동체의식을 강조한다. 따라서 지역사회문제의 원인을 사회질서에 대한 부적응과 같은 개인적 책임으로 인식하는 경향이 강하다.

(2) 기능주의 특성

① 능력개발

기능주의 시각에서 보면 불평등은 계층 간 상호 서비스의 윤리에 의하여 형성되는 기능적인 것이며 개인의 능력에 따라 역할이 구분되어 있으므로 불평등을 당연시하고 이를 극복하는 책임이 개인에게 있는 것으로 본다. 따라서 지역주민의 자율적 능력으로 자조를 강조하며 가족이나 지역사회의 비공식적 지원을 통한 복지를 추구한다.

② 선택과 경쟁

기능주의는 다양한 공급 주체에 의해 경쟁적으로 사회복지서비스가 제공되면 서비스를 이용하는 클라이언트가 선택의 폭이 넓어진다는 점에서 다원주의적이다. 기능주의는 이용자의 선택으로 인하여 서비스 공급 주체의 경쟁이 유발된다는 점을 부각하고 있다.

③ 의존적 관계

기능주의는 지역사회체계 간의 순기능을 강조하고 있다. 즉, 지역사회는 살아 있는 생명체로서의 유기체이며, 지역사회는 다양한 제도의 하위체계로 구성되어 있고, 하위체계들은 서로 의존 관계이며 합의를 중요시한다.

④ 잔여적 복지

정부와 지방자치단체, 사회복지법인 등에 의한 서비스는 공급자 중심으로 서비스가 제한되고 있기 때문에 서비스의 질이 떨어지고 비용 효율성이 낮다고 본다. 따라서 지역사회복지는 보완적이고 잔여적인 역할을 수행한다.

(3) 지역사회복지와 관계

① 다원적 서비스

기능주의는 이용자의 선택과 결정을 강조하는 것으로 다양한 복지서비스 제공 주체 간의 경쟁을 통하여 사회서비스의 질이 높아진다는 점을 강조한다. 자유주의는 탈상품화 정도가 낮은 사회서비스를 제공하는 것을 당연시하기 때문에 현대 복지국가가 강조하는 보편성이 약화되고 저급한 수준의 사회서비스를 이용하는 국민은 수치심과 능력 부족으로 자발적 혹은 비자발적으로 서비스 이용에서 배제당할 수 있다.

이러한 의미에서 최근에 지역사회복지에서 사용되는 선택, 다양성이라는 의미는 다양한 공급 주체에 의한 경쟁구조를 전제로 하고 있다. 다양한 서비스가 존재하지 않으면 선택이 존재할 수 없기 때문이다.

② 서비스의 배제

자유주의는 국가책임의 포기와 시장에 의한 사회복지의 공급을 주장하기 때문에 정부와 지방자치단체에 의해 일방적으로 제공되는 보편적 서비스는 획일적이라는 비판을 가하고 있다. 한편 자유주의는 개인의 능력 차이에 의한 선택에서의 배제로 인하여 이등 국민이 발생된다는 점을 기억하여야 한다. 즉, 정부 중심의 공적 서비스를 제공하는 사회복지시설이 영리를 목적으로 하는 기업이나 개인과의 경쟁이 불가피하게 됨으로써 사회적 약자 보호라는 사회복지의 정체성과 보편성이 훼손될 가능성이 높다.

2) 갈등주의

(1) 갈등주의 개념

① 갈등의 일반화

갈등주의는 모든 사회에 갈등이 존재하며, 사회는 구성원의 합의에 의해서 유지되는 것이 아니라 강압에 의해 유지되는 것으로 본다. 갈등은 상황을 악화시키는 비정상적인 것이 아니며, 형식적인 통합보다 중요한 것으로 본다. 따라서 사회는 구성원 간의 이해 상충, 지배자와 피지배자 간의 갈등과정을 조정하고 해결하는 과정을 통하여 지속적으로 유지된다고 본다.

② 불평등의 해소

갈등주의는 마르크스주의로부터 직접적인 영향을 받고 있다. 마르크스주의의 한 분파로서의 갈등주의는 기능주의 이론의 대안으로 등장한 것이다. 갈등은 구성원 간의 경제 수준, 권력 유무, 상이한 가치와 신념에 의해 나타나는 것이므로 사회의 본질적 현상이며, 갈등을 해결하는 과정에서 사회의 변화가 나타나기 때문에 갈등이 사회 변화의 원동력이라고 본다. 갈등주의는 희소한 자원을 소수가 독점함으로써 다수의 빈곤이나 불평등이 발생한다는 생각을 가지고 있다. 따라서 이를 해결하기 위하여 사회행동과 같은 직접적 방법을 중시하는 측면이 있다.

(2) 갈등주의 특성

① 평등지향

갈등주의는 지역사회가 평등한 연대감으로 형성된 것으로 보기 때문에 복지의 책임이 개인이 아니라 국가에 있다는 점을 강조한다. 갈등주의는 분배의 불평등으로 지역사회에 갈등이 존재하는 것을 당연하게 여긴다. 갈등은 사회적 과정의 본질이며 증폭 혹은 소멸될 수 있는데, 이 과정에서 사회 변동이 발생한다.

갈등주의는 지역사회 내에서 자원과 권력에 접근할 수 있는 기회가 제한되어 불평등을 경험하는 집단이 자원과 권력에 접근할 수 있도록 하는 과정이다. 자원과 권력을 재분배하기 위한 과정에서 사회행동을 강조한다.

따라서 갈등주의적 관점에서 보면 빈곤과 불평등은 사회악이기 때문에 한정된 자원을 사회정의에 입각하여 균등하게 분배하여야 한다. 그 결과 지역사회의 구성원은 평등한 연대감에 의하여 공동체가 형성된다고 본다.

② 제도 변화

현대사회에서 모든 사회는 법에 의한 통치를 당연한 것으로 본다. 법은 모든 통치과정에서 근거를 가지고 있다. 정책과 제도는 법적 근거를 가지고 운영되기 때문이다. 따라서 사회를 통합하고 안정시키는 과정에서 법은 가장 기본이 되는 것이다. 하지만 현대 사회는 위계적인 조직체계를 가지고 있으며, 위계적 조직은 법에 근거하고 있다. 사회적 갈등은 갈등적인 측면을 해소하면서 지역사회 전체의 기능을 통합적으로 작용하게 한다.

(3) 지역사회복지와 관계

갈등주의적 입장에서 보면 자본주의는 경쟁과 갈등의 제도이고 경제적 이익을 추종하기 때문에 시장에서 인간을 고립화시키고 분리시킨다고 주장한다. 갈등주의는 자본주의 지역사회가 빈부의 불평등을 심화시키기 때문에 정당성을 상실한 허구이며, 자원을 소유하지 못하는 구성원을 시장경제에서 배제하기 때문에 인간의 소외가 나타난다고 한다.

즉, 자본주의는 경제적 이익을 극대화하기 위하여 구성원의 경쟁과 갈등을 조장하며, 개인의 능력보다 사회의 구조적 모순에 의하여 빈부의 격차를 심화시키고 있다. 하지만 불평등은 사회정의에 위배되며, 빈곤이 개인의 책임이 아니므로 지역주민의 복지는 사회가 부담하는 것이 당연하다. 여기에서 정부의 역할은 평등을 전제로 자원의 균등한 분배를 실현하는 것이다. 따라서 정부의 적극적 지원이나 제도화에 의한 제도적 복지가 필요하다.[1)]

3) 생태주의

(1) 생태주의 개념

환경은 시간적, 공간적으로 광범위하게 인간의 삶과 생존에 직결되는 중요한 영향을 미친다. 환경의 영향은 전 지구적이고 비가역적이라는 특성을 가지고 있으며, 어느 누구도 환경의 영향으로부터 자유로울 수 없다는 특성을 가지고 있다. 따라서 환경의 위기는 곧 인류 생존의 위기라고 할 수 있다(임현진 · 이세용 · 장경섭, 1998: 11). 이러한 환경과 생태 위기의 본질은 환경의 변화에 대한 인간의 대처 노력이 개인이나 일부 지역, 나아가 일부 국가의 노력으로 극복될 수 없는 근본 과제라는 것을 잘 말해 준다.

생태주의는 환경 문제를 포함한 생태계의 위기가 인간 중심적인 생활 방식에 근본적인 원인이 있다고 판단한다. 따라서 이러한 위기는 과학이나 기술의 발달이 해결할 수 없으며, 생태계와 공생하는 근본적인 생활방식의 전환으로 극복할 수 있다고 주장한다. 그러므로 생태주의는 인간중심주의를 바탕으로 환경 문제를 해결하는 것이 아니라 환경과 생태를 중심으로 생태계의 위기를 해결하

1) 물론 사회복지사상에서 정통 마르크스주의자들은 사회복지제도를 반대한다. 자본주의 사회가 공산주의 사회로 변화하기 위해서 프롤레타리아 혁명이 필요한데, 사회복지제도가 그 혁명을 방해하고 있는 것으로 보기 때문이다. 즉, 사회복지제도는 자본주의제도를 유지하고 존속하기 위한 자본가계급의 기만적 전술이라고 이해하고 있다. 여기에서 갈등주의가 제도적 복지를 강조하는 것은 사회민주주의적 사상을 중심으로 설명한 것으로 이해하길 바란다.

고자 한다.

생태학적 지역사회는 생물적 수준과 사회적 수준으로 구분된다. 생물적 수준의 지역사회에서 강조되는 원칙은 구성원 간의 생존을 위한 경쟁을 강조하고 있으며, 사회적 수준의 지역사회에서는 사람과 사람 사이의 인격적 관계를 중심으로 합의와 커뮤니케이션을 강조하는데, 사회적 수준은 생물적 수준을 토대로 형성된다.

(2) 생태주의 특성

생태주의는 인간이 환경으로부터 생존에 필요한 자원을 제공받기 때문에 인간과 자연의 분리를 통한 인간 중심의 사회가 아니라, 환경을 건강하게 보존하면서 유기체인 지구 생명체를 수용하며 인간과 자연의 조화로운 관계를 통한 환경 공동체적 사회를 건설한다는 입장을 가지고 있다.

따라서 생태주의는 성장중심의 기존 가치와 제도를 전부 또는 일부 부정하면서 새로운 가치에 의하여 문화를 재창조(유종선, 2000: 341)하는 것을 주장한다. 특히 거대화된 기계 문화과 같은 근대주의적 가치를 부정한다. 즉, 생태주의는 자연인 생태계로부터 주어지는 생활 자체를 수용하는 것을 기본 가치로 삼고 있다.

(3) 생태체계이론

① 상호작용

생태체계이론은 생태학이론과 체계이론이 접목된 것으로 볼 수 있다. 생태학이론은 지역사회를 하나의 생태계로 보고 있다. 생태학이론에 의하면 지역사회는 인간과 환경 간의 교류의 장이며 인간이 환경과의 상호작용을 통해서 지역사회에서 생존하고 생활하고 있는 것이 가능하다. 반대로 환경도 인간의 행동에 의해서 영향을 받는데, 환경의 변화는 인구 이동 등의 자연적인 힘의 결과라고 볼 수 있다. 기본적으로 적자생존의 가치를 가지고 있으며, 강한 집단이 경쟁에서 이기면 희소자원을 소유한다는 점에서 비인간적인 측면이 있다.

② 계층화된 체계

체계이론은 기능주의적 관점을 가진 것으로 살아 있는 생명체로서의 지역사회를 강조한다. 지역사회는 다양한 하위체계로 구성되어 있으며, 각각의 하위체계는 서로 의존 관계이며 상호작용적이다. 상호 의존적이지만 각각의 체계는 독특한 특성을 가지며, 체계의 균형과 안정을 유지하는 데 노력한다. 그리고 각각의 체계는 갈등보다 합의를 중시한다.

③ 잔여적 복지

체계이론은 경계 내 구성원 간의 결속력과 소속감을 강조하며 구성원 간의 의사소통과 합의를 강조한다. 심지어는 불평등도 계층 간 상호 서비스를 위한 기능적인 것으로 이해하고 있다. 이러한 측면에서 볼 때 지역사회구성원의 사회복지 책임은 개인에게 있기 때문에 구성원의 자조를 강조한다. 따라서 보완적이고 잔여적인 사회복지제도를 강조한다.

④ 전체로서의 체계

생태체계이론은 다양한 유기체가 환경 속에서 어떻게 역학적 평형상태를 유지하고 성장해 가는지를 강조한다. 이러한 의미에서 '환경 속의 인간'이란 환경과 인간, 양자 간의 상호작용을 중시하는 것으로 하나의 전체로서 통합하는 관점을 지향한다. 물론 상호작용적 교류를 통하여 수동적 순응의 측면 뿐만 아니라 능동적 대처 활동으로써 자신의 변화된 욕구에 맞추어 주변환경을 바꾸려는 도전적 측면도 포함하고 있다. 즉, 생태체계이론은 체계를 하나의 전체로서 바라보며, 체계 내외의 스트레스와 이에 대처하는 지역사회의 균형에 관심을 둔다.

이 외에 지역사회의 권력이 소수의 엘리트에 집중되어 있기 때문에 이들에 의하여 지역사회의 복지정책이 결정된다고 보는 권력구조이론이 있다(류종훈, 2007: 59). 권력구조이론은 특정의 권력을 가진 기득권층이 정책 형성과정에 영향을 미침으로써 정책을 결정하는 것이 가능한 것인데, 전문성을 가진 다양한 사람과 지역사회문제에 관심을 가지고 있는 지역주민이 정책 형성과정에 참여함으로써 지역사회복지 정책결정에 영향을 미칠 수 있다.

정책 형성과정에서 소수의 특권 엘리트의 의식과 가치를 반영하는 엘리트 모델과 권력 관계를 다수의 이익집단 간의 영향 속에서 인식하려는 집단 모델로 구분할 수 있다(양정하 외, 2008: 96).

4) 임파워먼트

(1) 임파워먼트의 의미

임파워먼트(empowerment) 관점에서 지역사회의 문제는 지역사회 내부에서 자생적으로 발생한 것이라기보다 사회체계들과 사회적 환경 간 교류의 결과로 발생한 것이기 때문에 문제의 발생지를 외부적인 것으로 규정하고 있다. 그리고 문제를 해결할 수 있는 힘이 지역사회 내의 자체적 역량, 즉 강점으로부터 이루어질 수 있는 것으로 본다. 특히, 강점을 다양하게 설명하는데, 개인적 존중감, 문화적 자부심, 성공적 인간관계, 상호 의존성 등이 모두 문제를 해결하는 데 도움이 되는 강점에 포함된다.

① 주민의 잠재력 개발

임파워먼트는 지역주민의 잠재력을 개발하고 이 힘을 토대로 자원을 획득하도록 도와주는 과정을 의미하는 것으로 역량강화, 권한부여, 세력화 등으로 사용되기도 한다. 임파워먼트의 인간체계에 대한 가정을 보면 모든 인간은 수용과 존경을 받아 마땅하다는 입장을 가진다.

임파워먼트는 지역주민이 스스로에 대해 긍정적으로 이해하고 자신들을 둘러싼 환경의 정치사회적 현실에 대하여 비판적 이해를 위한 지식과 능력을 구축하여 개인적·사회적 목표를 성취하기 위한 자원과 전략 등의 기능적 능력을 축적하는 것을 말한다. 따라서 개인과 사회환경 간의 조화로운 관계 형성이 핵심이라고 할 수 있다. 이러한 가정은 지역주민의 잠재능력을 인정하는 것이며, 현재의 문제를 해결할 수 있는 역량을 가지고 있다는 미래 지향적이고 긍정적인 가치를 가지고 있음을 보여 준다.

실제로 문제를 가진 지역주민이 자신들의 상황을 가장 잘 알고 있으며, 그들을 포함한 모든 인간의 행동은 맥락 안에서 타당성을 가지고 있음을 부인할 수 없다.

② 조직화된 힘 강화

임파워먼트는 지역주민이 지역사회의 문제상황을 파악하여 환경을 조정하고 통제권을 갖는 것을 의미하며, 지역사회의 환경에 영향을 미치기 위해 조직의 힘을 키우는 적극적 과정이다. 임파워먼트는 환경에 적응하는 것만을 의미하는 것이 아니라 적극적으로 환경을 변화시킬 수 있는 개인과 조직의 능력을 강조하는 개념이다. 특히, 지역사회복지에서 임파워먼트는 지역사회의 문제로부터 고통받는 지역주민을 대상으로 지역사회의 구조적 변화를 위하여 정치적 힘을 증대시키는 과정으로 설명할 수 있다.

③ 문제해결역량 강화

임파워먼트는 지역주민의 문제해결역량을 강화하는 것을 목표로 하고 있다. 지역사회의 문제는 지역주민 개인이 고통받는 문제가 아니라 많은 주민이 공통적으로 고통을 호소하는 문제이다. 이와 같은 지역사회문제는 지역사회 내에서 자체적으로 생성되기보다 외부의 자극에 의하여 형성되는 경우가 일반적이다. 즉, 외부의 억압, 착취, 차별 등에 의하여 지역사회의 문제가 나타나기 때문에 지역사회의 자체적 역량으로 해결할 수 있도록 지역사회의 잠재력을 강화하는 것을 목표로 하고 있다.

임파워먼트는 미래 지향적 관점을 가진 것으로 모든 지역사회의 문제는 맥락 안에서 타당성을 가지며, 문제는 사회적 환경 간의 교류과정에서 발생하기 때문에 문제를 도전으로 인식하고 성장의 기회로 삼아 적극적으로 대응하는 과정을 강조한다(정일교 · 김만호, 2007: 64). 따라서 지역사회의 문제해결은 외부에서 주어지는 자극을 분명하게 인지하고 해결하는 과정을 통하여 기술과 방법을 경험적으로 익힘으로써 문제해결역량을 습득할 수 있다.

(2) 임파워먼트의 방법

임파워먼트의 특징은 문제해결역량, 즉 힘과 권력의 획득을 목표로 한다는 점이다. 불평등과 같은 문제를 거시적이고 정치사회적으로 이해하며, 지역주민을 잠재력을 가진 긍정적 관점으로 본다. 결국 임파워먼트는 과정으로서의 측면으로 순환적이고 유동적인 과정, 점진적이고 지속적인 활동을 통하여 자주적 통제력을 획득하고 자원을 확보하는 노력을 강조한다. 또한 결과적 측면으로 지역주민의 자원접근성 정도를 강조하기도 한다.

임파워먼트는 지역주민의 의식화, 참여와 협력, 지지 세력의 확보, 역량강화 등의 방법으로 이루어진다(정일교 · 김만호, 2007: 65).

① 주민의식화는 지역사회의 문제를 인지하기 위한 자각을 의미한다. 지역사회문제는 집단적 습관, 지배계급의 억압, 무지 등의 사회적 강제에 의하여 형성되는 경우가 많다. 지역사회문제는 지역사회 공통의 문제로 인식하는 과정이 필요하며 이러한 자각이 역량강화의 전제가 된다.

② 참여와 협력은 지역사회문제를 해결하기 위하여 문제의 당사자라고 할 수 있는 지역주민이 직접 문제해결과정에 개입하는 것이다. 참여는 지역주민

의 소속감과 응집력을 강화하여 문제해결 가능성을 높이는 필수과정이다.

③ 지지 세력 확보는 당사자인 지역주민에게 도움을 지원하는 협력자로서 문제를 인식하고 있으며, 문제해결을 바라는 모든 사람들의 참여를 강조한다. 지지 세력의 확보는 사회적 힘을 강화하여 여론을 동원하는 기회를 확대할 수 있기 때문에 다양한 사회체계와의 상호작용을 통하여 확보할 수 있다.

④ 역량강화는 의식화, 참여, 동원의 과정을 거치는 동안에 자연스럽게 지역주민에게 형성되는 문제해결 능력이며, 결과로 주어지는 제도와 정책의 변화 등과 같은 성과를 동시에 의미한다. 경험적 활동을 통하여 기술이 습득되고 다양한 자원이 동원되는 조직화 등이 이루어지며 지역사회의 참여와 관심을 확보하는 것이 역량강화의 핵심이다.

(3) 임파워먼트의 과정

임파워먼트의 과정은 4단계로 구분하여 설명할 수 있다. 비판적 의식 제고, 자기 목소리 내기, 공공의제 만들기, 힘/권력 키우기(역량강화) 등의 과정을 거친다(김종일, 2005: 170-171).

① 비판적 의식 제고

비판적 의식 제고는 현재의 문제가 나만의 책임이 아니며, 모든 사람이 경험하고 있는 고통이라는 의식을 형성하는 것이다. 이러한 사고는 지역주민 모두가 억압, 착취 그리고 차별의 희생자라는 점을 부각하는 것이다.

② 자기 목소리 내기

자기 목소리 내기는 문제의 원인이 지역사회 안에 있는 것이 아니라 외부에 있음을 인지하고 자신감을 강화함으로써 문제를 이슈화하는 과정을 의미한다.

③ 공공의제 만들기

공공의제 만들기는 대중의 긍정적 인식과 제도적 편견에 대한 대항으로서 쟁점이 분명하고 구체적으로 제시하는 과정이다.

④ 힘/권력 키우기(역량강화)

힘/권력 키우기는 자원 동원, 법적 행동, 세력화 규모 등을 형성하는 과정에서의 경험적 활동을 통하여 형성되는 것이다. 그리고 역량을 강화하는 것으로 가치와 신념, 지식과 기술의 획득과정에서 이루어지는 것이다. 이러한 과정은 결론적으로 사회적 자본의 창출이라는 성과를 확보할 수 있다.

임파워먼트는 배고픈 사람에게 물고기를 잡아 주는 것이 아니라 물고기를 잡는 방법을 경험을 통하여 습득하게 하는 것이다. 문제해결을 위한 과정에서 지역사회조직은 문제해결에 필요한 방법을 자연스럽게 습득하게 된다. 이러한 의미에서 임파워먼트는 하나의 과정이라고 할 수 있다. 한편으로 문제해결과정을 거치면서 지역사회조직이 수립한 목표를 달성하여야 한다. 목표 달성은 임파워먼트의 결과적 측면을 보여 준다. 과정과 결과를 통하여 지역사회조직은 유사한 문제를 해결할 수 있는 역량을 강화할 수 있다.

Chapter

03

지역사회복지의 발달과정

1. 지역사회복지의 단계적 구분
2. 지역사회복지의 발달과정

Chapter 03

지역사회복지의 발달과정

1. 지역사회복지의 단계적 구분

지역사회복지의 등장은 사회문제가 집단화되면서 「빈민법」 체계와 같은 국가의 시혜적 접근 방법으로는 개인의 복지를 더 이상 충족할 수 없다는 시대적 요구와 지식인의 자각을 통하여 이루어졌다. 개인의 능력 유무와는 상관없이 시민 스스로가 자신의 생활을 보장할 수 없는 사회구조 속에서, 개인과 집단의 복지를 충족하기 위해서는 기존 제도의 개혁적 변화는 불가피한 것이다.

지역사회복지는 그 특성상 사회경제의 변화에 매우 민감하게 반응하여 왔다. 경기가 좋거나 부가 축적될 때에는 경제적으로 안정되어 지역사회문제에 대한 관심이 저조한 반면 경기가 나쁘거나 사회가 불안정할 때에는 지역사회문제에 대한 관심이 증가되었다. 즉, 지역사회복지에 대한 관심이 지속적으로 유지되고 확대되어 온 것이 아니라 사회환경적 상황에 따라 편차가 심했다고 할 수 있다.

우리나라의 경우 경제가 성장하여 사회가 안정되고, 의식주 등의 절대적 빈곤이 극복되고 있지만, 상대적으로 빈부격차의 심화, 지역불평등, 비정규직 차별 등과 같은 사회적 불평등이 보편적 문제로 존재하고 있다.

지역사회복지는 불평등이 심각했던 초기 자본주의가 급성장하던 시기의 자선조직협회(The Charity Organization Society, C.O.S.)와 인보관(Settlement House)으로부터 전문성과 문제해결 능력에 대한 영향을 받았다. 인보관은 산업혁명 이후 노동자의 비참한 생활에 대한 계몽주의적이고 사회주의적인 이념과 철학을 바탕으로 빈민의 인권을 강조하고 사회제도와 환경을 개선하기 위한 사회운동적 접근을 시도하였으며, 지역사회복지에 대한 전문성은 약했지만 새로운 하나의 모델로서 충분한 역할을 수행하였다. C.O.S.는 빈민의 비참한 생활의 원인이 성실하게 노력하지 않은 빈민 자신에게 있으며, 성실과 같은 도덕성을 회복함으로써 빈민이 자발적으로 노력하는 것이 빈곤을 해결하는 방법임을 강조하였다. C.O.S.의 이러한 생각은 사회복지의 임상적 접근방법을 전문화하는 계기가 되었다.

이러한 맥락에서 지역사회복지의 시대적 구분을 구체적으로 살펴보면 다음과 같다.

최일섭(1997: 75-107)은 전문적 접근방법으로서의 지역사회복지의 발달 과정을 4단계로 구분하여 설명하고 있다. 자선조직화 운동 시기로서 1865~1914년, 지역공동모금과 협의회 발전 시기로서 1914~1929년, 공공복지사업의 발전 시기로서 1929~1954년, 그리고 지역사회조직의 정착 시기로서 1954년~현재까지로 구분하여 지역사회복지의 전문화 단계를 설명하고 있다.

한편, 던햄(1957; 김영모 편, 2002: 13 재인용)은 지역사회복지의 발전 과정을

3단계로 구분하고 있다. 1단계는 1870년부터 1917년까지의 C.O.S. 활동 시기로서 지역사회복지의 태동기로 보고 있다. 2단계는 1917년 전쟁모금회와 같은 협회 설립부터 1935년의 「사회보장법」의 제정까지인데, 지역사회복지의 전문화 도입기라고 할 수 있다. 3단계는 1935년부터 현재[1]까지를 보고 있다. 하지만 던햄은 1950년 후반까지를 기준으로 단계를 설정하였으므로 3단계를 더욱 세분화할 필요가 있다. 오히려 1950년대 후반부터 지역사회복지를 전문적 사회복지 방법론으로 인정하고 있기 때문에(최일섭 · 류진석, 1998: 106) 그 이후의 시기에 대한 단계 설정이 필요하다. 즉, 1970년 중반의 유류파동은 신자유주의적 경향으로 사회복지가 침체된 시기이며, 이러한 경향은 신자유주의적 경향이 쇠퇴하는 1990년 초반까지 이어졌다. 그 이후 제3의 길과 같은 중도노선이 등장하여 복지와 노동에 대한 이중적 접근방법을 추구함으로써 사회복지에 대한 또 다른 접근을 시도하였다.

이러한 견해를 종합하여 이 장에서는 지역사회복지의 발달과정을 4단계로 구분하여 설명하고자 한다. 지역사회복지에 대한 시대적 구분은 정치사회적 전환이 된 역사적 사건을 중심으로 구분하고자 한다. 왜냐하면 이러한 사건들은 지역사회복지의 발달과정에 많은 영향을 끼쳤기 때문이다. 먼저 지역사회복지의 기능과 활동을 중심으로 자선조직협회와 인보관의 등장, 전쟁모금회 등의 조직이 결성되어 활동한 민간중심의 조직화 단계, 「사회보장법」, 비버리지보고서, 빈곤과의 전쟁, 그리고 1970년 유류 파동이 발생한 시기를 국가중심의 지역사회개발 단계, 신자유주의가 본격적으로 등장하는 1980년대와 중도노선이 등장한 1990년대를 지역사회계획 단계로, 그리고 2000년대부터 현재까지를 사회복

1) 던햄의 시대적 구분이 이루어진 시기가 1957년까지이므로 여기에서 현재의 의미는 1957년을 의미한다.

지 패러다임의 변화 등을 반영하여 지역사회복지의 다원화 단계로 구분하고자 한다.

따라서 제1단계는 자선조직협회가 설립된 1869년부터 「사회보장법」이 제정되기 직전인 1935년까지의 시기로써 자원봉사단체, 사회운동단체, 전쟁모금단체 등의 민간조직의 결성 및 활동이 활발한 시기이다.

제2단계는 1935년 「사회보장법」의 제정, 정부의 지역사회문제 개입, 1954년 미국사회사업가협회(National Association of Social Workers: NASW)의 설립, 그리고 전후복구과정에서 경제성장에 따른 좌우수렴기간으로 사회복지의 성장 등이 포함된 시기이다.

제3단계는 1973년에 발생한 유류파동, 세계경제의 침체와 신자유주의의 등장으로 지역사회복지 및 사회복지가 전반적으로 침체를 맞이하는 시기이다.

그리고 마지막 단계인 제4단계는 '제3의 길'로 대표되는 근로연계복지(workfare), 공산주의 퇴조, 그리고 신자유주의에 대한 반성 등으로 다원주의적인 지역사회복지가 실천되는 시기이다. 이러한 시대적 구분을 중심으로 지역사회복지의 발달과정을 살펴보고자 한다.

2. 지역사회복지의 발달과정

1) 영미의 지역사회복지 발달과정

(1) 자원봉사활동 중심의 지역사회복지(1869~1935)

① 사회적 상황

이 시기는 산업자본주의가 확립되어 지역사회복지뿐만 아니라 사회복지가 조직적이고 체계적인 활동을 형성한 시기로서 자선조직협회, 인보관, 사회개량운동 그리고 사회조사에 의해 많은 영향을 받은 시기이다.

산업화가 지속적으로 진전되면서 그에 따른 심각한 부작용도 나타나게 되었다. 농민과 도시빈민의 주택과 위생문제, 아동노동문제, 저임금, 노동착취 등의 문제가 악화되면서 노동자의 비참한 생활은 개선될 여지가 없었다. 「공장법」의 제정 등은 이러한 비참한 현상을 해결하기 위한 사회적 조치라고 할 수 있다. 특히, 산업혁명이 절정에 이르면서 극심한 노동과 불결한 환경으로 빈민의 생활은 처참한 상황이었다(Hobsbawm, 1979: 425-426).[2] 신분에 따른 사회적 차별과 절대적 빈곤은 많은 요보호자를 양산하였다.

이러한 노동자의 비참한 현실을 일깨우기 위한 노력이 사회개량가에 의해서

---

2) 프레스넌에서는 기억에 남을 정도로 호황이었던 1851년에도, 근로연령 이하의 자식들까지 모두 완전취업을 하고 있었더라도 전 노동자 계급 가구의 52%는 궁핍선 이하의 생활을 할 수밖에 없었다. 19세기 중반의 부르주아지는 유럽대륙이 빈민으로 가득 차 넘치고 있다고 믿고 있었다. 그 빈민들이 배에 실려 외국으로 많이 보내질수록 그것은(그들 자신들의 형편을 좀 더 개선할 수 있으므로) 그들에게도 좋은 일이었고 또 위에 남은 자들에게도 좋은 일이었다(노동시장의 공급과잉이 사라지므로). 자선협회 그리고 노동조합조차도 빈곤과 실업에 대처하는 유일한 실제적 수단으로서 구호대상 빈민이나 조합원들에게 이주보조금을 조달해 주었다.

이루어졌는데, 부스(Booth)의 런던 노동자 계층의 빈곤 조사와 라운트리(Rowntree)의 요크 시 빈곤조사는 노동자의 비참한 생활을 전 시민에게 알리는 계기가 되었다. 시민, 특히 빈민의 비참한 생활상태가 알려지고 사회개량운동이 확대되면서 빈민의 상황을 해결하기 위한 사회복지적 활동이 자선조직협회와 인보관활동을 중심으로 전개되었다.

② 자선조직협회

자선조직협회(The Charity Organizations Society)는 자선단체들의 경쟁으로 인한 중복 지원을 방지하기 위한 조정활동과 클라이언트의 환경조사 및 적절한 원조의 제공을 목적으로 1869년 영국에서, 1873년 미국에서 조직되었다. 정보교환과 활동의 조정은 지역사회복지의 초기 형태를 보여 주고 있으며, 자원봉사활동으로서의 우애방문원의 활동이 돋보였다(Tropman, Erlich, & Rothman, 2001: 205-206). 그러나 자선조직협회는 빈곤의 책임을 개인에게 돌렸으며, 수치심을 조장하였을 뿐만 아니라 사회구조적 모순을 간과하고 빈민의 능력을 활용하도록 강제하였다는 비판을 받고 있다.

③ 인보관

빈민지역에서의 구체적이고 직접적인 활동이 계기가 되어 1884년 최초의 인보관(Settlement House)이 영국에 설립되고 1889년에 미국에서도 설립되었다. 인보관은 빈민지역 주민에 대한 교육, 생활환경 개선과 사회적 욕구를 파악하고 사회문제, 특히 빈곤문제에 대한 국민의 관심을 촉구하는 것을 주목적으로 하였다.

1911년 전국인보관연맹의 결성(National Federation of Settlements)은 인보관의 유대를 형성하고 효과적이며 활동적으로 지식과 정보 교환을 추진함으로써 지역의 사회개혁운동을 조정 또는 통합하고자 하였다. 주된 기능으로는 소식지 발간 배부, 자문과 현장지도서비스, 훈련 및 세미나, 지역대회와 전국대회를 개최하여 인보관의 역량을 강화하고 주민의 의식을 계몽하고자 하였다(Lubove, 1983: 146-148). 인보관에서 활동한 지식인은 주민교육, 주택문제와 환경개선사업, 사회문제의 조사사업 등을 통하여 주민의 권리를 인식하게 하여 사회제도 및 정책의 변화를 추구하였다.

④ 기타 민간기관의 설립

역사적으로 제1차 세계대전의 종전(終戰)으로부터 세계 대공황을 거쳐 「사회보장법」이 제정되어 국가가 지역사회복지에 대한 관심을 보이기 시작하는 단계이다. 제1차 세계대전으로 도움을 필요로 하는 사람들이 대량으로 발생함에 따라 전쟁모금회(War Chests)를 설립하여 사회복지기관에 대한 지원을 실시하였다(Lubove, 1983: 190). 민간기관으로서 지역사회복지기관이 가난한 지역주민에게 자선적 차원에서 서비스를 제공하였으며, 이는 사회보험 및 공공부조의 성립에 영향을 미쳤다.

⑤ 사회사상

이 시기에는 급변하는 사회경제적 상황 속에서 지역사회복지의 발달에 영향을 미친 사상이 다양하였다. 특히, 자유경쟁이 강화되던 산업자본주의를 시대적 배경으로 하는 사회진화론(social darwinism)은 빈곤과 인종 차별을 합리화시키는 근거를 제공하였으며, 빈부의 격차를 당연한 것으로 인정하고 빈민을 사회에 적응하지 못하는 무능력자로 규정하여 보호 가치가 없는 것으로 간주하였다. 빈곤에 대한 국가의 개입이 오히려 빈곤을 조장하여 빈민의 수를 증가시키고 근면한 노동자의 독립심을 약화시킨다고 주장하면서 사회복지를 적극적으로 반대하였다.

급진주의(radicalism)는 인간을 사회의 공동 존재로서 보고, 인간의 합리적이고 자기결정적인 자유를 강조하며, 제도화된 강제와 억압은 인간의 창조성과 자율성을 억압하는 것으로 적극적 활동이 억압적이고 구조화된 사회제도를 변화시킬 수 있다고 생각하였다. 즉, 인간은 자신의 의식적 생명활동에 의하여 자신의 본질을 강조하며 자신을 스스로 변화시키는 존재라는 것이다. 따라서 인간은 사회적 존재이며 다른 사람과의 협력을 통하여 잠재능력을 실현시킬 수 있는 공동 존재이다.

이와 더불어 기독교 사회주의자(christian socialist)들은 교육을 통해 노동계층의 사회적 조건을 개선할 것을 주장하였고 실천적 방법으로 협동조합을 조직하는 것을 지원하였다. 이들의 노력은 노동계층과 교회와의 호의적이고 이해적인 관계를 조성하는 데 공헌하였다(함세남 외, 2002: 56-57). 이들의 주장과 같이 협동조합운동은 현 시대에서도 정착되지 못한 공동체운동으로서 빈민의 생활 안정을 위한 매우 중요한 제도일 뿐만 아니라 주체성과 공동체성을 강화하는 데에도 매우 효과적인 운동이다. 즉, 이러한 방법은 지역사회복지를 위한 조직화 노력이 형성되고 실천되는 시초라고 할 수 있다.

실용주의(pragmatism)는 행동과 경험을 중시하여 직접적 경험과 함께 인식을 획득하고 검증할 수 있는 삶의 교육을 강조하였다. 이러한 실험적이고 탐구적인 활동을 통하여 인간은 사회의 부정적 제도를 바람직한 상태로 변화시키기 위한 가치를 형성하게 된다. 따라서 민주적 사회구조를 강조하고 자발적 삶의 태도와 함께 경험을 강조함으로써 창조력을 강화하여 유용한 사회생활에 참여할 수 있는 능력을 배양한다. 이러한 사상은 지역주민의 자치역량과 문제해결 능력을 배양하는 데 토대가 되었다.

자유주의(liberalism) 사상은 개인의 능력을 극도로 강조하여 자조 정신과 자유 경쟁을 강조하는 당시로서는 매우 급진주의적인 사상이었다(최일섭 · 류진석, 1998: 82). 봉건사상과 신분제 사회에서 자유는 빈민에게 스스로 자신을 보호할 수 있는 능력을 가진 것으로 인식되었으며, 정부나 사회가 최소한의 치안을 제외하고 개인을 강제하지 말아야 한다고 주장한다. 특히, 이 시기의 자유주의는 스미스(Smith)[3]의 국부론을 토대로 하는 반봉건 해방 이념으로서 시민혁명의 이념적 기초가 되었다.

실존주의[4]는 인간의 일반적 본질보다는 개인이 타인과 구분될 수 있는 자기

3) 스미스는 이윤추구(profit-seeking)와 자기이해(self-interest)의 중요성을 강조함으로써 경제에 대한 국가개입에 반대하여 자유무역을 옹호하는 주장을 한다. 그리고 이러한 자유무역, 경쟁시장에서의 '보이지 않는 손'이란 관념은 자유방임(laissez-faire), 즉 정부가 '간섭하지 말아야 한다'는 권고를 옹호하는 19세기적 주장의 강력한 기반이 된다. 이 논리에 따르면 자본주의적 경쟁시장은 모든 개인들의 자연적인 자기이해를 전체 사회의 복리가 증진되는 방식으로 이용한다. 따라서 개인들이 간섭받지 않고 자신의 이윤을 추구한다면, 가장 이로운 결과가 발생한다. 자유방임을 옹호하는 주장의 경제적인 함축은 이미 형성되어 있던 명백한 정치적 결론과 일치한다. 경쟁시장은 성가신 제한의 속박에서 벗어나 개인의 번영과 국가의 번영 모두를 증진시킬 것이다. 또한 국가는 개인들의 경제적 업무를 관장하는 일체의 의무에서 면제되어야 하며, 단지 법 질서유지, (이러한 체계의 중심인) 사유재산권 보호, 외침으로부터의 방어라는 기본적인 토대만을 제공할 것이다. 시장을 통해 만족스럽게 보장될 수 없는 항목에 대해서는 국가 공여가 필요하다고 인정되었다. 이러한 항목에는 교육, 교통, 의료서비스 등 공공재로 알려진 것이 포함된다(전효관 · 김수진 · 박병영 역, 1996: 212-217).

4) 20세기에 들어와서 두 차례에 걸친 세계대전은 지금까지 인류역사와 사회 가운데 개인의 생존과 사상에 일찍이 없었던 위기와 혼란, 불안과 동요를 초래하고 나아가서는 인간의 존재 그 자체에 대한 근본적 질문을 던졌다. 인간이 자기 자신의 모습을 철저하게 반성하지 않으면 안 될 상황이 열린 것이다. 실존주의에서

만의 실존을 강조하여 개인의 주체성을 중요하게 여긴다. 개인의 실존은 완전히 고립된 것이 아니라 다른 실존과의 관련 속에서만 존재하는 것이다. 따라서 결정론적 인간관을 부정하고 개인은 완전히 자유로운 입장에서 스스로의 존재방식을 선택하게끔 운명 지어져 있다. 실존주의는 인간을 무한한 능력을 가진 자유롭고 평등한 존재로 인식하고 인간 스스로의 평등한 사회적 관계를 창조하면서 사회적 약자의 권익을 보호하고 정의로운 사회참여를 강조한다. 그러므로 정의로운 사회참여를 통해 기존의 부정적 체제를 변화시키려고 노력한다.

정신분석은 사상으로 보기에는 타당하지 않을 수 있지만 사회문화적으로 지대한 영향을 준 이론으로서, 특히 개별사회사업에 많은 영향을 미쳤다. 즉, 정신분석이 체제의 변화보다는 개인의 변화에 역점을 두고 있으므로 지역사회의 문제와 욕구에 대해서는 상대적으로 관심이 적었다.

비판이론은 1920년대 국가사회주의의 파시즘과 같은 전체주의적 지배하의 독일 프랑크푸르트 대학 부설 사회연구소에서 출발하였다. 비판이론에서는 인간을 비판의 대상으로 삼고, 인간의 행복, 노예상태로부터의 인간 해방을 목적으로 계급 지배를 지양하고자 한다. 또한 인간의 행복문제와 관련하여 경제의 중요성을 인정하지만 경제주의는 배척한다.

이러한 사상적 배경에서 살펴본 것과 같이 이 시기에는 다양한 가치관이 혼재하여 나타났다. 즉, 전반적으로 사회복지에 대한 인식이 형성되는 시기로 조직적 활동이 형성되기는 하였지만 전문성을 찾기는 어렵다. 국가와 정부에 의한 제도적이고 체계적인 지역사회복지는 전혀 이루어지지 못하였으며, 빈민에

는 현대의 위기적 상황에 직면해서 불안, 절망, 허무의식에 빠져 있던 인간이 이것을 극복하여 본래의 자유로운 주체를 되찾을 수 있도록 인간 하나하나가 철저한 자각과 상실된 인간의 자유로운 창조적 주체성 회복을 통해 새로운 질서를 형성해야 한다고 보았다(고영복, 1992: 223-247).

대하여 자선적이고 시혜적인 차원에서 이루어지는 자원봉사의 형태를 유지하거나 공장주에 의해서 제공되는 정도였다. 즉, 지역사회문제는 개인적 빈곤을 해결하지 못하는 상황에서 관심의 대상이 되지 못하였다. 다만, 사회제도의 변화를 위한 기관들의 연락 조정업무를 위해 조직된 자선조직협회, 인보관활동, 기독교 사회주의자들에 의한 협동조합은 이념적으로 조직 형성과 사회행동의 초기 형태로 혹은 생태주의 이념의 초기 형태로 시작되었다는 점에서 의미가 있었다.

특히 공동모금제의 발전과 사회복지기관협의회가 설립되어 조직적 활동을 전개하여(Lubove, 1986: 42) 지역사회복지협의회와 공동모금회의 발전에 지대한 영향을 미쳤다.

(2) 국가 중심의 지역사회복지(1935~1973)

이 시기는 세계 대공황을 거치면서, 국가가 국민의 복지와 지역사회복지에 적극적으로 개입하는 단계이다. 특히, 제2차 세계대전으로 국가의 역할이 더욱 강조되었다. 대공황으로 경제가 침체되면서 노동자의 생존권이 위협받게 되어 노동조합이 오히려 활발하게 활성화되었으며, 노동운동으로서의 지역사회조직이 전개되었다는 점에서 의미가 있다.

① 정부의 개입

개인의 자유와 책임을 강조한 자유방임주의와 개인주의사상의 정책으로는 대량 실업과 빈곤 상황에 무기력하게 대응하게 되어 오히려 정부의 역할 증대를 요구받게 되었다. 뉴딜(New Deal)정책과 같은 국가 주도의 대규모 프로젝트를 중심으로 지역사회복지가 상당히 발전한 시기였다.

② 전문가조직 설립

1939년에 발표된 Lane Report[5)]와 1946년에 결성된 '지역사회조직사업연구협회(Association for the Study of Community Organization)'는 지역사회복지의 새로운 전기를 마련해 준 계기가 되었다(Taylor & Roberts, 1985: 21). 즉, 국가에 의한 적극적 개입과 지역사회복지의 전문적 지식 및 기술의 체계적 이론화 작업이 이루어진 시기라고 할 수 있다.

특히 세계 경제의 부흥기로서 대량 생산과 대량 소비의 경제체제로 경제 성장을 지속적으로 이루어 보수, 진보 진영의 수렴과정을 거쳐 묵시적으로 사회복지에 대한 지원을 강화하였고 국가에 의한 지원과 제도가 확립된 단계였다. 특히, 경제 성장을 바탕으로 '빈곤과의 전쟁(war on poverty)'을 선포, 강력한 정부의 복지 프로그램이 시행되던 시기였다(Murray, 1984: 23). 학문적으로는 1962년에 지역사회조직사업이 사회사업방법론의 하나로 인정되었다.

③ 인권운동

흑인을 비롯한 유색 인종에 대한 차별 처우와 고용의 불안정을 개선하고 생존권을 보장받기 위하여 흑인을 비롯한 소수민족의 인권운동이 활발하게 이루어진 시기로서 다양한 형태의 사회운동이 전개되었다. 그리고 제2차 세계대전의 종전과 더불어 찾아온 경제의 급속한 성장은 노동력의 부족상태를 초래하였

5) Lane Report(1939)는 사회복지사업에서 지역사회단체의 방법론에 대해 최초로 체계적으로 정리한 것으로 지역사회복지기관의 조정을 촉진하기 위해서 재원의 확보가 필요하다는 것을 강조하였다(Weil, 1996: 11).

고, 결국 흑인 노동에 대한 고용 차별을 금지하도록 하였으며, 전쟁에 참전한 흑인의 권익을 강화하는 국가정책이 실시되었다.

특히, 새로움을 갈구하는 청년은 집단적 문화를 거부하고 그들만의 독특한 청년문화를 형성하였다. 그들은 아이나 심지어는 젊은이(그리 성숙하지 않은 성인)라는 지위조차 거부하면서, 이따금 존재하는 정신적 지도자를 제외하고는 30세 이상의 어떠한 세대도 인간적이지 않다고 보았다. 1960년대의 정치적 급진화는 바로 이 젊은 세대들이 행한 것이었다.

청년문화는 풍속과 관습, 여가를 보내는 방식 그리고 상업예술의 혁명이라는, 보다 넓은 의미의 문화혁명의 모체가 되었다. 처음으로 문화가 하층에서 상층으로 체계적으로 영향을 미치기 시작했다. 즉, 상층계급 및 중간계급 젊은이들이 도시 하층계급의 음악과 옷, 심지어는 언어조차 자신의 모델로 받아들이기 시작했다는 점(Hobsbawm, 1994: 445-475)에서 다원주의 사회로의 변화가 예고되었다.

이러한 인권운동과 사회적 변화는 지역사회복지의 사상의 발전에 직접적인 영향을 주게 되는데, 정상화, 자립생활, 생태체계이론 등을 등장시키게 되었다.

(3) 지역사회복지의 침체기(1973~1989)

이 시기는 세계 경제의 침체기로서 사상적으로도 보수주의적 경향이 강했던 시기이다. 사회복지에 절대적으로 영향을 미친 사상은 신자유주의와 구조주의라고 할 수 있다. 유류파동으로 인한 국가 재정 위기는 높은 인플레이션과 실업률, 증가하는 조세 저항으로 공공 지출의 감소를 불가피하게 하였다. 신자유주의와 구조주의는 이러한 시기에 등장하여 재정적 위기를 극복하기 위한 노력으로 국가의 재정 지출을 줄이면서 효율성을 높일 수 있는 사회복지체계를 모색하게 되었다.

신자유주의는 개인주의를 강조하여 사적 영역에 의한 민간의 자주복지를 지향하였기 때문에 지역사회복지는 새로운 변화를 맞이하게 된다(함세남 외, 1996: 251-268). 즉, 평균수명의 연장으로 인구가 급증하는 중에 노인이나 장애인과 같은 만성질환자의 증가가 두드러지게 나타났다. 이들에 대한 서비스는 장기 치료에 의존하게 되는데, 시설보호보다 지역사회보호의 필요성이 부각되었다(장인협 · 우국희, 2001: 20-25). 결과적으로 재가복지서비스를 중심으로 하는 지역사회보호기관이 확대되고 지역사회복지기관의 서비스 연계를 필요로 하게 되었다. 특히, 구조주의는 주체와 중심성을 거부하고 타인에 대한 휴머니즘을 강조하여 재가복지서비스 확대의 이론적 토대가 되었다.

(4) 지역사회복지의 다원화 시기(1989~현재)

1990년대에 공산주의 국가의 해체와 자유주의 국가의 승리라는 정치적 상황에서 신자유주의는 여전히 영향력을 미치고 있었다. 복지삭감에 대한 압력, 사회복지서비스의 민영화, 보편적 복지제도의 후퇴현상이 나타나고 있었다. 지역사회에 대한 개입은 포괄적이고 장기적인 접근을 강조한 포괄적 지역사회변화운동(Comprehensive Community Initiative)이라고 하는 새로운 형태의 합의 중심 모델이 주목을 받았다(한국임상사회사업학회, 2008: 61).

그리고 지역사회복지행정과 조직의 평가에 대한 관심이 강조되었으며, 지역사회복지실천 모델은 접근방식의 세분화와 다양화가 이루어졌다. 1996년의 복지개혁(welfare reform)은 효율성을 중심으로 지역사회복지에 대한 방법의 변화를 초래하였으며, 민간비영리조직의 양적 확산에 기여하였다(오정수 · 류진석, 2004: 65).

이 시기에 사회복지에 영향을 미친 사상은 신자유주의에 대한 실망과 새로운 비전을 제시하는 제3의 길, 페미니즘, 그리고 포스트모더니즘(post modernism)이었다.

포스트모더니즘은 1960년에 일어난 문화운동으로서 계몽주의의 유산과 그에 수반되는 기술, 과학 및 이성의 힘에 대한 믿음에 반대하여 다양한 사상의 조류에서 등장하였다. 포스트모더니즘에서는 파편화, 일시성, 비연속성 등이 선호되며, 통일성보다는 차별성에 주목한다(Hall et al., 1992: 283-289). 즉, 포스트모더니즘은 합리주의적 이성에 대한 반발로서 개성과 다양성을 강조하여 정치, 경제, 사회, 문화에 폭넓게 영향을 미쳤다. 통일성이나 일관성보다는 편리성이나 임의성, 자율성과 대중성을 강조하여 절대 이념을 거부하고 탈이념으로서 여성운동, 제3세계운동 등을 지지한다. 지역사회의 모든 것들이 상대주의적이며 불확실한 상황에서 통일성과 일관성은 현실적으로 불가능하다. 따라서 복제가 불가능하고 직접 참여하는 적극성을 강조하며 대중과 함께 호흡하는 보편성을 강조한다.

페미니즘(feminism)은 여성의 열등한 지위, 남성 중심적 정서와 사회구조, 특히 경제체제에 대한 여성의 관계가 불평등하다는 것을 주장한다. 분명한 것은 여성은 노동계급의 일부라는 것이며, 여성의 가사노동은 잉여 가치를 생산하며 노동력을 재생산함으로써 자본을 위한 필수적 서비스를 제공하고 있음에도 불구하고 여성은 남성보다 열등한 지위를 가지고 있다는 것이다.

제3의 길(the third way)은 하나의 정치적 이념이지만 분명한 실체를 정의하기는 어렵다. '노동복지(workfare)'라고 할 수 있는 자활사업과 민간단체의 역할을 강조하면서 경제 성장과 복지를 동시에 추구하기 위한 이념이다. 즉, 국가의 공공부조 대상자에게 무조건적 지원이 아닌 노동의 참여를 통한 소득 지원을 통하여 장기적으로 자립할 수 있도록 유도하겠다는 정책이었다. 그러나 홉스본(Hobsbawm)과 같은 사회주의자들은 제3의 길이 여전히 전통적 의미의 좌파와 우파의 구분점에 근거하고 있으며, 시행되는 정책들이 우파의 정책들을 연속적으로 다루고 있다는 점을 지적하면서 노동당 정책의 정체성을 상실했다는 비판을 하고 있다(Hobsbawm & Hall et al., 1998).

이러한 발달과정에서 생태학과 환경학의 영향이 전혀 없었던 것은 아니다. 사회복지실천방법론에서 체계이론과 생태체계이론을 도입하여 1970년대에 유용한 실천 모델로 관심을 가지고 있었다. 체계이론의 기원은 스펜서(Spencer)의 사회진화론에서 찾아볼 수 있으며(Payne, 1991: 134), 기본 사상은 모든 조직은 하위체계를 구성하고 있으며, 인간도 사회와 환경을 구성하는 하나의 요소에 불과하다는 것으로서 생태체계의 중요성을 강조하는 것이다. 하지만 체계이론이 항상성(homeostasis)과 같은 생태체계의 균형을 강조하면서도 개방체계(open system)와 폐쇄체계(closed system)와 같이 인간의 상호작용을 중심으로 응용함으로써 생태체계 자체의 근본적 영향은 인정하지 못했다고 할 수 있다.

2) 한국의 지역사회복지 발달과정

한국의 지역사회복지 역사는 매우 짧고 역사회복지에 대한 연구가 충분하지 않아 이론에 토대를 두고 실천현장에 적용되었다고 보기 어렵다. 한편으로는 산업화와 도시화 과정에서 도시 재개발, 노동자권리 등과 관련된 주민조직화 혹은 사회행동과 관련된 실천적 활동이 많았으나 지역사회복지 연구는 충분히 이루어지지 못하였다.

이러한 환경으로 지역사회복지의 형성과 발전은 다른 사회복지실천기술에 비하여 미미하였으며, 1990년 이후에서야 직접적 서비스 기관이 설립되어 지역사회복지가 발전할 수 있었다. 따라서 여기에서는 우리나라 지역사회복지의 발전단계를 크게 시대적으로 구분하여 설명하고자 한다.

(1) 1950년대 이전의 지역사회복지

1950년대 이전의 지역사회복지는 조선시대의 인정(仁政)에 의한 민생규휼사업과 지역사회의 자치적 규약에 해당하는 향약, 계, 두레, 품앗이 등의 자조조직에 의미를 둘 수 있다. 특히, 조선시대의 동서대비원과 혜민서 등은 빈민구제와 아울러 병자의 치료라는 측면에서 중요성을 가지고 있다.

또한 대한제국 시기에는 가톨릭 및 개신교 선교사들의 종교활동을 지원하기 위한 부수적 사업으로 사회복지제도가 도입되기도 하였다. 대체로 교육기관과 병행하여 보육원이 운영되거나 결핵사업과 한센씨병사업 등이 운영되었으며, 1920년 감리교 태화여자관이 설립되어 우리나라 최초의 사회복지관으로서 진찰, 아동보건, 우량아선발대회, 클럽활동 등을 실시하였다.

이 시기의 지역사회복지는 자연부락을 중심으로 형성된 지리적 지역사회를 중심으로 지역주민의 책임과 자발적 노력으로 이루어졌다는 점에 의의를 둘 수 있지만 전문적 접근 노력은 찾아보기 어렵다.

(2) 1950년대의 지역사회복지: 지역사회복지의 태동기

이 시기는 우리나라에서 근대적 의미의 사회복지사업이 시작된 시점이다. 한국전쟁으로 전쟁 사상자의 발생, 전쟁고아, 피난민, 독립 후 귀환 동포가 양산되면서 국제사회와 외원기관의 지원으로 응급구호와 시설구호사업을 중심으로 사회복지사업이 진행되었다. 전쟁으로 산업시설이 붕괴되고 정치, 경제적으로 혼란한 상황에서 국가의 역할이 전무하였으며 외국원조와 외원기관은 우리나라 사회복지 형성에 커다란 기여를 하였다.

특히, 이 시기에는 사회사업학의 이론과 전문기술이 외원기관을 통하여 도입되어 개별사회사업 및 집단사회사업이 적용되었다. 개별사회사업은 도시 빈곤지역에서 가정복지사업, 병원의료사회사업의 시작으로 적용되었으며, 집단사회사업은 태화사회관을 중심으로 종교교육, 계몽사업, 각종 클럽, 운동부, 보건업무 등으로 적용되었다.

하지만 순수한 의미에서 지역사회복지는 외원기관의 주도하에 설립된 태화사회관 등의 사회복지관이 중심이 되어 일부 빈곤지역의 가정복지사업 수준에서 이루어졌으며 조직적 체계를 갖추지는 못하였다.

(3) 1960년대 지역사회복지: 지역사회복지의 맹아기

정치적으로 혼란한 시기에 군사정부의 집권으로 경제사회 개발이 핵심적인 국가 과제였으며, 지역사회복지를 비롯한 사회복지에 국가의 역할이 나타나지 않은 시기였다. 다만, 쿠데타를 통하여 집권한 군사정부의 정당성을 홍보하기 위하여 연금보험 도입을 위한 법을 제정하고(1960년 「공무원연금법」, 1963년 「

군인연금법」), 「산업재해보상법」(1963)을 제정하였으며, 「의료보험법」(1963)을 제정하여 임의 규정으로 적용하였다. 또한 「아동복리법」, 「고아입양특례법」을 제정하여 형식적으로나마 법체계를 구축한 의미가 있다.

경제 개발이 본격적으로 진행되기 전이었으며, 자연부락이 형성된 채로 지역사회가 전통에 의하여 자생적으로 유지되었다.

(4) 1970년대의 지역사회복지: 정부 중심의 사회경제개발

박정희 정부의 경제 성장 추진정책이 가시적 성과를 드러내면서 국내·외적으로 국가의 위상이 강화된 시기라고 할 수 있다. 1950년을 전후하여 도입된 외원기관이 1970년대에 철수하기 시작하여 1976년에 완전히 국내 민간 사회복지 영역으로 전환되었다. 국내 민간 사회복지 영역을 투명하게 활성화하기 위하여 「사회복지사업법」(1970)을 제정하여 사회복지법인제도를 도입하였다. 실제적 의미의 사회보험제도로서 의료보험제도가 도입되고 공공부조가 미미하지만 시행되었다.

지역사회복지 측면에서는 농어촌지역을 중심으로 시작된 새마을운동이 전국가적으로 확대되어 소득 증대와 의식 개선에 역점을 두고 진행되었다. 하지만 새마을운동은 정부와 관에 의해 추진되었다는 점에서 지역사회복지의 원칙과 맞지 않는다. 지역사회복지는 지역주민의 자발성에 의해 추진됨으로써 그 의미를 가질 수 있기 때문이다.

성장주의적 경제정책에 의하여 산업화·도시화 과정을 거치면서 이농현상이 가속화되어 대도시 외곽에 빈민지역이 형성되었으며, 상대적으로 기존의 공동체가 약화되거나 해체되는 과정을 거치게 되었다.

(5) 1980년대의 지역사회복지: 지역사회복지의 형성기

제3, 4공화국의 경제 성장정책은 제5공화국에도 여전히 핵심적인 국가정책이 되었다. 다만, 그 이전에는 볼 수 없었던 사회복지(혹은 복지사회)라는 용어가 국정 이념으로 채택되면서 빈번하게 사용되었다.

이 시기는 1960년대 초반에 제정되었지만 시행되지 못했던 법을 전면적으로 개정하거나 새로운 법을 제정한 시기였다. 군사쿠데타를 통하여 집권한 것이 1960년대와 유사하기 때문이다. 「심신장애자복지법」(1981)과 「노인복지법」(1981)을 제정하였으며, 전 국민 의료보험(1987), 국민연금 도입(1988) 등으로 사회보험제도의 발전적 틀을 구성하였다. 특히, 사회복지관과 관련된 법규(1983)를 마련하여 지역사회복지 형성 기반을 마련하였다.

노태우 정부는 주택 200만 호 정책을 실시하면서 영구임대아파트 단지를 대규모로 조성하여 다양한 욕구를 가진 지역주민을 집단 이주시켰으며, 예상되는 지역사회문제에 대응하기 위하여 영구임대아파트 단지 내에 의무적으로 지역사회복지관을 설립하도록 하였다.

영구임대아파트 단지 조성사업은 1988년 서울올림픽을 위한 도시재개발사업과 맞물리면서 우리나라 사회복지의 패러다임을 바꾸는 계기를 마련하였다. 특히, 도시재개발사업이 철거민반대투쟁운동을 초래하였으며, 이 과정에서 빈곤운동이 사회행동으로 확대되었지만 사회복지사에 의한 조직화의 결과가 아니라 사회운동으로 진행되었다는 한계가 있다.

(6) 1990년대 지역사회복지: 지역사회복지의 확대기

이 시기는 거주시설 중심(생활보호사업 포함)에서 지역사회보호 등으로 사회복지의 패러다임이 변화하는 시기이다. 전국적으로 영구임대아파트 단지 내에 사회복지관의 설립이 현실화되었으며, 사회복지관에 재가복지봉사센터가 1992년부터 부설로 설치되어 운영되었다. 또 노인, 장애인, 아동을 대상으로 공동생활가정의 도입이 이루어졌으며, 비슷한 시기에 자원봉사센터 등이 설립되었고, 1995년 「정신보건법」의 제정으로 정신보건센터 및 정신장애인 사회복귀시설이 설립되는 계기를 마련하였다.

이뿐만 아니라 1997년 말에 IMF의 통제하에 사회적 안전망을 공고히 하기 위하여 기존의 「생활보호법」을 폐지하고 「국민기초생활보장법」을 제정(2000)하여 잔여적 복지를 벗어나 권리로서의 제도적 복지로 그 대상을 확대하기도 하였다. 「국민기초생활보장법」에 근거하여 자활급여를 실시할 자활후견기관(현재의 지역자활센터)을 전국 시 · 군 · 구에 설치하였으며, 1998년에는 관 주도로 이루어지던 공동모금사업을 민간 주도로 전환하여 지역주민의 자발적 참여를 촉진하였다. 하지만 사회복지사상적으로 IMF의 통제하에 본격적 신자유주의의 영향권으로 편입되었다.

(7) 2000년대 지역사회복지: 다원주의적 팽창기

이 시기는 형식적으로는 지역사회복지가 확대되는 시기라고 볼 수 있다. 사회복지서비스의 공급 주체가 다양화되어 학교사회복지사가 시범적으로 배치되고, 교육복지투자우선지역에 교육부 주관으로 학교사회복지제도가 확대되었으며, 각종 바우처제도와 아울러 노인장기요양보험이 2007년 7월에 실시되어 양적으로 사회복지가 확대되는 시기였다. 특히, 국제결혼이 확대되면서 건강가정지원센터와 다문화센터의 설립이 확대되고 있다.

하지만 질적인 사회복지서비스는 정체되었다고 할 수 있다. 2005년 137개 사회복지사업 중에서 67개의 사업이 지방으로 이양되었으며, 지역사회보장계획을 수립하고 지역사회보장협의체의 구성이 의무적으로 이루어졌지만 효과는 미미하였다. 지방분권의 영향으로 민·관 거버넌스의 의미를 지닌 지역사회보장협의체는 정부의 주도하에 민간 사회복지 및 보건 영역이 참여하고 있지만 적극성의 부족으로 의도한 성과를 얻지 못하였다.

특히, 신자유주의사상이 확대되어 서비스 이용자의 부담이 강화되고 있다. 이러한 문제는 건강보험, 노인장기요양보험 등에서 빈곤한 국민에게 필요한 서비스를 제한하는 사회적 배제로 나타나고 있다. 형식적 복지의 확대가 복지사각지대 및 절대적 빈곤층의 서비스 이용을 통제하는 결과를 초래한 것이다.

〈표 3-1〉 한국 지역사회복지의 시대적 구분

구분	1950년대	1960년대	1970년대	1980년대	1990년대	2000년대
사회복지 패러다임	거주시설 중심의 사회복지				이용시설 중심의 사회복지	
지역사회복지 단계	지역사회복지 태동기	사회경제 개발 도입	정부 주도 사회개발	지역사회복지 형성기	지역사회복지 확대기	지역사회복지 팽창기

구분	1950년대	1960년대	1970년대	1980년대	1990년대	2000년대
사회복지 경향	외원에 의한 자선	형식적 법 제정시기	잔여적 복지 외원기관 철수 새마을운동	제도적 복지 형성	제도적 복지 형식적 완성 지역사회보호	지방분권화 다원적 주체
지역사회 복지실천 영역	보육원 재활원 양로원 (1980년대까지)	생활보호법 연금 관련 입법 아동복리법	임의건강보험 의료보호 실시 생활보호법 부분 적용	전 국민 의료보험 확대 국민연금 실시 사회복지관 운영지침 제정	사회복지관 재가복지센터 정신보건센터 자활후견기관 자원봉사센터	지역사회보장계획 및 협의체 학교사회복지 협동조합 가족센터 마을만들기 지역화폐
사회복지 특성	자선적 복지	법 형성기	잔여적 복지	제도적 복지	지역사회복지 확대	지역사회복지 팽창

(8) 지역사회복지 발달과정의 함의

첫째, 우리나라 지역사회복지 발달과정은 1990년을 전후하여 거주시설보호에서 지역사회보호로 사회복지의 패러다임이 이동되었으며, 빈곤운동을 중심으로 주민조직화와 사회행동이 전개되었으나 사회복지기관에 의해 이루어지지 않았고 이데올로기적 접근에 의한 사회운동가에 의해 이루어졌다는 한계를 가지고 있다.

둘째, 1990년대 초기의 지역사회복지관 및 재가복지봉사센터 건립에서 알 수 있듯이 지역사회복지의 형성과 발전이 정부 주도로 이루어짐으로써 국가의 역할이 비대해지고, 민간 지역사회복지실천기관이 관료화되거나 정부의 통제하에서 자율성을 발휘하지 못하는 경우가 많다. 이러한 현상은 지역사회복지실천기관이 실천이론과 무관하게 행정과정에 의해 운영된다는 한계를 가지게 한다.

셋째, 2000년대 이후 사회복지관을 비롯하여 정신건강복지센터, 지역자활센터, 가족지원센터, 지역아동센터 등의 유사 지역사회복지서비스 기관들이 확대, 설립되면서 각 실천기관 간에 업무가 중복되는 경향이 나타남으로써 비효과적 현상을 보이고 있다.

넷째, 이러한 상황에서 지역사회복지실천기관은 사회복지시설 평가 등으로 인하여 프로그램 개발 및 자원 조정 역할을 중심으로 활동하게 되면서 주민조직화 및 사회행동 등의 지역사회조직을 기반으로 하는 지역사회복지실천이론과는 차이를 보이고 있다.

다섯째, 최근에는 노인, 장애인 등을 대상으로 하는 돌봄서비스 관련 사회보험이 확대 적용되면서 국가 주도와 민간의 서비스 제공이라는 복지혼합적 구조가 주류를 이루고 있다.

Chapter

04

지역사회복지 모델

1. 로스만의 모델
2. 테일러와 로버츠의 모델
3. 웨일과 갬블의 모델
4. 지역사회복지 모델의 특성과 의미
5. 지역사회복지 모델에서 사회복지사의 역할

Chapter

04 지역사회복지 모델

지역사회복지의 실천모델은 관점과 가치에 따라 상이하게 나타나므로 정치적(political) · 사회적(social) 관계로 표현된다(Rein, 1976: 6). 또한 인간, 사회, 그리고 환경과의 상호작용에 의하여 다르게 표현될 수 있다. 따라서 지역사회의 문제와 욕구를 보다 효과적으로 해결하기 위한 실천 모델이 다양하게 제시되고 있다.

로스만(1995), 테일러와 로버츠(Taylor & Roberts, 1985), 웨일과 갬블(Weil & Gamble, 1995)의 모델이 대표적인 것으로 인정되고 있으며, 특히 로스만의 모델은 지역사회개발, 사회계획 및 정책, 사회행동으로 구분되어 현재 가장 많이 활용되는 모델이다(최일섭 · 류진석, 1998: 44; 한동우 · 윤주명, 2001: 113).

1. 로스만의 모델

로스만(1995: 27-33)은 지역사회조직의 세 가지 모델－지역사회개발, 사회계획 및 정책, 사회행동－에서 공동체 의식 함양, 지역사회문제해결, 그리고 불평등의 해소를 목표로 제시하고 있다. 로스만의 모델은 지역사회의 복잡한 사회문제를 세 가지의 영역으로 유형화하여 설명하고 있으며 각 모델에 따라서 사회의 구조적 특성과 목표를 설정하고, 목표를 달성함에 있어서 사회복지사의 전문적 역할을 강조하고 있다.

〈표 4-1〉 로스만의 지역사회조직 모델

구분	지역사회개발	사회계획 및 정책	사회행동
목표	지역사회의 능력 배양 및 통합; 자조(과정목표)	실제 지역사회문제 해결(과업목표)	권력관계 및 자원의 이동; 기본적 제도 변화 (과업 또는 과정목표)
지역사회 구조 및 문제 상황에 대한 가정	지역사회 상실, 사회적 무질서(아노미); 관계 및 민주적 문제해결능력 부족; 정적전통지역사회	실제적 사회문제, 정신 및 육체의 건강문제, 주택문제, 여가 활용 등	고통받는 지역주민, 사회적 부정, 박탈, 불평등
기본 변화 전략	자신의 문제를 규정하고 해결함에 있어서 광범위한 주민의 참여	문제와 관련된 자료를 수집하고 가장 합리적인 행동조치를 결정하는 것	쟁점을 구체화하고 적대적 목표에 대항하여 행동을 취하도록 사람들을 동원하는 것
변화를 위한 전술과 기법	합의; 지역사회 여러 집단 이익 관계의 의사소통; 집단 토의	합의 혹은 갈등	갈등, 대결, 직접 행동, 협상
사회복지사 역할	권한부여자－촉진자, 조정책임자; 문제해결능력과 윤리적 가치를 지닌 교사	사실 수집가 및 분석가, 프로그램 실천가, 기획가	행동주의적 옹호자; 정치운동가, 중개자, 협상자, 당파심이 강한 자

구분	지역사회개발	사회계획 및 정책	사회행동
변화의 매개체	과업 중심의 소집단 활용	공식적 조직과 자료 활용	대규모 조직과 정치적 과정 활용
권력구조에 대한 견해	공동 사업에 있어서 협력자로서의 구성원	고용주와 후원인으로서의 권력구조	외부 행동표적으로써의 권력구조; 공격당하고 타도되어야 하는 억압자
클라이언트 체계의 범위	전체 지리적 지역사회	전체 지역사회 또는 지역사회의 일부	지역사회 일부
지역사회 하위체계 간의 이해관계	공통의 이해관계 또는 조정 가능한 차이	조정 가능한 또는 대립되는 이해관계	조정이 쉽지 않은 대립되는 이해관계, 자원의 희소성
클라이언트 집단에 대한 개념	시민	서비스 대상자	희생자
클라이언트 역할에 대한 견해	상호작용하는 문제해결과정에 참여하는 사람	서비스 대상자 또는 수혜자	고용주, 구성원, 회원
임파워먼트 방법	협동적이고 의사결정을 할 수 있는 지역사회의 능력 구축; 지역주민의 개인적 역량강화	서비스 대상자의 욕구 규정; 자신들의 서비스 선택 정보 제공	수익자를 위한 실제적 권력 획득-지역사회 정책결정에 영향을 미치는 권력 부여; 참여자의 역량강화

출처: Rothman(1995: 44-45).

세 개의 모델이 추구하는 궁극적 목적은 사회통합이며, 과정적 목표는 사회의 변화이다. 사회변화는 공동체 의식의 결여, 다양한 사회문제, 그리고 불평등한 사회구조를 사회정의에 입각하여 해결하는 것을 의미한다. 이러한 목표를 달성하는 방법으로 교육적 방법을 강조하고 있다.

2. 테일러와 로버츠의 모델

테일러와 로버츠(1985: 7-15)는 로스만의 세 가지 모델에 두 가지의 모델을 추가하여 실천방법의 각 변인, 전략, 의사결정 등을 중심으로 구분하였다. 특히, '후원자 결정'의 실천연구방안과 '클라이언트 결정'의 실천연구방안 사이의 긴장감에 대해 흥미로운 분석을 하였다.

브래거와 스펙트(Brager & Specht, 1973: 45)도 지역주민과 후원자 그리고 지역사회복지사의 관계를 목표 수립하는 과정에서 일관성 있는 통합 목표를 수립하는 관계로 설명하고 있지만 테일러와 로버츠처럼 권한관계로 설명한 것은 아니다. 물론 이러한 권한관계가 지역사회의 문제해결과정에서의 지역주민이 어느 정도의 주도적 역할을 수행하느냐는 관점에서 지역주민의 역할을 규정한 것이라고 할 수 있다.

〈표 4-2〉 테일러와 로버츠의 모델

모델	결정 권한
프로그램 개발 및 조정	전적으로 후원자가 결정 권한을 가짐
계획	7/8은 후원자가 결정 권한을 가짐
지역사회연계	후원자와 클라이언트가 각각 1/2의 결정 권한을 가짐
지역사회개발	7/8은 클라이언트가 결정 권한을 가짐
정치적 역량강화	전적으로 클라이언트가 결정 권한을 가짐

이러한 점에서 테일러와 로버츠의 모델은 로스만의 모델에서 사회계획 모델과 사회행동 모델을 더욱 발전시켜 프로그램 개발 및 조정과 지역사회연계라는

두 가지의 모델을 추가하여 다섯 가지의 모델을 제시하고 있다. 추가된 두 가지의 모델은 지역사회의 자원 조정과 동원이라는 관점에서 지역사회와의 협력과 연계를 보다 강조한 것으로 보인다. 이들 모델은 기존의 사회질서를 유지하고 강화하기 위한 측면에서 사회구조와 기능을 강조하면서 유·무형의 자원 분배에 역점을 두고 있다.

테일러와 로버츠는 이들 다섯 가지의 모델이 유동적이며 보다 심도 깊은 이론적 발전이 필요하다고 주장하고 있다. 또 지역사회복지실천과정에서 모든 모델이 클라이언트와 지역주민의 입장에서 보다 적극적으로 활동할 수 있어야 한다는 것을 강조하고 있다. 특히, 지역주민의 참여와 의사결정과정에 따른 책임범위 및 역할에 관한 프로그램의 투명성(clarity)을 확보하는 것을 강조하고 있다. 지역주민의 참여는 모든 지역사회복지에서 가장 기본적인 전제가 되고 있기 때문이다.

그러나 테일러와 로버츠는 지역주민의 참여 정도에 대해서는 언급하고 있지만 어떠한 영역에서 어떠한 형태로 참여하여야 하는지에 대해서는 구체적으로 언급하고 있지 않다. 즉, 지역주민이 개별적으로 참여할 것인지, 조직으로 참여할 것인지에 대한 내용이 없으며, 서비스의 수혜자로서 참여할 것인지 아니면 의사결정과정에 참여할 것인지에 대한 내용도 명확하지 않다.

3. 웨일과 갬블의 모델

웨일과 갬블(1995: 582)은 1995년에 지역사회복지실천방법에 대한 종합적 접근방법을 여덟 가지의 유형으로 제시하였다. 웨일과 갬블의 모델은 현존하던 각각의 모델에서 다양하고도 성공적인 사례를 근거로 예상 결과, 체계에 초점을 맞춘 변화(주로 클라이언트), 관심 영역, 그리고 사회복지사의 역할과 같은 특징의 측면에서 설명하고 있다.

웨일과 갬블의 모델은 기존의 모델을 세분화하였다는 평가를 받고 있지만(정무성, 1997: 32), 개별 모델의 일관된 체계성은 찾기 어렵다. 형태적으로는 지리적 근린지역사회조직, 기능적 지역사회조직, 개발, 연합을 강조하고 있으며, 내용적으로는 사회경제적 사회계획, 프로그램 개발과 지역사회 연계, 정치사회행동, 사회운동으로 구분하고 있다.

웨일(1996: 42)은 이 여덟 가지 모델은 개념적으로는 다소 중복되는 경향이 있으나, 개별 모델이 분석학적으로 별개이며 때로는 실천에 있어서도 별개로 적용되고 지역사회복지실천에 대한 명확하고 일관적이며 분명한 연구방안임을 설명하고 있다.

특히, 이 모델에서 중요한 것은 현대사회에 필요한 접근방법이 사회경제적 개발을 결합하여 지역주민, 지역사회 그리고 자연환경이 계속 지속될 수 있도록 하는 것이다(Weil, 1996: 45). 분명한 것은 지역사회복지의 접근 방법 중의 하나가 다양한 영역과의 연계를 모색하는 것이고, 또 지역주민의 욕구가 다원화되고 있다는 점에서 의료, 보건, 정신건강 그리고 환경과 관련된 분야에 관한 접근방법이 충분히 모색되어야 한다는 것이다. 웨일과 갬블은 사회운동과

〈표 4-3〉 웨일과 갬블의 지역사회복지 모델

구분	목표	변화의 표적체계	일차적 구성원	관심 영역	사회복지사 역할
근린 지역사회 조직	조직화를 위한 구성원의 능력 개발, 도시지역사회 계획과 외부 개발에 영향과 변화	시, 외부 개발자, 지역주민	지역주민	지역주민 삶의 질	조직가, 교사, 코치, 촉진자
기능적 지역사회 조직	행위, 태도의 옹호와 변화에 초점을 둔 사회정의를 위한 행동, 서비스 제공	일반 대중, 정부기관	마음이 맞는 사람	특정 이슈와 대상을 옹호	조직가, 옹호자, 집필자, 정보 전달자, 촉진자
지역사회의 사회경제적 개발	지역주민 관점에 입각한 개발계획 주도, 사회경제적 투자를 주민이 이용할 수 있도록 준비	은행, 재단, 외부 개발자, 지역주민	지역사회의 저소득계층, 주변계층, 불이익계층	소득, 자원, 사회적 자원 개발, 교육과 리더십 기술 향상	협상가, 증진자, 교사, 계획가, 관리자
사회계획	선출된 기관 또는 인간서비스계획협의회가 행동을 하기 위한 제안	지역사회 지도자의 관점, 인간서비스 지도자의 관점	선거로 선출된 공무원, 사회기관과 기관 간의 조직	지역계획에 사회적 욕구 통합, 인간서비스 관계망 조정	조사자, 사업계획 제안자, 정보 전달자, 관리자
프로그램 개발과 지역사회 연계	지역사회서비스의 효과성을 증진시키기 위한 기관 프로그램의 확대와 방향 수정	기관 프로그램의 재정 충원자, 기관서비스의 수혜자	기관위원회 또는 행정가, 지역사회 대표자	특정 대상자를 위한 서비스 개발	대변인, 계획가, 관리자, 사업계획 제안자
정치사회 행동	정책 또는 정책형성자의 변화에 초점을 둔 사회정의를 위한 행동	선거권자, 선출된 공무원, 잠재적 참여자	특정 정치적 권한이 있는 시민	정치 권력의 형성, 제도의 변화	옹호자, 조직가, 조사자, 조정자
연합	프로그램의 방향 또는 자원을 최대한 끌어낼 수 있는 다조직적 권력 기반 형성	선출된 공무원, 재단, 정부기관	특정 이슈에 이해관계가 있는 조직	사회적 욕구 또는 사회적 관심과 관련된 특정 이슈	중개자, 협상가, 대변인
사회운동	특정 대상집단, 또는 이슈에 대해 사회정의를 위한 행동	일반 대중, 정치 제도	새로운 비전과 이미지를 창출할 수 있는 조직과 지도자	사회정의	옹호자, 촉진자

관련된 영역을 지역사회의 주요한 변화를 알리는 신사회운동 영역까지 확대하고 있다.

이들의 여덟 가지 모델은 개발이라는 측면에서 사회경제적 개발, 조직화라는 측면에서 근린지역사회조직, 기능적 지역사회조직, 계획이라는 측면에서 프로그램 개발 및 연계, 사회계획 그리고 관계의 변화라는 측면에서 정치사회행동, 연합 그리고 사회운동으로 구분된다. 물론 관점이나 접근방식에 따라 구분되었지만 개별적으로 적용되기보다는 복합적으로 적용될 수 있다.

특히, 웨일과 갬블의 모델은 최근의 사회환경적 변화를 최대한 반영하고 있다는 점에서 높이 평가할 수 있다. 다양하게 활동하고 있는 신사회운동을 지역사회복지의 한 영역으로 규정하고 있으며 다원화된 문화적 경향에 대해서도 관심을 기울이고 있다는 점이 부각된다.

4. 지역사회복지 모델의 특성과 의미

1) 지역사회복지 모델의 특성

지역사회복지의 가치와 철학은 정상화와 사회통합의 이념이며, 이러한 가치를 실현하기 위한 다양한 모델이 기능적 접근방법을 중심으로 적용되고 있다. 테일러와 로버츠(1985: 24-25)는 이러한 상황에 비추어 실천 모델의 설계를 어렵게 하는 다양성이 존재한다고 하였다. 이러한 다양성에는 자본주의의 성장과 발달에 대한 우려의 목소리도 포함되어 있지만, 새로운 지역사회를 건설하기 위한 노력의 일환으로 여러 가지 형태의 새로운 접근이 시도되고 있다. 이러한 새로운 사회적 흐름은 새로운 가치가 적용되는 신사회운동을 통해서 이루어지고 있다(이택룡 · 노무지, 2001: 176 재인용).

즉, 시민권운동, 반핵반전운동, 여성운동, 소비자 운동, 지역분권운동, 그리고 환경 및 생태운동과 같이 그동안 소외된 영역에 대한 관심이 높아지고 있다. 신사회운동은 시민사회에 기반을 두고 가치 및 생활양식의 변화나 권리의 확보를 목표로 민중의 자발적 직접 행동을 통한 유동적 조직 성향을 보여 준다(이복수 역, 1995: 28). 따라서 지역사회복지도 지금까지의 모델에 대한 새로운 접근방법을 모색하도록 요구하고 있다.

지역사회는 독립적으로 존재할 수 없으며, 권력 · 정의 · 명분 등의 가치에 의해서 영향을 받는 개방적 체계이다(MacNair, 1998: 9). 특히, 정치, 경제, 사회, 문화적 상황의 변화는 사회통합을 추구하는 지역사회복지의 새로운 실천 모델을 요구한다.

로마니신(Romanyshyn)은 이러한 변화를 사회복지 패러다임이 변화되고 있음을 강조하면서 지역사회의 역할이 강화되고 있음을 강조하였다. 로마니신이 말한 패러다임의 변화에서 가장 강조되는 것은 지역사회보호 및 제도적 복지의 강화이다. 그러나 지역사회보호는 전문가로서의 사회복지사의 역할을 자원 조정과 직접적 서비스의 제공으로 한정시키게 되었고 생활서비스를 통한 사회통합을 촉진하는 활동을 주로 담당하도록 만들었다.

이러한 제도의 변화는 케어 전문가를 통한 가정봉사서비스의 필요성을 증가시키게 되었다. 영국의 지역사회보호와 일본의 재택복지가 대표적 제도라고 할 수 있다. 또한 지역사회보호와 함께 강조되고 있는 접근방법론이 사례관리이다. 이러한 경향은 장애인의 증가와 고령화로의 진전으로 시설보호로서는 더 이상 이들의 요구를 감당하기 어려워졌기 때문에 시설보호가 지역사회로 확대된 것이다.

이와 같이 지역사회복지 모델이 현대사회에 다양하게 적용되고 있기 때문에 새로운 형태의 대안을 모색하기 위해서 지역사회복지의 모델을 연구하는 것은 매우 의미 있는 일이다. 지역사회복지 모델은 지역주민의 욕구 혹은 사회문제를 적절하게 해결할 수 있는 유용한 실천방법론이므로 이를 비판적으로 살펴봄으로써 지역사회복지의 발전에 기여할 수 있기 때문이다.

박태영(2003: 69-70)은 그 의미를 세 가지로 제시하고 있다. 첫째는 각 모델의 유용성과 단점을 파악함으로써 각 모델의 이론적 발전을 도모할 수 있고, 둘째로 각 모델의 실천방법을 분명하게 파악하여 적용 가능성을 높일 수 있으며, 셋째로 지역사회복지의 대상이 되는 생활문제를 보다 효과적으로 대처할 수 있는 방법론적 이론체계를 확립할 수 있다고 하였다.

여기에 부가하여 지역사회복지의 모델을 연구함으로써 새로운 사회문제 혹은 욕구에 적절하게 대응할 수 있는 모델을 개발하는 것도 매우 중요한 것이라고 할 수 있다.

왜냐하면 산업사회의 결과로 드러난 사회문제를 치료하는 성격이 강한 사회복지가 근본적인 문제를 해결하기보다는 현상을 제거하는 데 역점을 두고 있다는 점에서 비판을 받고 있기 때문이다. 특히, 관료화되고 경직화되고 있는 현재의 사회복지기관에 대한 부정적 인식은 지역주민의 복지증진이라는 기본적인 목표와도 부합되지 않는다. 이러한 측면에서 지역사회복지에 대한 일반적 비판은 비슷하게 적용된다. 전체적 관점에서 지역사회복지의 특성은 다음과 같다.

먼저 지역사회복지는 사회문제의 해결에 역점을 둔다는 것이다(김성이 외, 1997: 31-33). 던햄을 비롯한 다수의 학자들은 지역사회복지에 대한 접근을 문제를 해결하고자 하는 기능적 차원에서 시도하고 있다. 특히, 지역사회복지의 근간인 지역사회조직은 문제와 문제의 원인 등에 대한 관심을 보여 줌으로써 계획된 변화를 위한 방법을 모색하는 사회복지방법론이다(김종해, 1995: 4).

그러나 기능적 관점은 기본적으로 현재의 체제를 유지하면서 사회를 통합하고자 하는데, 사회적 안전장치들은 오히려 '가지지 못한 자'보다 '가진 자'에게 더욱 많은 혜택을 주게 된다(Brager & Specht, 1973: 49). 이러한 관점은 문제해결과정에서 자원을 적극적으로 활용하는 방법이다.

둘째, 지역사회복지 모델은 지역주민의 욕구 충족을 목적으로 한다. 하지만 지역주민은 경쟁과 배타적 자본주의에 익숙해져 물질적 만족으로 대리 만족을 추구하는 경향이 있다. 경쟁은 불가피하게 한계 상황을 넘게 되며, 경쟁이 심화되면 지역주민은 정서적으로 불안정하게 되어 더욱 고립되고 소외된다. 현대사회는 너무나 복잡한 체계를 구축하고 있으며 지역주민이 아무리 노력해도 자신의 힘으로는 욕구를 완전히 충족할 수 없도록 철저하게 소외되고 있다.

리베라와 엘리히(Rivera & Erlich, 1998: 11)는 『Community Organizing in a Diverse Society』에서 다양한 사회에서 가장 중요한 것이 문화임을 강조하면서, 현대의 주류사회에서 이분화된 사회구조를 극복할 수 있는 다원화된 지역사회조직을 강조하고 있다.

셋째, 사회복지기관의 협력과 조정을 통하여 서비스의 개발과 제공에 관심을 둔다. 지역사회복지가 강조하는 것은 사회적 관계망이다. 지역주민의 욕구가 다양해지고 복합적으로 변화되면 될수록 사회복지기관의 유기적 협력은 더욱 필요하다. 그런데 지역주민의 대부분은 상대적 욕구에 관심이 많다. 경제 성장으로 절대적 욕구는 완화되고 있지만 오히려 빈부의 격차, 정보의 격차, 지역 간의 불균형, 문화의 격차, 권력의 불평등 등으로 인하여 상대적 박탈감을 강하게 인지하고 있다. 하지만 이러한 상대적 욕구는 충분하게 해결할 수 없는 상황이다. 욕구는 만족함이 없기 때문이다. 지역사회복지 모델은 다양한 방법으로 지역주민의 욕구를 해결하는 데 한계를 느낄 수밖에 없다.

분명한 것은 지역사회복지 모델이 주민화합과 사회통합을 추구하지만 빈부의 격차, 권력의 집중 등에 대하여 당연한 것으로 인지하고 있다는 것이다. 사회통합은 이론적으로 가능할지 모르지만 결국 지배구조, 무관심, 다양한 문제들이 해결되지 않고서는 이상에 지나지 않는다.

종합적으로 볼 때 기존의 지역사회복지 모델은 사회복지서비스가 근본 문제를 해결할 수 있는 원인론적 접근보다는 실업, 질병, 범죄 등과 같은 현상을 제거하는 수준에서 이루어진다는 점에서 분명한 한계를 가지고 있다.

2) 지역사회복지 모델의 의미

지역사회복지 모델은 20세기 중엽에 사회복지사업에 대한 합리적 조직화와 전문성을 강화하기 위한 방법으로 사회복지협의회와 같은 전문적 단체의 필요성을 인식하여 등장하였다. 하지만 사회복지협의회와 같은 전문적인 단체가 지역사회조직의 목표인 주민조직화에 치중하는 것이 옳은 것인지 연락 조정과 같은 조정업무에 역점을 두는 것이 옳은 것인지, 아니면 이 모든 것을 다 수행하는 것이 옳은 것인지 명확하게 규명되지 못하고 있다. 지역사회조직은 실천 모델의 하나에 불과하기 때문에 다양하고 복잡해진 사회 변화와 모델을 모두 포함하는 데 한계가 있다(정무성, 1997: 24).

한편, 주민의 주체적 참여를 기본으로 하는 지역사회조직은 전문가의 역할을 모호하게 규정하기 때문에 전문사회복지의 위치가 불분명하게 되어 전문가인 사회복지사가 주민활동에 전적으로 의존하게 되거나 주민의 개별적이고 특수한 욕구가 주민생활의 일반적 욕구에 매몰되어 버린다는 비판도 있다(김현훈·유승호·최재향 역, 2000: 20-21).

주민참여는 주민이 자신들의 생활에 영향을 미치는 중요한 정책에 대하여 의사결정과정에 효과적으로 관여할 뿐만 아니라 영향력을 행사하는 것을 포함한다. 따라서 주민참여는 주민의 자발성과 적극성을 전제로 하며 계획적이고 의도적인 정책개입을 의미하는 것인데, 로스만의 모델은 주민참여를 소극적 의미로 해석하고 있다는 점을 비판할 수 있다.

따라서 로스만의 세 가지 모델은 제한된 사회문제, 무관심 그리고 불평등과 같이 인간관계를 중심으로 문제를 해결하고자 하는 반면, 지역적, 지리적, 국가적, 국민적 그리고 국제적 차원에서 발생할 수 있는 가능성에 대해서 충분하게 구분하지 못하고 있다(Weil, 1996: 42). 로스만의 지역사회복지 모델은 지역사회의 다양한 환경적 요소를 고려하지 못함으로써 전체성과 포괄성을 반영하지 못하는 한계를 가지고 있다.

5. 지역사회복지 모델에서 사회복지사의 역할

지역사회복지는 지역주민의 참여로 공동체의식을 강화하여 사회통합을 추구하는 것을 목표로 한다. 이와 같은 목표를 달성하기 위하여 지역주민의 문제해결능력이나 환경에의 적응능력을 강화시키기 위한 과정 목표를 가지고 있다. 나아가 지역주민의 삶의 질에 부정적 영향을 미치는 사회적 조건과 정책을 개선시키기 위한 과정 목표도 가지고 있다. 또 이와 같은 목표를 성취하기 위하여 지역주민의 관심을 촉구하고 지역사회문제에 관심을 유도하기 위한 주민조직화의 목표를 가지고 있다.

이러한 지역사회복지의 목표를 달성하기 위하여 지역주민이 적극적으로 참여하고 활동하는 것이 바람직하지만 모든 지역주민이 지역사회문제에 관심을 가지고 있는 것이 아니기 때문에 지역주민의 관심을 제고할 수 있는 다양한 활동이 이루어져야 한다. 이러한 활동을 적극적으로 수행할 수 있는 전문 인력이 지역사회에서 활동하고 있는 사회복지사이다. 따라서 사회복지사의 활동에 따라 지역주민의 참여 정도가 달라질 수 있으며, 지역사회의 문제를 해결할 수 있는 역량도 강화될 수 있다.

로스만은 지역사회복지 실천 모델을 지역사회개발 모델, 사회계획 및 정책 모델, 사회행동 모델로 구분하여 설명하였으며, 사회복지사의 역할도 세 가지 모델에 맞추어 제시하고 있다. 이뿐만 아니라 여러 학자들도 로스만의 모델에 의거하여 사회복지사의 역할을 설명하고 있다. 하지만 이들 모델을 중심으로 제시되는 사회복지사의 역할이 다소 중복되거나 혼선을 초래하고 있기 때문에 명확하게 정의하기 어렵다. 물론 이들 역할이 상호 배타적으로 적용되는 것은 아니지만 모델에 따라 그 역할을 새롭게 정의할 필요가 있다.

이 절에서는 지역사회에서 활동하고 있는 사회복지사의 역할을 로스만의 모델을 중심으로 설명하고자 한다. 하지만 학자 간에 중복되는 내용을 정리하고 로스만의 모델에 충실하게 그 역할을 제시하고자 한다.

1) 지역사회개발 모델에서의 역할

사회복지사는 지역주민의 무관심에도 그들을 자극하고 대안을 제시할 수 있어야 하기 때문에 통합적 조정능력이 요구된다. 지역사회개발 모델에서 사회복지사는 지역주민의 적극적 참여를 조장하고 그들의 사적이고 개별적인 관심을 공통적 관심으로 바꾸는 역할을 수행한다.

지역주민이 공통적으로 고통받고 있는 지역사회의 문제를 중심으로 지역주민의 사적 이익을 최대한 자극할 필요가 있다. 이러한 역할을 수행하기 위하여 안내자의 역할, 조력자의 역할, 전문가의 역할, 사회치료자의 역할 등이 제시되고 있다. 하지만 지역사회개발 모델에서의 역할이 지역주민과의 만남을 주선하고 문제를 이슈화하는 과정이며, 이러한 과정에서 지역주민의 역량을 강화시키는 것이기 때문에 안내자의 역할, 조력자의 역할, 교육자의 역할 등을 중심으로 설명하고자 한다.

(1) 안내자의 역할

지역주민이 일상적 활동을 수행하면서 조직사회에 적응하고 생존하기 위하여 과도한 피로상태에 방치되어 있기 때문에 다소간의 불편함이 있더라도 지역사회의 문제를 무시하거나 관심을 두지 않는 경향이 있다. 따라서 사회복지사는 지역주민의 다수가 고통받고 있는 문제에 모든 지역주민이 적극적으로 참여할 수 있도록 설명하고 안내하는 역할을 해야 한다. 다수의 지역주민이 고통받고 있는 문제를 지역사회에 알리고 전체 지역사회가 공동으로 대응할 수 있는 기회를 마련하여야 하기 때문이다.

이를 위하여 문제 상황과 관련한 다양한 자료를 준비하고 다양한 의견이 표현될 수 있는 기회를 마련하여 그들의 의견을 하나로 집약할 수 있는 방안을 모색하여야 한다. 또한 문제해결 방향과 방법을 선택하는 과정에서 다양한 방법을 제시할 수 있도록 도움을 제공하여야 한다.

이 과정에서 사회복지사는 지역주민보다 문제 상황을 객관적이고 정확하게 인지하고 있어야 할 뿐만 아니라 주체적이고 적극적으로 활동하여야 한다. 물론 이 과정에서 권위주의적이거나 우월한 위치를 가지고 있다는 의식이 철저히 배제되어야 함은 당연하다. 오히려 지역주민의 활동을 격려하고 지지함으로써 주민의 주도적 역할을 격려하고 문제해결역량을 강화할 수 있도록 지지하여야 한다.

접근방법에 있어서 지역주민의 개별적 의견을 제시할 수 있는 채널이 준비되어야 하며, 그들의 의견이 교류될 수 있는 만남의 기회도 마련되어야 한다. 이러한 다양한 기회를 접하면서 지역주민은 문제해결을 위한 방법과 절차를 인지하게 되고 실행할 주요 행동을 스스로 결정할 수 있다. 민주적인 토의방식이 시간이 오래 걸리지만 모든 지역주민을 하나로 만드는 가장 좋은 방법이기 때문이다.

(2) 조력자의 역할

지역사회는 개발과정에서 의도하지 않은 다양한 문제가 항상 존재하며, 지역주민은 이러한 지역문제에 일상적으로 노출되어 습관적으로 인지하지 못한 경우가 많다. 혹은 문제를 인지하더라도 문제해결을 위한 노력과정에서 실패한 경험이 있어 미리 포기하는 경우도 있다. 혹은 일상생활의 불편함이나 부당함을 인지하더라도 외부의 강압적 통제와 억압에 의하여 자신들의 욕구를 표출할 기회를 가지지 못한 경우도 있다.

이러한 경우에 사회복지사는 지역주민의 잠재된 욕구나 내재된 욕구를 표출할 수 있도록 도울 수 있다. 특히, 부정적이고 적대적인 감정을 표출할 수 있도록 자극함으로써 지역주민의 불만이 개인적인 것이 아니라 지역주민 모두의 공통적 문제라는 것을 인식시킬 수 있을 것이다. 또 지역주민의 개별적 불만을 서로 연계시킴으로써 지역사회의 전체적 문제를 파악할 수 있도록 지원할 수 있다.

사회복지사는 지역주민의 불만을 자극하고 집약하는 과정에서 지역사회와 관계가 좋은 주민과 관계가 악화되지 않고 원만한 관계를 유지할 수 있도록 신뢰관계를 조성하는 것이 무엇보다 중요하다. 따라서 지역주민의 협력적 활동에 장애가 되는 요인을 제거하기 위하여 노력하여야 한다.

중요한 것은 특정 과업에 지나치게 몰두하여 궁극적 목표를 상실하지 않도록 하는 것이다. 이를 위하여 장기적 목표를 우선적으로 수립하고 단계적으로 접근할 수 있는 과정 목표를 세우는 것이 바람직하다.

(3) 교육자의 역할

지역사회는 다양한 외부체계와의 교류와 상호작용을 통하여 성장하고 발달한다. 그러나 지역사회에 따라서 교류와 상호작용이 충분히 이루어지지 않거나 제한되는 경우 지역사회의 성장과 발달은 지체된다. 혹은 지역사회의 문화적 특성에 따라 지역주민의 권리가 억압되거나 제한되기도 한다. 이와 같은 지역주민은 자신들의 문제를 인지하지 못하거나 자포자기하는 경우가 있다.

이러한 경우에 사회복지사는 지역사회의 문화적 특성, 사고방식 그리고 지역사회문제에 대한 정확한 인지를 바탕으로 지역사회의 악습이나 지역사회의 구조를 지역주민에게 교육시킬 필요가 있다. 지역사회복지에서는 지역주민은 문제를 해결할 수 있는 주체이기 때문에 자신들의 문제를 객관적이고 정확하게 인지하도록 교육하는 것이 사회복지사의 주된 역할이다.

지역주민의 자발적이고 적극적인 참여가 지역사회를 변화시킬 수 있는 핵심동력이기 때문에 지역주민이 인지하지 못하거나 자포자기한 경우에도 사회복지사의 활동은 개별적으로 혹은 집단적으로 이루어져야 한다.

2) 사회계획 및 정책 모델에서의 역할

사회계획 및 정책 모델에서의 역할은 모리스와 빈스톡(Morris & Binstock)의 계획가로서의 역할, 그리고 샌더스(Sanders)의 전문가로서의 역할 등이 제시되고 있다. 사회계획 및 정책 모델은 지역사회의 다양한 문제를 해결하는 과정에서 사회복지사의 전문성을 가장 잘 발휘할 수 있는 영역이기 때문에 주도성이 가장 잘 나타나기도 한다. 상대적으로 지역주민의 역할이 제한되고 공공기관 및 행정 조직의 기능을 중심으로 전문성을 발휘할 수 있다. 이 모델에서는 조사자, 분석자, 계획가, 전문가로서의 역할을 수행하는 것으로 설명하고자 한다.

(1) 조사자의 역할

지역사회의 문제는 드러난 문제 이외에도 잠재되어 있거나 다른 형태의 문제로 전환되는 경우도 있다. 지역사회의 문제는 표면적으로 드러난 경우 우선적으로 문제 상황을 해결하기 위하여 적극적 대책을 강구하여 현존하는 문제로부터 고통받는 지역주민을 편안하게 하여야 한다.

하지만 지역사회의 문제는 드러나는 것 이외에 복잡하게 얽혀서 존재할 수 있다. 부득이하게 문제 상황을 정확하게 파악하기 위하여 문제와 관련된 내용을 과학적으로 조사할 수밖에 없다. 문제의 현황, 심각성, 문제와 관련된 다양한 요소, 대응 노력 등을 문헌조사와 실증조사를 통하여 자료를 수집하고 분석하는 것이 필요하다.

(2) 분석자의 역할

수집된 자료는 다양한 시각에서 정리되고 분석되어야 한다. 사회문제 및 사회문제에 영향을 미치는 요인을 클라이언트의 측면에서 접근할 수 있도록 무엇을 개선할 것이며, 어떻게 변화를 가져올 것인지 접근방법을 모색하여야 한다. 프로그램을 실시하기 전에 다양한 대안을 모색할 수 있는 근거가 될 수 있다.

(3) 계획가의 역할

계획가는 수집된 자료의 분석결과를 중심으로 다양한 대안을 모색하여야 한다. 사회문제에 영향을 미치는 요인, 지역사회의 갈등을 조장하는 사고나 태도, 지역사회의 구조 및 역할에 대한 인지, 지역사회의 역사나 관습 등에 대한 조사 등을 통하여 지역사회문제의 관련성을 파악하는 것이 전제가 된다. 그리고 현재의 상황을 중심으로 접근 가능한 방법, 자원 동원이 가능한 방법, 실현 가능성이 높은 프로그램, 효과성이 높은 프로그램 등을 다양하게 모색하고 시뮬레이션을 통하여 검증하는 것이 바람직하다.

(4) 전문가의 역할

사회계획 및 정책 모델은 문제에 대한 인과적 관계를 밝히고 실현 가능한 대안을 모색하며, 실천과정에서의 오류를 찾아내는 등 논리적이고 합리적인 계획을 수립하는 것이 중요하다. 프로그램의 실천과정을 통하여 사회문제를 해결하기 위한 결과를 중시한다. 다른 어떤 모델보다 전문가로서의 자질과 실력이 강조되는 영역이기도 하다.

3) 사회행동 모델에서의 역할

사회행동은 지역주민의 침해된 권리를 확보하여 사회정의의 관점에서 지역사회의 문제를 해결하려는 노력이다. 법에 근거한 정책이나 제도를 통하여 지역주민의 권리가 통제될 때 이를 효과적으로 해결하기 위한 직접적 행동을 강조한다. 또 사회행동은 지역주민의 조직적 힘을 규합하고 여론을 동원하여 침해된 권리를 옹호하기 위한 접근방법이다.

그로서(Grosser)는 조력자, 중개자, 옹호자, 행동가의 역할을, 그로스만(Grossman)은 조직가의 역할을 제시하였다. 사회행동 모델이 지역주민의 권리를 강조하고 이를 해결하기 위한 직접적 행동을 요구한다는 점에서 사회복지사의 역할을 중개자, 옹호자, 행동가로 설명하고자 한다.

(1) 중개자의 역할

지역주민의 일상생활에 필요한 자원은 매우 제한적으로 존재한다. 제한적 자원이 소수에게 집중되어 있으며, 공유할 수 있는 자원이 어디에, 어떠한 형태로 존재하는지 지역주민이 파악하기 어렵다. 사회복지사는 지역주민의 일상생활을 변화시킬 수 있는 자원의 소재를 알려서 접근할 수 있도록 중재하여 자원의 활용성을 높여야 한다.

(2) 옹호자의 역할

지역사회에서 계층의 존재는 지배와 피지배를 합법화하고, 피지배계급의 권리를 상대적으로 지배계급이 통제하는 경향이 있다. 통제구조에서는 일상생활의 다양한 영역이 억압되거나 정당하게 주어진 권리조차도 확보되지 못하는 경우가 많다. 사회복지사는 통제되는 지역주민의 정당성을 대변하고 지역주민이 자신의 권리를 지킬 수 있도록 주장하며 옹호하는 역할을 담당하여야 한다.

(3) 행동가의 역할

모든 지역주민이 일상생활에 필요한 자원을 갈구하는 상황에서 지역사회의 희소한 자원을 필요한 만큼 가질 수 없다. 법제화된 제도는 불균등한 분배를 합법화하기 때문에 사회적 약자들의 정당한 권리를 보장하기 위하여 갈등적 상황을 초래할 수밖에 없다. 사회복지사는 직접적 실력 행사를 통해서라도 부당하게 박탈된 지역주민의 권리를 회복하고 사회정의를 구현하기 위하여 행동가로서의 역할을 수행하여야 한다. 그러기 위하여 사회복지사는 실력 행사를 두려워하거나 회피해서는 안 된다.

(4) 기타

이 외에도 지역사회복지를 실천하는 사회복지사의 역할은 매우 다양하다. 기본 역할을 중심으로 설명하면 촉매자, 교사, 촉진자, 연결자 등의 역할을 수행한다.

촉매자의 역할은 주민을 격려하고 지지하는 역할로서 회의 개최, 의견 청취, 분위기 조성 등이 있다. 교사의 역할은 인식의 전환을 위한 경험적 학습을 제공하고 다양한 과업에 대한 기술과 지식을 습득하도록 교육하는 역할을 수행한다. 촉진자로서의 역할은 돕는 과정 기술의 원조자의 역할을 수행한다. 그리고 연결자의 역할은 조직 외부 및 미디어와의 연계활동을 수행한다.

그리고 회의 참석, 타 조직과의 연대활동, 새로운 아이디어와 프로그램의 개발 등을 수행한다. 특히, 지역사회복지사는 지역주민의 권리를 대변하고 불평등한 사회구조를 변화하는 대변인, 행동가, 계획가 등의 역할을 수행한다.

결론적으로 사회복지사는 문제해결에 따른 목표를 설정하고 이를 해결하는 방도를 강구하도록 도와줌으로써 최선의 문제해결 방향과 방법을 선택하여 지역사회가 주체적으로 능력을 발휘하여 지역주민을 격려하고 지지하는 것이 바람직하다. 이는 사회복지사가 전체 지역주민과 함께 일해야 한다는 것을 의미하며 편파성을 배제하고 민주적 절차를 통하여 의사결정이 이루어지고 합의한 내용을 중심으로 지역주민 스스로가 지역사회의 문제를 해결하여야 한다는 것을 의미한다.

어떠한 모델도 독립적으로 적용되기 어려운 지역사회의 특성으로 볼 때 기본적으로 사회복지사는 지역사회의 다양한 조직을 동원하고 조직하는 역할이 필요하다.

Chapter

05

지역사회개발 모델과 새마을운동

지역사회개발 모델과 새마을운동

1. 지역사회개발 모델

1) 지역사회개발 모델의 개념

지역사회개발 모델(community development model)은 광범위한 주민의 변화를 위한 목표 설정과 주민을 실천행동에 참여시켜야 한다는 전제에서 나온 모델이다(박태영, 2003: 70). 이 모델은 학자에 따라서 다양한 의미로 사용되고 있다. 그 이유는 개발이라는 용어에 대한 해석이 다양하기 때문이다.

개발의 개념을 경제 성장, 과학기술, 사회복지, 현대화로 구분하기도 하고, 풍요로운 삶의 추구와 사회의 구조 변화를 추구하는 것으로 보는 시각도 있다. 특히, 최근에는 개발의 개념에 생활의 질을 강조하여 환경 보전을 포함하는 경우가 많다(김영모, 2002: 34-36).

그러나 UN에서 정한 지역사회개발에 관한 정의를 보면 "지역사회개발은 전체 지역사회의 적극적 참여와 지역사회의 주도권(initiative)에 대한 전적인 신뢰를 통해 전 지역사회의 경제적 · 사회적 조건을 향상시키기 위한 과정"이라고 하면서 민주적 절차, 자발적 참여와 협동, 합의, 교육 등을 강조한다(United Nations, 1955: 6).

이러한 개발의 개념은 경제적으로 낙후된 지역에서는 경제 성장을 의미하기도 하지만, 경제적으로 성장한 지역에서는 분배의 공평성과 쾌적한 환경을 의미하기도 한다. 로스만은 산업화 과정에서 상실한 지역사회의 주민 공동체의식을 회복하는 것을 주요한 개발이라고 규정하고 있다.

웨일과 갬블은 기능적 지역사회조직(functional community organization)에서 지리적 경계를 무시하는 개념으로서 특정의 목표와 과업을 해결하기 위하여 뜻을 같이하는 사람들의 인위적이고 이익적인 관계 조직이다. 이러한 개념은 최근에 통신과 정보기술의 발달과 더불어 확대되는 개념이다. 지역성은 지역사회 구성요소의 하나이지만 다양한 이익집단의 출현으로 공통의 관심을 가진 사람들이 인터넷과 같이 온라인으로 의견을 교환하며 교육, 조사, 정책 개발, 로비와 같은 다양한 활동을 전개하고 있다. 주된 목적은 구성원들로 하여금 그들의 문제를 효과적으로 옹호할 수 있도록 권능과 역량강화를 통해 특정한 관심사에 대한 사회적 변화를 유도하는 것이다. 이뿐만 아니라 기능적 지역사회는 정서적 행동장애가 있는 아동을 위한 치료시설과 같이 자신들의 관심사에 관련된 활동을 점차적으로 확대하고 있다(Weil, 1996: 48).

또 웨일과 갬블은 지역사회 사회경제적 개발(community social and economic development)에서 저수준의 낙후된 지역주민의 생활을 향상시키기 위하여 사회개발과 더불어 경제개발이 동시에 추구되어야 한다는 것으로서 자원을 가진 사람들의 참여와 동조를 필수 조건으로 요구한다. 지역주민의 관점에서 개발계획을 주도하고 내 · 외부의 인적 · 물적자원을 개발하며 유치할 수 있도록 노력한다. 이 모델은 주민과 지역사회조직의 능력을 강화시키는 것에 초점을 두고 있으며, 지역사회의 문화와 조화를 이루고 자연환경에도 적합한 경제적 자원화 기회를 확보하는 것이 주된 목표이다. 따라서 사회정의에 기초한 개발의 핵심 목표는 사람들의 능력과 기술에 대한 개발이며, 이러한 과정을 통해서 가정환경과 자연환경을 개선시킬 수 있다.

2) 지역사회개발 모델의 목표

로스만의 지역사회개발 모델은 지역사회를 구성하는 주민들이 가치관의 혼란과 도덕체계의 붕괴로 아노미상태에 처한 구성원 간의 무관심을 해결하려는 모델로 구성원 간의 공동체의식과 문제해결능력의 배양에 역점을 두고 있다.

지역사회개발 모델에서 지역주민의 역할은 매우 중요하다. 지역주민은 지역사회 내에서 지속적으로 생활하는 운명공동체이므로 문제해결을 모색하고 실천하는 주체자로서의 역할을 수행하는 권리와 의무를 가진다. 따라서 지역주민은 문제로부터 고통받는 당사자이면서 문제해결을 도모하는 주체자이다. 이것이 지역주민이 주인의식을 가지고 적극적으로 참여하여야 하는 이유이다.

지역주민이 자신들의 개인적 문제가 아닌 사회적 문제에 대한 관심을 제고함으로써 다양한 정보를 습득하고 능력을 강화할 수 있는 기회를 제공받는 것이다. 이렇게 됨으로써 지역사회는 새로운 가치와 문화를 형성할 수 있다. 특히,

지역주민은 지역사회의 다양한 문제로부터 고통받고 있는 사람들이며, 가장 절실하게 문제가 해결되기를 바라는 사람들이다. 또 그들은 문제가 해결됨으로써 혜택을 누리는 수혜자이기도 하다.

한편 테일러와 로버츠는 지역사회개발(community development)에서 지역주민의 참여와 의식 변화를 중요시하며 자조와 지도력 개발에 역점을 두고 지역사회연구 및 문제해결을 강조한다. 이 모델은 역량강화, 지도력 개발, 자립, 상호 원조에 중점을 둔 모델로서 지역사회가 스스로의 욕구와 문제를 판단할 수 있는 수준에 도달했을 때 적용하기 가장 좋은 실천방안이다(Lappin, 1985: 59-62). 제3세계와 같이 저개발된 국가와 미국과 같이 개발된 국가에서의 적용이 다소 상이하게 이루어질 수 있지만, 로스만의 모델에서와 같이 지역주민의 참여와 협력을 중요시하며 주민의 공동체의식을 형성하기 위해서 교육적 방법을 강조한다. 따라서 기능주의적 관점에서 기존의 사회체계를 유지하고 사회적 연대성과 공동체의식을 배양하는 데 역점을 둔다. 당연하게 체제 유지적이며 자원의 총량을 확대하는 데 관심이 많다.

한편 웨일과 갬블은 근린지역사회조직(neighborhood and community organization)에서 특정한 지역의 거주자가 조직을 구성하고 함께 일하며 힘을 기를 수 있고 아울러 자신들이 속한 지역사회의 삶의 질을 향상시킬 수 있도록 지원하기 위해 개발된 실천 모델이라고 강조한다. 따라서 사회적 · 물리적 · 경제적 이슈를 취급하는 것으로서 능력개발과 과업 수행이라는 두 가지 목표를 강조한다. 조직구성은 지역주민들로 하여금 자신들의 목표를 달성하는 데 필요한 기술을 개발할 수 있도록 지원하기 위해 의식향상운동과 능력 배양에 초점을 두고 있다(Weil, 1996: 47). 즉, 조직화 과정에서 발휘되는 능력을 통하여 잠재능력을 개발하고 효과적으로 지역사회의 문제를 해결할 수 있음을 강조하는 것이다.

3) 지역사회개발 모델의 방법

지역사회개발에서 가장 강조하는 것은 주민의 관심과 적극적 참여이다. 주민의 사회참여는 연대감과 공동체의식을 배양하여 사회적 관계망을 형성하는 계기를 제공하며 결과적으로 협력과 합의를 통하여 사회통합에 긍정적으로 기여하게 된다(Rothman, 1995: 29).

한편, 지역사회개발 모델은 기능주의적 관점에서 사회를 분석하기 때문에 사회의 불평등과 갈등을 해결하기 위한 노력보다는 지역주민의 개별적 차이를 인정하고 현재의 위치에서 자신의 역할을 수행하는 기능적 통합을 강조한다. 이 모델은 과정지향적으로 주민의 관심 제고와 주민참여를 통한 자조 및 자립의 달성을 강조하며 문제해결능력을 배양하고자 한다(Rothman, 1995: 29).

4) 지역사회개발 모델의 한계

지역사회개발 모델은 근본적으로 구조적 모순상태에 있는 주민의 갈등을 해소하지 않는다는 점에서 명확한 한계를 가지고 있다. 로스만은 이러한 한계를 사회계획 모델에서 해결할 수 있으며 각각의 모델이 복합적으로 작용하기 때문에 효과적으로 접근할 수 있다고 제안한다. 하지만 지역주민의 규범적 가치인 공동체의식 약화와 지역주민의 무관심을 해결하기도 쉽지 않다. 이러한 상황에서 다른 문제를 복합적으로 접근한다는 것은 거의 불가능하다고 할 수 있다. 따라서 지역사회개발 모델이 목표로 하는 지역주민의 가치와 태도 변화를 위한 프로그램이 개발되어야 하지만 다른 문제를 포함한 근본 원인의 제거에는 효과적이지 못하다고 할 수 있다.

지역사회에서 경제적 개발은 중요한 목표가 될 수 있지만 오히려 사회문화적으로 부정적 결과를 초래할 수도 있다. 예를 들어, 성장 모델에 입각하여 도시화가 진행되면서 한정된 공간에 많은 인구가 살기 위한 방편으로 아파트를 비롯한 공동주택이 건설되어 도시는 거대한 아파트섬이 되고 있다. 지역주민의 편리함을 추구하기 위한 아파트는 폐쇄된 공간이면서 주민이 문화를 공유할 수 있는 환경적 공간이 거의 마련되지 못하고 있다. 즉, 아파트에는 조경을 위한 좁은 공간에 나무가 있을 뿐 지역주민의 삶을 교환할 수 있는 공간이 부족하여 공동체 문화가 조성될 수 없는 한계를 가지고 있는 것이다. 이렇게 효율성을 강조하는 공간은 오히려 이기주의적이고 개인주의적 생활을 조성하고 있을 뿐이다.

2. 주민조직화

1) 주민조직화의 의미

(1) 조직화의 개념

주민조직화는 지역사회복지실천에서 반드시 거쳐야 하는 중요한 과정으로 지역주민과 다양한 집단, 사회단체의 참여와 협력을 강조한다. 주민조직화는 우선적으로 사람을 모으는 작업으로써 핵심적인 것이 대중의 참여이다. 즉, 대중의 참여가 지속적으로 유지되고 확대되는 것이 조직화라고 할 수 있다.

지역사회복지의 목표는 지역주민의 공통 문제를 해결하는 것이며, 문제해결 과정에서 많은 사람을 모으는 것이 중요하다. 사람이 많다는 것은 지역주민의 관심을 유발할 수 있는 여론을 형성하기 쉽고, 문제해결의 가능성을 높여 주는 힘을 과시할 수 있다.

주민조직화는 지역주민의 공동문제 해결을 위해 필요한 인력 혹은 자원을 모아서 체계화하고, 구성원 간의 원만한 의사소통을 통하여 신뢰 관계를 구축함으로써 공통의 목표를 성취하도록 집단을 구성하는 동적 과정(최옥채, 2001: 51)이다. 따라서 조직화는 우연에 의해서 만들어진 것이 아니라 계획적이고 의도적으로 만들어진 것이다.

결론적으로 주민조직화는 지역주민이 주체가 되어 지역사회의 문제를 해결함으로써 생활환경을 개선하고 바람직한 지역사회를 조성하기 위한 자발적이고 적극적인 활동을 의미한다.

(2) 주민조직화의 필요성

지역사회복지는 문제를 해결하는 매개체로서 지역주민을 가장 중요한 요소로 인정하고 있다. 지역사회의 문제해결을 위하여 지역주민의 다양한 이익을 적극적으로 반영하고 다양한 이해집단 간의 견해를 수용하여 합의를 조정함으로써 주민 간의 협동적 태도를 가지게 하는 것은 지역주민의 권리를 보호하는 것이다. 그러므로 주민조직화는 민주적 의사소통과정이며 현재의 위치에서부터 조직화를 실행하는 것이 가능하다. 따라서 지역사회의 모든 구성원이 단 한 사람일지라도 조직화의 능력을 가지고 있으며, 개인적 자발성을 통하여 참여할 수 있다.

조직화는 동적 과정이기 때문에 지속적 관심과 노력을 요구한다는 점에서 행정관리기법이 필요하다. 또 성장하지 않는 조직은 결국 없어진다는 점 때문에 지속적으로 회원을 관리하고 충원하여야 한다. 많은 회원을 확보하기 위해서는 지역주민의 사적 관심을 자극할 필요가 있으며, 이를 공통의 목표로 전환할 수 있는 능력이 필요하다. 이러한 것은 지역주민의 관심을 높일 수 있을 뿐만 아니라 구성원에게 적절한 역할과 책임을 부여함으로써 조직을 유지하고 조직화를 성취할 수 있다.

(3) 주민조직화의 효과

주민조직화는 의사결정과정에서 다양한 쟁점을 토론하고 정책대안의 개발을 모색함에 합리적이고 민주적인 기회를 제공함으로써 지역사회에서 정책형성과정에 정당성을 부여하고 지역사회통합에 긍정적으로 기여할 수 있다. 또 지역주민들에게 지역사회의 일원이라는 자존감을 함양하거나 자신의 가치와 역할에 대한 재발견 등의 개인적 문제도 조직화를 통하여 해결할 수 있다.

특히 조직화가 중요한 것은 상대 조직은 힘을 가진 사람들로서 그들이 자원과 정보를 통제하고 있기 때문이다. 그들은 국가, 기업 등으로 기득권을 가진 존재이며, 공권력을 동원하는 것도 가능하다. 따라서 막강한 권한을 가진 상대와 대항하기 위해서 조직화는 필수적이고 기본적인 기술이다.

2) 조직화의 대상

(1) 지역주민

① 주체로서의 주민

지역사회는 주민이 살아가는 삶의 공간이며, 주민 간의 지속적인 상호작용을 통하여 공동체 문화를 형성한다. 주민은 동일한 지역사회에서 살고 있으며 공동의 물질적 기반과 사회의식적 기반에서 그 존재를 인정받으므로(오동석, 1999: 187) 지역사회를 구성하는 요소 간 관계 형성과 상호작용이 주민의 주도하에 이루어지고 있다(최옥채, 2001: 33).

이러한 과정에서 가치와 신념의 차이로 갈등이나 경쟁이 발생할 수 있다. 지역사회문제는 주민의 갈등과 경쟁의 결과로 발생한다. 즉, 지역사회문제는 지역사회의 정체성을 반영하며, 역사성 · 정치성 · 사회성과 같은 문제의 뿌리를 가지고 있다. 주민은 이러한 사회문제로부터 고통을 받고 있으며, 해결되기를 바라는 욕구를 가지고 있다(최상호, 1999: 217). 이것이 주민이 주민조직화에 주체적으로 참여하여 사회문제를 해결해야 하는 당위적 이유이다.

주체로서의 주민은 지역사회에 존재하는 문제를 파악하고 규정하며, 이를 주민이 공유할 수 있도록 다양한 교육과 토론의 기회를 가지고 해결방법을 모색할 수 있다. 지역주민의 자발적이고 주체적인 참여는 주민조직의 응집력을 강화하여 소속감을 느낄 수 있어 조직의 효율성을 강화하고 지역사회의 역할구조를 민주적 체계로 전환하는 데 기여한다(Bakalinsky, 2001: 143).

주체로서의 주민활동은 주민 상호 간의 신뢰감을 형성하고, 자신감을 강화하여 공동체의식을 조성할 수 있다. 다만, 고려할 것은 주민이 의사결정에 참여할 수 있는 민주적 운영체제를 마련하는 것이며, 의사결정 과정에서 지역주민이 참여할 수 있도록 사회문제에 대한 정보를 제공하는 것이다. 이러한 주체로서의 주민에게 있어서 가장 강력한 적은 주민의 무관심과 배제이므로 실질적 참여 기회와 역할을 부여하는 것이 매우 중요하다.

② 자원으로서의 주민

지역사회자원은 지역사회문제를 해결하는 중요한 요소 중의 하나이다. 자원은 내적 자원과 외적 자원으로 구분되기도 하지만 인적자원과 물적자원으로 구분된다. 인간은 개인적 소질에 따라서 특정한 지식, 기술 그리고 노동력을 보유하고 있으며, 이러한 소질은 지역사회의 문제해결에 있어서 절대적으로 필요한 것들이다.

즉, 개인적 형태로 혹은 집단적 형태로 존재하는 인적 자원을 하나의 시스템으로 구성하는 것이 필요하다. 개인적 형태로서 자원은 지역사회에 관심이 있는 주요 지도자, 전문직 종사자, 토박이, 공공기관과 밀접한 관계를 맺고 있는 사람 등을 의미한다. 그리고 집단적 형태로서 자원은 성당, 교회, 사찰 등과 같은 종교단체, 비영리 사회단체, 교육기관, 언론매체 그리고 행정기관 등을 의미한다. 이와 같은 다양한 인적자원을 연대하고 협력을 끌어내는 조직화가 사회복지사의 중요 업무이다(이희자, 1998: 9).

다만, 지역주민은 지역사회를 구성하는 요소로서 공공의 합의를 존중하지만 반면에 공공의 이익에 반하지 않는다면 사적 이익을 추구하는 이중적 행동 가치를 가지고 있다. 따라서 지역사회의 문제를 해결하기 위해서는 주민의 개인적 이익을 반영하여 동질적 인식의 공감대를 형성하고 주민의 다양한 지식과 기술을 활용하여 새롭고 다양한 접근방법을 모색할 수 있다.

③ 수혜자로서의 주민

지역사회복지는 주민의 욕구 및 문제의 해결을 위하여 주민의 태도와 가치관의 의도적 변화를 추구한다. 지역사회복지는 지역사회의 문제해결과 사회통합을 위한 과정으로써 지역주민에 대한 교육과 훈련은 필수적이며 이 과정에서 지역주민은 문제해결에 필요한 기술과 능력을 습득한다. 지역사회복지에 주민참여를 통한 조직화가 요구된다는 것은 지역사회복지의 대상이 바로 그 지역주민이라는 관점에서 보면 매우 역설적이다(윤준상, 1994: 16).

지역사회복지의 대상은 사회문제와 지역주민의 공통 욕구이다. 지역주민의 공통 욕구는 개인적 차원이 아니라 많은 사람들이 고통받고 있으며 해결되기를 바라는 욕구이다. 특히, 사회의 구조적 모순으로 고통받고 있는 주민은 사회적으로 불이익을 당하고 있는 사람들이며, 그들은 현재의 불평등한 사회제도 및 정책이 변화되기를 바라는 수혜자로서의 지위를 가질 수 있다. 이는 지역주민의 특성이 사회적 상황을 조정하는 능동적 주체이기도 하지만 사회제도로부터 절대적 영향을 받는 수동적 객체라는 것을 의미한다(조성빈, 1999: 7).

다만, 지역사회의 욕구나 문제에 무관심한 주민은 누군가에 의하여 사회문제가 해결될 것이라는 막연한 기대를 가지거나 자신과는 직접적 이해관계가 없다는 생각을 할 수 있다. 아니면 지역사회로부터 획득할 수 있는 이익이나 개인적 성취에 대한 기대가 낮은 경우라고 할 수 있다. 이러한 주민은 사회행동 등과 같은 적극적 문제해결 노력으로 나타나는 사회의 구조적 모순을 해결하기 위한 정책이나 제도의 변화로 나타나는 이익에 대하여 절대적으로 수혜자의 위치에 있다.

(2) 물적자원

① 자원의 의미와 형태

자원은 조직의 생존, 유지, 발전에 지대한 영향을 미친다. 자원은 지역사회복지실천의 중요한 수단이다(김종일, 2005: 138). 지역사회복지에서 보면 지역주민은 자원이 부족하거나 결핍되어 있기 때문에 자체적으로 충당하기 어려운 자원은 외부의 지원을 통하여 보충할 수 있다.

자원은 반드시 후원금 등을 포함하는 물적인 것만을 의미하지는 않는다. 가장 중요한 것은 인적자원이며, 인적자원이 물적자원을 동반하는 경우가 많다. 그리고 권력, 정보, 합법성, 기술, 공간 등도 중요한 자원의 범주에 포함된다.

주민참여, 자원봉사, 회비 및 후원금 신청, 이벤트 사업, 지원금 등의 형태로 주민조직화를 통한 문제해결이 지역주민 누구에게 도움이 되며 그러한 이익은 지역사회발전에 얼마나 기여하는지 주민 스스로가 인지하고 참여 동기를 유발하는 수단이다(김남선, 2000: 194-196).

자원 동원은 사람과 자원, 정보, 언론매체를 활용하는 것을 말한다. 사람, 특히 지지자의 확보는 가장 핵심적인 것이라고 할 수 있다. 지역사회복지는 지역주민에 의해 진행되어야 하는데, 다수의 지역주민은 방관자적 입장을 가지기 때문에 핵심적이고 헌신적인 지지자를 확보하는 것은 매우 중요하다. 지지자들은 문제해결에 반드시 있어야 할 사람과 집단을 선정하고 이들을 최대한 핵심 구성원으로 확보하는 것이 중요하다.

② 자원 동원방법

지역사회복지는 사회복지사와 그들이 소속된 전문기관에 의해 적극적으로 수행되는 것이 분명한 사실이지만 지역주민과 지역사회자원의 협력 없이 지역사회문제를 해결하는 것은 불가능하다. 따라서 지역주민을 비롯한 지역사회의 필요 자원을 동원하는 것은 문제해결에 있어서 매우 중요하다.

사회복지사는 지역사회의 구조, 특성 그리고 문화를 충분히 파악하여 주민의 환경 상태를 충분히 이해하고 있어야 하며, 사회복지에 관한 전반적 지식과 대인관계 중심의 기술을 갖추어 주민에게 적절한 원조를 제공할 수 있어야 한다. 또한 자원을 동원하기 위하여 지역사회의 상황을 충분히 파악하고 있어야 하며 여론을 형성하고 주도하는 능력도 필요하다. 그러나 무엇보다도 강조할 것은 사회복지사는 문제에 대해서 명확하게 파악하고 정의할 수 있어야 한다는 것이다. 명확한 문제 정의는 주민조직화의 방향을 결정하는 방향이기 때문이다.

자원동원은 지역주민의 참여를 통하여 이루어지기 때문에 사적 이익을 자극하는 것이 하나의 방법이다. 사적 이익을 자극하는 것은 문제의 범위와 대상을 결정하는 것을 의미하며 나아가 지지 세력을 확보함으로써 대중 동원이 이루어지도록 하는 것이다. 효과적인 접근 방식은 개별적이고 직접적인 만남의 형태로 이루어지는 것이며 초청장보다는 전화가, 전화보다는 직접 대면이 바람직하다. 이 외에도 좌담회, 공청회, 토론회 등의 방법으로 다양한 집단을 동원할 수 있다.

일반적인 자원동원 방법은 회원에게 회비를 납부하게 하는 것이다. 회비 납부는 조직에 대한 소속감을 나타내는 것이며, 구성원의 응집력을 높일 수 있으나 충분한 자금원이 되기는 어렵다(김종일, 2005: 143).

또 보편적으로 사용되는 방법이 외부기관에 프로포절을 신청하는 것이다. 정부기관, 공동모금회, 기업복지재단 등은 특정의 주제를 중심으로 사업신청서를 공모하여 사업비를 지원하고 있는 경우가 많다. 특히, 사회서비스의 시작으로 다양한 사회복지기관이 프로포절을 신청하고 있다. 그리고 과거에는 빈번하게 사용되었지만 현재는 거의 사용하지 않는 모금방법은 이벤트를 실시하는 것이다. 전통적 이벤트는 일일찻집이나 호프, 바자회 등이 있으며, 최근에는 식당이나 매장을 정해진 기간에 이용하고 수익을 배정받는 방법이 주로 사용된다.

최근에 사용되는 자원동원방법은 SNS를 활용하는 것이다. 다양한 정보화 수단을 통하여 도움이 필요한 지역주민의 문제와 상황을 공유하고, 지역주민에게 제공하고자 하는 재화와 서비스를 제시하면서 자원을 모금하는 방법이 활용되고 있다. 기타 사용 가능한 방법은 후원물품의 기부, 사무실이나 기자재 공유 등이 있다.

(3) 사회자본

① 사회자본의 개념

지역사회에서 주민조직은 그들의 공통이익을 달성하기 위해 지역주민의 욕구를 충분히 파악하고, 지역사회의 다양한 자원을 동원하여 지역주민의 참여와 역량 개발을 통하여 문제를 해결함으로써 사회통합을 추구할 수 있다. 이러한 과정에서 사회자본이 활용될 수 있다.

사회자본은 최근에 강조되는 자원으로써 지역사회 내에서 인간관계를 중심으로 형성되는 자원이다. 사회자본은 한 개인에게는 없지만 그 개인의 사회적 관계를 통하여 다른 사람들이 가지고 있거나 지역사회에 존재하고 있는 자원을 의미한다. 지역사회 주민들의 공동체적 관계를 통하여 동원할 수 있는 자원이며, 중첩적이고 장기적인 사회적 관계를 통하여 신뢰를 형성함으로써 자원의 효용성을 극대화할 수 있다(박찬웅, 2000: 82).

〈표 5-1〉 인적 · 물적자본과 사회자본의 비교

구분	인적자본	물적자본	사회자본
존재의 근원	개인에 의해 습득된 기술이나 지식에 내재	관찰 가능한 물리적 형태로부터 옴	사회관계 속에 내재됨
실체성	반실체적 존재	실체적 존재	비실체적 존재
형태	학력, 기술, 자격 등	토지, 설비, 공장 등	사회관계망
특성	사적 소유의 성격	사적 소유의 성격	공공재적 성격
생산성	생산적	생산적	생산적

출처: 홍현미라(2005: 15).

사회자본은 구성원 간의 관계 속에서 존재하고 형성되는 것으로 협력이 필요한 일을 수행할 때 구축되는 네트워크(박성쾌, 2004: 203) 내에서 효과를 발휘한다. 사회자본은 개인의 능력을 넘어서는 것으로서 도덕적 가치에 의미를 두고 있다. 사회자본은 자원을 지속적으로 동원하여 재생산에 적극적으로 기여하고 있으며(박찬웅, 2000: 82-83) 교환이 가능하다.

② 사회자본의 가치

사회자본은 정보, 아이디어와 같은 사회적 관계를 통해서 드러나는 자원이며, 지역사회 내의 다양한 비공식적 네트워크 등과 관련된 모든 활동이고 또 가교적 혹은 연결적 자본으로서 서비스 공급자와 고객을 연결해 주는 서비스 분배를 포함하는(임경수 · 소진광, 2005: 40) 지역사회의 공유 재산이며 나아가 믿음으로 형성된 협력능력(박종관, 2004: 94)이라고 할 수 있다.

사회자본은 지역불균형을 해소하고 지역사회의 혁신을 도모하기 위한 것으로 사람과 사람 사이에 존재하며 신뢰성, 믿음 등에 바탕을 둔 것이다. 따라서 지역사회발전의 원동력으로 지역사회의 총체적 능력으로서 특정 조직, 시장, 또는 국가의 전유물이 아니다(박종관, 2004: 94). 사회자본은 구조화되고 체계화된 조직보다는 전통사회나 비공식 경제 영역에서 중요한 역할을 수행하며, 공동체의 소속감이 강한 폐쇄적 공간에서 안정적으로 형성될 수 있다. 즉, 개인의 이익보다 공동체의 이익을 추구함으로써 공익적 목표를 지향한다(박찬웅, 2000: 85-86).

한마디로 사회자본은 타인에 대한 연대성을 포함하는 사회적 의무로서(정연택, 2003: 301), 개인에 대한 우호적 동정심(박성쾌, 2004: 201)을 통해서 형성되는 것이며, 지역사회를 위한 공동선을 구현할 수 있는 관계적 자원이다.

③ 사회자본의 효과

사회자본은 지역사회의 공동체의식을 강화하는 데 기여할 수 있다. 먼저, 사회자본은 우리 사회의 통제 비용을 줄일 수 있는 것으로 본다(박종관, 2004: 95). 신뢰를 기반으로 사회적 연계망이 형성됨으로써 사회통합에 긍정적으로 기여하는 것으로 볼 수 있다. 또 지역사회문제를 해결하기 위하여 공공재의 공급문제를 극복할 수 있는 대안으로 사회자본을 강조하고 있으며, 정부기관이 재원, 권력, 전문성 등의 중요한 자원을 제공할 수 있는 기회를 제공할 수도 있다(박희봉, 2002: 421).

또한 사회자본은 지역주민에게 속하지만 그들만의 사적 소유가 아닌 공유 재산으로 활용되기 때문에 지역주민의 자발성과 연대성을 자극함으로써 지역사회의 공동체를 강화하기도 한다. 특히, 사회자본이 전국적 단위보다는 소규모 지역에 더욱 적합한 것으로 기초자치단체 차원에서 추진하는 것이 바람직할 수 있다. 즉, 사회자본은 지역사회보장협의체가 시·군·구의 기초자치단체에서 전면적으로 추진되고 있다는 점에서 활용 가능성이 매우 높다.

3) 주민조직화의 목표

(1) 공동체의식 강화

조직화는 그 자체가 하나의 목표가 될 수 있다. 물론 모든 지역주민이 공감하는 명분을 가지고 다양한 계층의 동질적 사고를 가진 개인이나 집단이 조직화된다면 매우 바람직하지만 각종 이해관계로 인하여 모든 사람의 공감을 확보하기는 쉽지 않다.

주민조직화를 위해서 선행되어야 할 것이 지역주민의 공동체의식 함양이다. 공동체의식의 함양을 위한 노력은 다양하게 이루어지고 있으나 의도한 목적을 제대로 충족하기에는 적극성이 부족하다. 현대사회의 산업화, 기계화가 지속적으로 발전함에 따라 인간의 소외현상은 더욱 심각해진다. 이러한 현상은 개인이 더욱 자기중심적이고 개인주의적인 경향을 가지게 할 것이며 지역사회에 대해서는 무관심하게 될 것이기 때문이다.

그러나 우리 사회는 공동체의식이 상실되어 이기주의적이고 개인주의적인 성향이 강해지고 있으며, 자연적 조직이 해체되고 있는 실정이다. 따라서 초기 단계에서부터 주민의 능동적이고 주체적인 역할을 기대하는 것은 무리가 있다. 결국 주민의 조직화에 있어서 사회복지사의 적극적 초기 개입이 무엇보다 중요하다. 이러한 전제에서 목표의 명확한 설정, 여론의 형성, 피해 주민의 결집, 지역사회 명망가의 확보, 지도자 선출과정을 통하여 주민조직화를 달성할 수 있다. 따라서 조직화의 단계는 문제를 파악하고 문제해결을 위한 전략을 개발하며, 대중을 참여시킴으로써 그 역할을 다한 것이라고 할 수 있다.

(2) 지역사회문제 해결

주민조직화에서 가장 먼저 해야 하는 일은 지역주민의 불만과 불평이 무엇인지를 찾아내는 것이다. 지역주민의 불만과 불평은 사회변화를 요구하는 욕구이며, 변화에 적극적으로 참여할 수 있는 동인이다. 다만, 지역주민이 가지고 있는 불만이 개인적 문제가 아니고 집단화된 것이어야 하며, 현실적으로 해결 가능한 것으로 생활과 밀접하게 관련된 내용이어야 한다.

집단화된 불만이 지역주민 간에 강한 응집력과 동질성을 가지고 있다면 주민조직화를 시도할 때 통일된 힘을 도출하기에 매우 수월하다. 주민의 결집은 기본적으로 인적자원의 동원을 의미한다.

(3) 주민잠재력 개발

지역주민은 변화의 대상이면서 또한 문제해결의 주체자이므로 주민은 지역의 사회문제를 규정하고, 참여하면서 주체적으로 문제해결역량을 강화할 수 있다. 지역주민의 참여는 지역사회에 대해서 더 많은 것을 알게 하며, 계속 참여하려는 동기를 발생시키고 능동적으로 지역사회문제 해결에 기여할 수 있도록 한다. 그리고 주민조직화에 대한 경험이 미약한 주민조직은 주민조직화를 다양한 관점에서 모색해 온 사회운동단체의 경험을 학습하면서 역량을 강화하는 노력이 필요하다.

아울러 문제해결기술을 익히게 하여 지역주민의 잠재능력을 강화시킬 수 있다. 이러한 주민의 자발적 참여를 체계적으로 구성하는 것이 주민조직화이다. 또한 참여과정에서 구성원이나 지역사회에 대한 관심이 증가하고, 지역주민들 간의 만남이 이루어지면서 공동체 의식이 강화될 수 있다.

4) 조직화 역량개발

(1) 지역사회 공동체 가치 형성과 신뢰 확보

조직화의 핵심은 공통의 목표를 가진 사람들의 협력적 관계를 구축하는 것이다.

지역주민들은 자신의 경험, 지식, 상황 등을 반영하여 지역사회의 문제를 규정하고 판단한다. 다만 모든 지역주민들의 가치 판단이 같지 않기 때문에 지역사회의 문제를 중심으로 공동체적 가치를 형성할 수 있도록 노력하여야 한다.

공동체적 가치는 동일한 목표를 가질 때 형성이 가능하다. 모든 주민들은 다른 환경적 조건에서 일상생활의 경험을 습득하기 때문에 각자의 판단 기준을 가지고 있다. 이렇게 다양한 경험을 가진 지역주민을 공동체 가치로 모으는 것은 쉽지 않다. 공동체는 구성원들의 신뢰가 전제되어야 하기 때문이다.

신뢰는 지역주민들 간의 상호 관계 속에서 공동체 목표를 지향하는 타인의 사고와 행동에 대한 동의와 협조를 약속한다는 믿음이다. 따라서 지역주민의 행동은 다른 구성원들의 기대 심리를 충족하는 범주 내에서 이루어져야 한다.

(2) 핵심 참여자 동원과 홍보 전략

조직은 구성원의 적극적인 참여를 통하여 목표를 달성하고자 노력한다. 조직의 모든 구성원은 조직의 목표와 일치된 개인의 목표를 가지며, 자신의 역량을 발휘함으로써 조직의 성장과 더불어 발전한다. 하지만 조직의 모든 구성원이 동일한 수준의 역량을 가지는 것은 아니고 역할도 차이가 있다.

조직 구성원의 역할은 개인의 의지, 능력, 리더십 유형에 따라 구분되며, 각자의 역할을 수행하기 위하여 구성원들과 충분한 의사소통이 이루어져야 한다. 조직의 핵심 참여자는 이러한 모든 것에서 탁월한 수준의 역량을 갖추고 있어야 하며, 모든 구성원들로부터 지지를 받을 수 있어야 한다. 조직은 핵심참여자의 역량과 구성원의 적극적 참여에 의하여 성공적으로 운영할 수 있다.

(3) 모임의 활성화와 참여자 확보

조직 운영은 모든 구성원들의 생각을 조직의 목표와 일치시키고, 각자의 역할이 주체적으로 이루어질 수 있도록 모임을 통하여 소통을 활성화하여야 한다. 모임은 리더의 주도적인 역할을 강조하며, 모든 구성원이 자신의 의사를 표현하고 토론할 수 있도록 민주적이어야 한다. 다양한 의견이 제시될 수 있어야 하며, 의견을 수합하는 이상으로 의사결정에 구성원들이 참여할 수 있어야 한다.

구성원의 참여는 개인의 의사를 충분히 반영하고, 지속적으로 신규 회원이 참여할 수 있도록 개방적이어야 한다. 조직의 목표를 달성하는 것은 회원의 충원, 지속적 참여, 응집력, 충성도에 따라 영향을 받는다.

(4) 리더십 강화

조직의 유지와 성장은 다양한 형태의 지지자와 집단으로부터 직접적인 영향을 받는다. 조직의 목표는 내부의 참여자뿐만 아니라 외부의 관계자로부터 지지를 받을 수 있어야 타당한 명분을 가질 수 있다.

또 조직의 리더는 내외적인 상황을 파악하고, 효과적인 전략을 모색하여 구성원 및 지지자들과 충분하게 소통하여 목표를 수립하여야 한다. 조직의 발전은 리더의 역량으로부터 절대적인 영향을 받기 때문이다.

5) 주민조직화 과정

던햄은 지역사회문제해결의 과정을 문제 인식, 문제 분석, 계획, 조치, 평가단계로 구분하였고(최일섭 · 류진석, 1998: 183), 김남선 교수(1992: 267)는 주민조직화의 과정을 주민의 관심을 제고하는 접근단계, 의견을 집약하고 역할을 배정하는 조직단계, 그리고 교육과 훈련을 통한 육성단계로 설명한다.

(1) 해결할 목표의 명확한 설정

린드만은 이상적인 지역사회를 생명과 안전을 보장할 수 있으며, 안정적 소득 보장과 보건과 위생의 보장, 문화 생활 및 여가 생활, 교육 기회 제공, 자유로운 의사 표현, 민주적 제도, 가치와 규범의 확립, 신앙적 동기를 가진 사회를 이상적 지역사회로 제시하였다(김성이 외, 1997: 291-292).

린드만이 제시한 조건은 인간이 성장하고 생활하는 데 필요한 기본 조건이라고 할 수 있다. 이러한 기본 조건은 어느 하나라도 결여되면 지역주민은 일상생활을 수행하는 과정에서 심각한 장애와 불편을 가지게 되므로 주민조직화의 목표가 될 수 있다.

해그스트롬(Haggstrom, 1995: 341)은 주민조직화의 출발은 의미를 부여하는 것에서 이루어진다고 하였다. 지역주민의 이기적 성향은 사회문제로 인하여 자신들이 불편을 경험하게 됨으로써 해결의 필요성을 인식하게 된다. 생활의 불편함을 느낀 주민에게 의미를 부여하거나 목표를 설정하기 위하여 사회복지사는 자신의 전문성을 발휘하여야 한다.

결국 주민조직화는 지역주민에게 공통의 목표에 대한 중요성과 필요성을 어떻게 의미 부여할 수 있느냐에 달려 있다. 정확하고 명확한 목표를 설정하는 것은 주민의 결속을 위한 필요조건이다.

(2) 사회문제에 대한 여론 형성

지역주민이 공통으로 느끼는 불편함을 목표로 정하고 문제에 대한 여론을 형성하는 것이 필요하다. 여론 형성은 지역주민의 지지와 합의를 끌어내는 수단으로 텔레비전을 통한 토론회, 공청회, 신문의 사설이나 기사 등을 통하여 문제의 심각성을 알리고 해결의 필요성을 알리는 것이 바람직하다. 지역주민의 정보는 언론을 통하여 형성하는 경향이 강하기 때문이다.

여론 형성은 결국 적극적 홍보 전략을 통해서 이루어진다. 지역사회문제는 해결해야 하는 주민의 과업이다. 피해자인 지역주민은 사회문제의 해결을 통하여 직·간접적 혜택을 받기 때문에 적극적으로 홍보할 필요가 있다. 지역사회복지에서 이루어지는 서비스의 형태는 다양하게 나타날 수 있다.

따라서 지역주민이 지역사회문제에 대한 인식을 공유하고 적극적으로 참여하기 위해서는 홍보와 교육을 통하여 건전한 여론을 조성하여야 한다. 주민조직의 궁극적 목적이 사회통합에 있다면 주민참여를 확보하기 위한 여론 형성은 당연한 것이다.

(3) 사회문제 피해 주민의 결집

① 지역주민의 당사자 참여

사회문제로 고통받는 주민이 적절한 해결방법을 알지 못하거나 역량의 부족으로 포기하는 경우에도 건전한 여론이 조성되어 희망과 의지를 가질 수 있다. 즉, 여러 가지의 문제를 가지고 있는 지역사회에 대한 지역주민의 만족도는 매우 낮아질 수밖에 없으며, 낮은 만족도는 지역주민의 불평과 불만을 형성하게 된다.

사람을 확보하기 위하여 물질적 이익에 대한 기대를 강조하거나 연대성에 호소할 수 있다. 하지만 무엇보다 중요한 것은 지역주민의 의지에 의하여 참여하는 것이므로 자신이 속한 집단을 지지하고 보호함으로써 느끼는 만족감이나 보람을 가질 수 있도록 하는 것이 좋다.

② 기존 조직의 활용

현대사회에서 지역주민은 다양한 업무에 관여하기 때문에 새로운 일에 관여하는 것을 부담스러워 한다. 따라서 지역사회의 기존 조직을 활용하는 것이 빠르고 쉽게 사람을 동원하는 방법이 될 수 있다. 참여 가능성이 높은 조직의 지도자와 접촉함으로써 조직 자체를 동원할 수 있다. 하지만 기존의 조직이 전적으로 새로운 활동에 참여하기는 어렵다. 그리고 잠재적 지지자를 확보하는 것도 중요하며, 네트워크를 활용하는 것도 하나의 방법이다. 내부의 동료를 통한 동일성 강조, 즉 내(內)집단 편향적 성향을 활용할 수 있다.

(4) 지역사회 명망가의 참여 확보

지역문제를 해결함에 있어서 중요한 인적자원을 발굴하는 것이 필요하다. 지역사회는 유기체로서 다양한 하위체계를 구성하고 있다. 이러한 유기체는 지역사회의 여론을 형성하거나 분위기를 주도할 수 있는 조직체로서 크고 작은 영향력을 행사하고 있다. 사회복지의 실천 주체는 바로 지역사회에 존재하는 인적자원이라고 할 수 있다. 개인적으로든 조직적으로든 선의의 목적을 가진 사람들은 지역사회의 바람직한 변화에 적극적으로 참여할 것이며, 다양한 개인이나 집단의 참여는 문제해결의 강력한 자원이 된다. 주민조직화는 주민의 힘으로 지역사회의 문제를 해결하는 것이지만 공사(公私)의 대표자들의 참여도 필요하다.

지역사회의 문제를 해결할 수 있는 주체는 바로 지역주민이며, 지역주민에게 커다란 영향력을 가진 명망가들이 지역사회에 존재한다. 이들은 지역주민에게 심리적, 정신적, 사회적 그리고 경제적으로 크고 작은 영향력을 과시하므로 이들의 참여는 주민의 참여를 위한 강력한 요소이다.

(5) 지도자의 선임과 지역사회복지 협력체계 구축

효과적인 주민조직화를 위하여 지도자를 선임하고 주민조직체를 결성하는 것이 필요하다. 지도자는 조직의 리더로서 모든 사람의 인정이 필요하므로 민주적 과정을 통하여 선임하여야 한다. 또 조직체는 참여하는 개인과 단체의 경험 및 지식을 공유할 수 있도록 정보를 교류하며, 회원 간의 상호작용을 최대한 강화함으로써 협력을 강화하여야 한다.

조직의 운영에 있어서 무엇보다 중요한 것은 조직구성원 간의 민주적 의사소통이다. 회원 간의 충분한 의사소통은 주민의 문제와 해결방법에 대한 다양한 의견을 수렴할 수 있을 뿐만 아니라 회원 간의 갈등을 사전에 방지할 수 있는 기회를 제공하기도 한다. 조직의 지도자는 조직의 성패를 결정짓는 요소이지만 특정인에 과도하게 의존하기보다 다양한 리더십을 개발할 필요가 있다. 리더십을 개발하는 방법은 다음과 같다.

① 책임과 권한의 분산

- 상급 리더의 권한 분산과 잠재적 지도자 양성
- 책임감, 위험대처 등의 경험 축적을 통하여 리더십 형성

② 멘토링

- 잠재적 리더 양성을 위한 일대일 지도
- 신뢰와 기대를 중심으로 도전의식과 책임감 앙양

③ 교환 프로그램

- 타 조직과 리더십 교환이 효과적
- 다른 조직의 운영방법이나 기술을 습득

④ 워크숍

- 특정한 주제를 집중적으로 토론
- 잠재적 지도자의 개발과 리더십 실천의 기회 제공

3. 지역사회개발 모델 사례: 새마을운동

1) 새마을운동의 의미와 이념

새마을운동은 농촌지역사회에서 지역주민의 자율적 참여와 정부의 적극적인 지원으로 시작되어 전국적으로 확산된 지역사회개발 모델이라고 할 수 있다. 새마을운동은 주민들의 힘으로 농촌지역사회의 전근대적이고 비합리적인 생활방식을 개선하여 지역적으로, 경제적으로, 사회적으로, 의식적으로 큰 변화를 주도하였으며, 결과적으로 주민들의 역량을 강화하여 사회경제적으로 놀라운 성과를 이루어 냈다. 이러한 성과는 국가의 성장과 발전을 견인하였고 국제사회가 관심을 가지게 하였다.

또 새마을운동은 농촌지역사회의 구조적 변화를 일으킨 지역사회개발 모델이다. 새마을운동은 지역주민의 근면, 자조, 협동의 정신으로 주민들의 생활방식을 개선하고, 삶의 질을 향상시키고 사회변화를 주도하여 국가발전을 촉진한 모델이다(박강주, 2006). 특히 새마을운동은 농촌지역의 소득증대사업을 주도하여 지역주민의 빈곤을 벗어나게 하였을 뿐만 아니라 지역사회 간, 사회계층 간, 산업 간에 드러난 불평등을 완화하여 모든 지역주민들이 잘살 수 있다는 의식을 심어 주었다.

한편 농촌새마을운동에서 확산된 도시새마을운동은 10대 구심사업으로 소비절약의 실천, 준법질서의 정착, 시민의식의 계발, 새마을청소의 일상화, 시장새마을운동의 전개, 도시녹화, 뒷골목 정비, 도시환경정비, 생활오물 분리수거, 그리고 도시후진지역의 개발 등이 진행되었다(원주영, 2023). 이는 반상회 등의 만남의 기회를 제공하여 지역사회 문제에 대한 공유과정을 거치게 되었고 직장과 같은 이익단체가 지역사회에 관심을 가지게 하였다.

새마을운동을 주관하는 새마을운동중앙회는 1980년 12월 1일 새마을운동중앙본부로 사단법인 인가를 받아 창립되었고, 민간주도적인 추진조직으로의 정착을 위한 체제건설사업(體制建設事業)으로 전개되면서, 새마을 국민교육의 기획 실시, 새마을운동에 관한 국내외 홍보와 국제협력, 그리고 새마을운동에 관한 조사 · 연구사업 등이 다각적으로 시행되었다.

2000년 이후에는 '더불어 사는 공동체 건설'이라는 새로운 비전을 내세우며 제2의 새마을운동을 추진하였고, 국제사회로부터 지역사회개발 운동의 성공 사례로 주목받았다. 2000년 새마을운동중앙협의회의 명칭이 새마을운동중앙회로 바뀌었고, 국제연합(UN)의 비정부 기구(NGO)로 가입하였다. 2003년부터 필리핀 · 콩고 · 몽골 · 러시아 · 중국 · 베트남 · 아프가니스탄 · 우간다 · 미얀마 등 아프리카 · 아시아 저개발국과 사회주의국가에 새마을운동을 보급하였다. 2009년부터 공적개발원조사업을 시작하여 개발도상국의 농촌지역에 경제발전 경험을 전수하였으며, 행정안전부는 2009~2019년 70개국 약 3,500명을 대상으로 새마을지도자 양성 연수를 실시, 19개국 60개 시범마을 조성사업을 지원하였다. 2013년 새마을운동 기록물이 유네스코 세계기록유산으로 등재되었다. 2014년부터 지구촌 새마을지도자대회가 개최되었고, 2016년 세계의 새마을운동 조직간 네트워크인 새마을운동글로벌리그(SGL)가 창립되었다. 2019년 이후 생명살림 · 평화나눔 · 공경문화 · 지구촌공동체 운동으로 새마을운동의 과제를 전환하였다(부 티 후엔. 2021).

현재 새마을운동은 다양한 형태로 새마을운동 관련 조직이 운영되고, 새로운 사업이 전개되는 중이다. 2018년도는 사회공동체운동, 경제공동체운동, 문화공동체운동, 환경공동체운동, 지구촌공동체운동을 중점운동으로 추진하고 있다. 이를 통해 가정새마을운동, 지역사회새마을운동, 지구촌새마을운동분야에서 활동하며 나라 발전의 기틀 마련과 공동체 의식 제고, 지구촌 공동 번영을 목표로 활동하고 있다(김정훈, 2020).

2) 새마을운동의 지향 목표

새마을의 글자를 풀이하면, '새'는 새롭게 다시라는 의미이고 전통적 삶의 방식에 대한 변화를 지향하는 의지를 표현한 것이며, '마을'은 전통사회의 상부상조적인 공동체를 표현하는 것이다. 즉 '새마을'은 공동체의 가치를 새롭게 다시 변화시키고, 안정적으로 정착시킨다는 점에서 점진적이고 지속적으로 진행된 지역주민의 공동체운동이다.

새마을운동의 지향목표는 개인과 사회의 존엄성을 보장하는 것이다. 여기에서 존엄성은 물질적 욕구의 최소 실현, 지역사회의 공동체를 유지 · 발전시킬 수 있는 의식을 통하여 보장될 수 있다(박강주, 2006). 즉, 새마을운동의 주요 가치는 지역주민의 내면을 변화시키고, 나아가 지역사회의 공동체적 가치를 실현하는 것이다.

구체적으로 보면 새마을운동은 근면 · 자조 · 협동을 주요 가치로 삼고 있다. 근면은 자신의 노력에 대한 보상을 기대하며, 부지런하고 성실하게 자신의 일에 책임을 지는 내면적 가치를 지향한다. 내면적 가치의 실현은 자조로 이어진다. 자조는 스스로 돕는 주체적 존재를 강조한다. 자조는 자신의 역량을 이해하고, 자신이 해야 할 일을 남에게 의지하거나 책임을 전가하지 않는 것이며, 자신의 역량을 강화할 수 있는 노력과 경험을 강조한다. 협동은 지역주민이 성실성과 주체성을 다하여 다른 사람과 상호작용하면서 신뢰를 강화하고 지역사회의 문제를 해결하는 과정을 강조한다. 즉, 협동은 지역주민의 공동체 의식을 확산하여 지역사회의 발전을 추구한다. 따라서 근면 · 자조 · 협동은 지역사회의 발전을 위하여 자율성, 주체성, 연대성 등을 강화할 수 있다.

한편, 새마을운동중앙협의회(2005)에서 제시한 새마을운동의 지향 목표는 살기 좋은 고장 만들기, 보람 있는 일터 가꾸기, 건강한 사회 조성, 자랑스런 나라 건설이다. 살기 좋은 고장은 지역주민들이 풍요롭고 서로 신뢰하며 상부상조하는 공동체라고 할 수 있다. 이를 위하여 농촌지역을 시작으로 지붕을 개량하는 사업, 담장 바로잡기 사업, 마을 안길 정비 사업 등이 추진되었다. 1972년부터는 주민지도자의 발굴 · 훈련 및 그 활용에 역점을 두면서 사업내용도 환경개선사업, 즉 물리적인 생활 및 영농기반조성사업의 발전적 추진과 함께 가치 중심의 의식계발사업, 그리고 생산소득사업 등을 포괄하는 종합적인 것으로 확대되었다.

보람 있는 일터는 협동과 신뢰를 통하여 안전하고 화목한 이익공동체를 강조하는 것이며, 건강한 사회는 안전하고 포근하며 성장하는 광역 단위의 공동체 사회를 강조한다. 그리고 자랑스런 나라는 성숙한 민주시민의 여유 있고 문화로운 복지국가를 지향한다(박강주, 2006). 새마을운동은 제2새마을운동으로 발전하여 새롭게 사업을 전개하고 있다. 이는 문화 · 시민의식의 선진화, 서로 돕는 복지공동체 만들기, 지역 활력 찾기, 친환경 조성, 국제 · 통일 협력사업 등을 목표로 삼고 있다.

새마을운동의 진행과정은 다음과 같다(김정훈, 2020).

- 기반조성단계(1971~73): 새마을운동 의식을 확산, 기반구축
- 자조발전단계(1974~76): 경제난 해결에 주력
- 자립완성단계(1977~80): 국력 신장, 농어촌의 복지 향상 사업
- 민주복지완성단계(1981~99): 5공화국 이후 민간 주도의 새마을운동으로 전환
- 제2새마을운동단계(2000~): 더불어 사는 공동체 건설로 지구촌 공동체 운동으로 확대

3) 새마을운동의 성과

(1) 경제사회개발

새마을운동은 근면, 자조, 협동을 3대 정신으로 삼았다. 또 생활 태도와 환경 개선, 소득의 증대를 목표로 내세웠다. 환경개선사업으로 농촌지역사회의 도로 확장과 하천 정비, 주택 개량, 전기와 전화 시설 확충, 농경지 확장 등 생활 기반을 개선하는 활동이 이루어졌다. 처음에는 주로 농촌 지역에서 시행되었으나 차츰 도시로 확대되어 전국적인 운동이 되었다. 운동의 성격도 '잘살기 운동'에서 '올바른 정신'을 강조하는 정신 운동으로 바뀌어 갔다. 새마을운동은 당시의 낙후된 농촌 환경을 개선하고 우리 경제를 발전시키는 데 도움이 되었다.

새마을운동은 농업 중심의 산업구조를 경공업과 중화학공업 위주의 산업구조로 전환하였고, 농촌의 생활환경을 개선하고 소득증대를 촉진하였다. 세계적

으로도 농촌 개발의 좋은 사례로 평가받아, 아프리카의 등의 빈곤 지역에서 새마을운동을 모델로 삼은 지역사회개발 운동이 이루어지고 있다(부 티 후엔, 2021).

(2) 조직화와 자원동원

새마을운동은 지역주민의 자율적 참여를 통하여 시작하였다. 하지만 지역사회개발에 대한 지식과 경험을 가지지 못한 지역주민들은 많은 시행착오를 겪으면서 새마을운동을 진행하였다. 이 과정에서 정부는 마을주민의 동기를 유발하여 사업 성과를 창출할 수 있도록 변화촉진자로서의 역할을 담당할 인적자원을 지원하였고, 이들은 마을지도자를 활용하여 효율적으로 새마을운동을 추진하였다. 또 사업적 기술에 전문성이 부족한 관료들은 "행함으로써 배운다"는 의지를 가지고 시행착오를 겪으면서 새마을운동을 진행하였다. 다른 한편, 중앙정부는 관련 분야 대학교수들을 중심으로 구성된 전문가 집단을 활용하여 새마을운동의 이론적 토대를 지원하였다(원주영, 2023).

그리고 주민참여와 정부주도의 새마을운동이 강화되면서 전국의 농촌이 새마을운동 실천조직으로 재구성되었다. 농촌근대화사업으로 정부의 경제적 지원, 농촌의 자발적 성금, 기업의 후원금이 조성되어 새마을운동의 실천 자원이 지역사회에서 효과적으로 마련되었다.

새마을운동은 지역새마을운동 · 부녀새마을운동 · 직장새마을운동 · 공장새마을운동 · 새마을청소년운동 · 새마을체육운동 · 새마을금고운동 · 학교새마을운동 · 새마을유아원운동 등의 조직을 구성하여 기본적인 가치를 공유하면서 실천적 활동을 전개하였다.

(3) 민관 협력

새마을운동은 국제 사회에서 민관협력의 성공적인 사례로 평가되고 있다(이정락 · 이운경, 2020). 농촌의 경제사회적개발을 목표로 하여 시작된 새마을운동은 기본목표가 어느 정도 성취되었다고 평가된 뒤 도시지역, 즉 전체 지역사회가 참여하는 개발운동으로 확대되었다. 새마을운동은 주민의 자조적이며 자발적 참여와 협동에 본바탕을 두었지만, 진행의 주도적인 역할은 정부가 담당하였다.

1980년대부터 새마을운동은 정부의 지원이 줄고, 국민들의 관심이 약화된 후 별도의 중앙 조직으로 새마을운동중앙회가 세워지면서 민간 중심의 운동으로 바뀌게 되었다(김정훈, 2020). 그리하여 민간주도형으로 전환된 새마을운동은 5단계의 조직체계(중앙 · 시도 · 시군 · 읍면동 · 마을)를 갖추었다.

중앙조직은 새마을지도자중앙협의회 · 새마을부녀회중앙연합회 · 직장새마을운동중앙협의회 · 공장새마을운동추진본부 · 새마을문고중앙회 · 새마을청소년회중앙연합회 · 새마을조기체육회 · 새마을금고연합회 · 새마을교육연구기관 등 이른바 회원단체를 중심으로 조직하였으며, 스스로의 행정조직을 지니고 있었다. 시도와 시군의 조직은 계통적으로 조직되어 있었으며, 하위의 읍면동과 마을은 실천조직으로 구성되었다. 또한 새마을운동은 기본 목적인 지역사회의 토착적인 공동체 운동의 차원을 넘어 국가의 전체적 발전을 추구하여 정부, 공공기관, 그리고 민간 기관과의 상호관계는 더욱 강조되고 있다.

4) 지역사회개발 모델로서의 새마을운동

지역사회복지는 지역주민들의 참여와 지역사회의 자원을 동원하여 지역사회 문제를 해결하고 지역공동체를 건설하고자 한다는 점에서 새마을운동의 가치와 유사하다. 새마을운동은 지역사회의 저소득과 빈곤, 위생, 주거, 도로 등의 산적한 문제를 지역주민의 적극적인 참여와 노력으로 해결하고자 하는 주민공동체 운동이라고 할 수 있다. 물론 새마을운동은 국가의 지원으로 근면·자조·협동의 기본 정신을 범국민적·범국가적으로 추진함으로써, 국가발전을 가속적으로 촉진시키려는 목적으로 진행된 운동(김정훈, 2020)이라는 점에서 다소 아쉬움이 있다.

새마을운동은 1960년에 시작하여 1970년대에 전국으로 확대되었다. 1960년대에 농촌지역 주민 중심으로 마을 길 넓히기, 지붕 개량, 각종 생활 개선사업 등의 마을개발사업이 시작되었고, 1970년에 국가주도사업으로 확대되었다. 지역주민들의 자발적인 참여와 마을공동체 사업으로 시작되었던 새마을운동은 1972년부터 정부가 주도하는 국가사업으로 변경되었다. 그 후 1980년대부터 민간주도형으로 바뀌었고, 2000년부터 더불어 사는 지구촌 공동체운동으로 확산하여 국제적인 활동을 전개하고 있다.

(1) 주민의 주체적 참여

새마을운동은 초창기에는 지역주민의 자율적 참여로 주민공동체가 조성되었으나 1970년대부터는 국가가 주도적으로 산업화를 추진하고 제도적으로 지원하기 시작하였다. 특히 1972년부터 중앙정부 및 지방자치단체의 관료를 동원한

국가사업으로 추진되었다. 1970년대부터 새마을운동의 주체는 전국의 모든 마을에서 관계 공무원, 새마을지도자, 부녀회장, 이장 등의 지도자들이 연평균 1,700여 명이 참여하였다. 참여인원은 1971년에 700여만 명으로 시작해 1978년에는 연인원 2억 7천만 명이 참여하였다. 특히 새마을지도자는 14,001명이 교육을 통하여 양성되었다(김양식, 2022). 그럼에도 불구하고 새마을운동은 농촌지역과 도시지역에서 지역주민들의 자율적이고 적극적인 참여와 지역주민의 주도적이고 지속적인 노력으로 지역사회개발을 촉진하였다는 점에서 의미가 있다.

(2) 과정중심의 가치 지향

새마을운동은 근면 · 자조 · 협동의 가치를 중심으로 농촌지역과 도시지역의 지역주민들에게 이념적 실천도덕을 강조하였고(이정락 · 이운경, 2020), 지역주민의 자율적인 참여에 의한 공동체운동으로 발전하였다(조선호, 2015). 새마을운동은 반복적인 일상생활에서 오는 습관적 사고에서 벗어나 새로운 생활에 대한 기대와 노력을 강조하는 가치의 변화를 보여 주고 있다.

새마을운동은 주민의 자발적 노력, 정부의 적극적인 지원으로 인적, 물적 자원이 상당하게 동원되어 농로개설, 도로 확포장, 환경 개선, 전화사업, 개답과 개간, 간척 등 다양한 마을가꾸기 사업으로 진행되었다. 또 새마을운동은 농촌의 생활환경 개선에서 소득증대, 정신계발 등으로 발전하였으며(조선호, 2015), 정치, 경제, 사회, 문화 등 모든 영역으로 확대되었다(김양식, 2020). 결과적으로 새마을운동은 경제사회적 개발과 지역사회 주민들의 소속감, 응집력, 연대감, 그리고 공동체 의식 등을 강조한 가치 중심의 지역사회개발운동이다.

(3) 공동체 지향

새마을운동은 1960년에 시작된 한국 고유의 농촌지역사회개발의 성공적인 모델이다. 새마을운동은 낙후되어 있던 농촌지역을 획기적으로 개발하였고, 1970년에는 도시지역에도 확대되어 도시새마을운동이 전개되었다. 새마을운동은 지역사회개발적인 측면에서 범국가적인 지역사회개발의 본질을 가진 범국민공동체운동이라고 볼 수 있다. 새마을운동의 기본철학이나 실천 방법 등은 지역사회개발사업의 목표나 전략과 유사하기 때문이다(김정훈, 2020).

새마을운동은 농촌근대화사업으로 시작하였으나 시간이 지나면서 도시, 공장 등으로 확대되어 전국의 35,000여 개에 이르는 모든 마을에서 진행되었다. 현재 새마을운동은 UN이 인정하는 NGO(비정부기구)에도 가입되었으며, 동남아시아, 아프리카 등의 개발도상국에 수출하는 등의 성공적인 경제사회개발운동으로써 지구촌 공동체활동을 지원하고 있다.

5) 지역사회복지 측면에서 새마을운동의 발전방안

(1) 주민조직화

초기의 새마을운동은 '농촌의 사회적 혁명'이라고 규정될 정도로 성과가 매우 컸기 때문에 우리나라 역사상 유례가 없는 성공을 거둔 획기적 사회변동으로 평가되고 있다. 문제는 민간이 수행할 과업의 기본목표 및 사업내용이 정부의 강력한 기획과 통제하에서 전방위적으로 확대되었다는 것이다. 새마을운동을 포함한 모든 사회운동과 사회계획은 그 과정에서 목표(目標)와 수단(手段)의 치환(置換)이 불가피하다. 초기의 농촌을 겨냥한 새마을운동은 개별적인 마을 단위로 기획 · 전개된 미시적 농촌개발계획으로 크나큰 성과를 얻었다고 평가되고 있다. 그러나 우리나라 지역사회의 성장은 전체적인 관점에서 종합적인 개발계획이 필요하다. 기본적인 생활환경개선은 물리적으로 가능하지만, 소득증대를 겨냥한 모든 계획과 쾌적한 생활환경이라는 과제는 종합적인 기획과 집행이 요구된다(김정훈, 2020).

(2) 사회통합

농촌을 변화시키기 위한 새마을운동은 적지 않은 어려움과 시행착오를 겪었지만, 전통적 체계의 농촌을 현대적으로 변화시키는 데 크게 성공하였다고 평가할 수 있다. 즉, 농촌사회에 팽배되어 있었던 폐쇄성, 습관적 체념, 그리고 보수성 등을 단기간 내에 극복하여 도시지역까지 확산하는 데 성공하였다. 하지만 도농 간의 현격한 차이와 불평등을 극복하여 사회통합을 추구하는 것은 또 다른 과제이다.

(3) 생태운동

새마을운동은 농촌 주민들의 소득이나 생활을 실질적으로 변화시켰다. 주택의 지붕을 바꾸거나 마을 길을 넓히는 것과 뿐만 아니라 주민들이 자율적으로 새마을운동에 참여함으로써 지역사회를 변화시키는 큰 성과를 이루었다는 점에서 높이 평가할 수 있다. 하지만 이 과정에서 환경과 생태에 대한 고려없이 난개발이 진행되어 심각한 생태적 문제를 만들어 냈다. 새마을운동은 모든 국민들이 건강하고 문화적인 생활이 가능하도록 환경과 생태에 대한 접근 방법을 고민하여야 한다.

Chapter

06

사회계획 모델과 지역사회보장계획

1. 사회계획 모델
2. 사회계획 모델 사례: 지역사회보장계획
3. 지역사회보장협의체

06 사회계획 모델과 지역사회보장계획

1. 사회계획 모델

1) 사회계획 및 정책 모델 개념

지역사회복지는 문제를 해결할 목적으로 목표를 수립하여 사회현상을 조사 연구하고 지역주민과 문제의식을 공유하거나 이해관계에 대하여 적절한 방안을 모색하기도 한다. 하지만 사회계획 및 정책모델(social planning/policy model)은 지역사회의 특정 문제를 해결하려는 과업지향적 모델로서 기술적 과정을 강조한다(Rothman, 1995: 30).

기술적 과정은 과학적 논리성을 가지고 지역사회의 문제를 규정하고, 관련 자료를 통하여 원인을 밝히고, 다양한 대안을 제시하는 과정을 의미하므로 합리적 계획 수립을 전제로 한다. 사회계획은 특정 전문지식과 연구 그리고 자료 활용에 근거를 둔 합리적 계획 수립과 합리적 의사결정을 포함하고 있다(Brager

& Specht, 1973: 19).

한편, 합리적 계획을 수립하여 목표를 달성하기 위한 사회계획의 특성은 다음과 같다. 계획은 체계적이고 논리적이며 합리적이다. 또 계획은 현상에 대해 긍정적일 수도 있으나 부정적이기도 하며, 미래 지향적이고 실제 행동으로 이행되며 책임 있는 기관에 의하여 실시되는 성격이 있다. 그리고 계획은 민주적 과정을 통하는 것이 바람직하지만 사회주의적 방법을 통하여 실시될 수도 있다(김영모, 2002: 37). 따라서 계획이 반드시 모든 주민의 욕구를 충족하는 것은 아니다. 계획을 실천하는 과정에서 대립되는 이해관계에 있는 당사자는 갈등을 초래할 수 있기 때문이다. 이러한 특성에서 사회계획은 충분한 자료 수집과 의견 수렴을 거쳐 사회문제에 대한 분석이 정확하게 이루어져야 한다.

계획은 [그림 6-1]에서 보듯이 지역사회문제를 분석한 것을 토대로 하여 문제를 해결하고 원하는 변화를 끌어내기 위한 의도적이고 통제된 기술적인 과정이다. 이와 같이 계획 및 정책은 정해진 목표를 달성하기 위하여 의도적으로 순위를 정하고 실천방법 혹은 행동과정을 규정한 것이다(김영모, 2002: 37). 최근 복지국가에 대한 관심의 증가로 지역사회의 역할이 강조되는 측면에서 지방자치단체 등의 사회계획, 즉 지역사회보장계획 등에 대한 관심이 증대되고 있다. 테일러와 로버츠(1985: 7)는 계획 모델에서 지역적 차원, 더 나아가 국가적 차원에서의 거시적 계획 수립이 필요하다는 것을 강조한다. 지역주민이 보다 쾌적한 생활을 영위하는 데 필요한 사회적 환경보다는 성장 위주의 경제사회개발에 역점을 두고 있다.

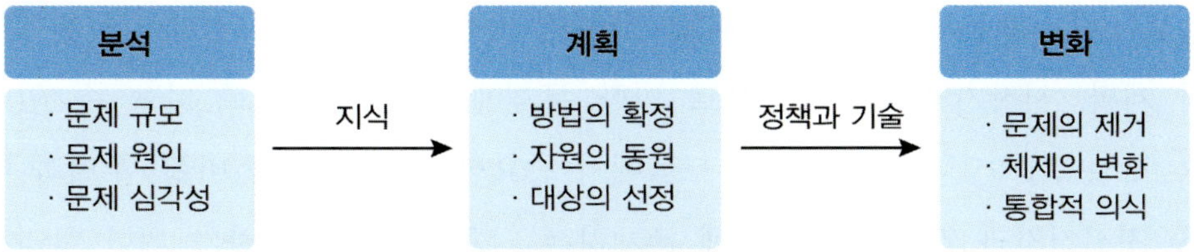

[그림 6-1] 계획의 의미와 위치

2) 사회계획 및 정책 모델 목표

(1) 경제개발

사회계획은 낙후되거나 침체된 지역에 대한 개발계획, 도시 지역에 대한 안정화 계획, 농촌 지역에 대한 경제개발계획을 포함한다. 이러한 개발 전략은 초기의 성장 모델로서 자연자원의 개발을 통하여 경제적 성장을 추구하는 데 역점을 두었다. 이러한 성장 전략에는 다양한 영역의 전문가들, 즉 토목학자, 건축학자, 경제학자, 행정학자 등이 관여하고 있으며, 지역주민의 삶의 질이 확보될 수 있도록 종합적 계획 수립이 필요하다. 결국 사회계획 모델은 우리 사회에 존재해 왔던 잘못된 관행이나 문제가 드러나면서 종전까지 이러한 것에 관심을 가지지 않았던 지역주민이 문제해결을 위해 적극적으로 개입하는 것을 의미하지만 지역주민의 문제해결능력을 배양하거나 근본적 사회 변화를 목적으로 하는 것은 아니다.

(2) 사회문제 해결

지역사회복지에서 가장 많은 관심을 가지는 영역이 시장 기제의 부작용으로 발생하는 사회문제이다. 사회계획은 국가적 차원에서의 계획, 지방적 차원에서의 계획, 시장기제의 부작용으로 인한 문제에 대한 계획으로 나눌 수 있다(Rothman, 1995: 31), 사회계획 모델에서 중요한 것은 범죄와 비행, 주택과 위생, 정신건강과 같이 지역사회에 존재하는 사회문제를 해결하기 위한 합리적 계획 수립과 의도적이고 통제된 변화이다(최일섭 · 류진석, 1998: 45). 이 모델은 다른 모델보다는 사회복지행정과 긴밀한 관계를 가지며(김현훈 · 유승호 · 최재향 역, 2000: 144-147) 전문가로서의 역할을 강조한다.

브래거와 스펙트(1973: 47-48)는 지역사회복지가 통합적 목표, 사회치료적 목표, 그리고 환경적 변화 목표를 가지고 있으며, 특히 환경적 변화 목표는 지역사회 전체를 활동 영역으로 확대하여야 한다고 하였다. 통합적 목표는 사회복지기관 및 지역사회의 서비스를 향상시키기 위한 목표로서 지역주민을 확보하여 서비스를 효과적으로 제공하는 것에 의미를 둔다. 사회치료적 목표는 프로그램에 참여하는 참여자를 변화시키는 것으로 동기 부여, 사회경제적 지위 등의 향상에 의미를 둔다. 환경적 변화 목표는 특정의 문제 지역의 실제적 변화에 초점을 맞춘 것으로 구체적이고 명확한 목표를 수립한다.

(3) 지역사회 연계

최근 지역사회의 문제가 복잡하고 다원화됨에 따라 지역사회기관 간의 관계, 다른 기관에서의 협력과 지지, 환경 개선 등의 활동에 역점을 두고 있는 것으로 지역사회를 중심으로 하는 사회복지활동이 강화되고 있음을 보여 주고 있다. 특히 전문가와 지역사회 조직의 협력과 공동의 노력이 필요하다.

사회계획은 인류에 대한 봉사의 내용을 조정하는 데 역점을 두거나 사회적 및 경제적 관심사를 보다 광범위하게 통합하는 계획 수립에 관련될 수 있다. 현대의 환경 위기와 범세계적 경제가 출현하여 사회적이고 환경적으로 충분한 고려가 이루어져야 한다는 것을 강조하고 있다(Weil, 1996: 51). 따라서 사회계획 및 의사결정과정이 합리적이고 민주적으로 이루어져야 하며, 계획적이고 조직적인 문제해결을 추구한다. 따라서 사회복지 관련 조직들의 협력과 연계를 통한 자원의 효율적 이용을 필요로 한다.

사회계획이 지역 전체에 대한 합리적 계획을 수립하는 것 뿐만 아니라 지역주민에게 필요한 서비스를 향상시키거나 개발하여 실천하는 것으로서 효과성을 높이기 위하여 지역사회조직의 연계를 강조한다. 사회계획의 목표는 새로운 서비스의 창출, 또는 지역사회의 요구에 보다 적극적으로 반응할 수 있도록 지역사회복지기관의 프로그램을 확장하거나 방향을 조정하는 것이다. 또한 특정 지역주민이나 지리적 지역사회에 대한 서비스 개발도 포함된다. 이 모델의 중요성은 지역주민과 함께 보다 상호적인 계획 수립 전략을 발전시키는 것을 점점 더 강조하고 있다는 것이다(Weil, 1996: 53).

3) 사회계획 및 정책 모델 방법

(1) 구체적 서비스 제공

사회계획(social planning) 모델은 특정 전문지식과 연구 그리고 자료활용에 근거를 둔 합리적 계획 수립과 합리적 의사결정을 포함하고 있다(Brager & Specht, 1973: 19). 테일러와 로버츠(1985: 7)는 프로그램 개발 및 조정(program development and coordination) 모델에서 사회계획을 좁은 의미로 분류하여 지역사회의 사회복지실천기관에서 수행하는 실천과정에 역점을 둔 것으로서 구체적이고 직접적인 서비스를 제공하는 것이라고 하였다.

(2) 구체적 조사

테일러와 로버츠(1985: 7)는 계획(planning) 모델에서 로스만의 사회계획 모델에 인간지향적 측면을 강조한 것으로서 합리적 계획과 구체적 조사 및 기술을 강조한다. 계획 모델은 분석적이고 전문적인 역할을 수행함으로써 정치 권력에 영향을 미치려는 성향을 보이고 있다는 점이 특이하다.

(3) 네트워크 구축

테일러와 로버츠(1985: 7)는 지역사회연계(community liaison) 모델에서 지역주민의 복잡하고 다양한 문제를 해결하기 위하여 지역사회 관계와 환경 개선, 조직 간의 관계와 같은 관계망을 구성하는 것을 강조한다. 지역사회연계모델은 지역사회복지기관이 직접적 서비스를 제공하는 기능을 강조하여 지역사회 이해관계, 보조활동, 환경조사 그리고 조직 간의 이해관계 등과 같은 역할을 수행한다(Weil, 1996: 33-34).

4) 사회계획 및 정책 모델 한계

(1) 특정 문제 중심

사회계획 모델은 합리적이고 기술적인 과정을 강조한다는 점에서 과학적이다. 사회계획 모델이 합리성에 입각하여 계획적이고 분석적으로 지역사회문제의 원인을 파악하고 해결하는 데는 효과적이다. 하지만 사회계획의 범주와 수준이 매우 협소하여 특정의 문제를 해결하는 것 외에는 그 목적을 달성하기 어렵다. 이는 사회문제는 복합적 현상을 보이지만 특정의 문제가 중심이 되는 사회문제를 해결하는 것으로 만족할 수밖에 없다. 모든 문제를 해결하기 위한 프로그램은 존재할 수 없기 때문이다.

(2) 지역주민의 참여 제한

사회계획 모델이 전문성을 발휘하여 사회문제해결에 효과적이지만 지역주민의 참여를 제한한다는 점에서 한계를 가지고 있다. 사회계획 모델은 전문가중심으로 논리적 계획을 수립하고 진행하면서 지역주민를 수혜자로 인식함으로써 사회문제 해결과정에서 배제할 수 있다.

(3) 사후적 접근

사회계획은 드러나고 있는 사회문제 외에도 예상되는 사회문제를 파악하여 사전에 문제를 방지하는 접근이 필요하다. 하지만 사회계획 모델은 과업중심적 접근이 이루어지고 있기 때문에 사회문제를 사전에 예방하기에는 비효과적이다. 사회계획의 과업중심이 현재 발생한 사회문제를 해결하는 데 역점을 두고 있기 때문이다.

2. 사회계획 모델 사례: 지역사회보장계획

1) 지역사회보장계획의 개념

지역사회보장계획은 시 · 도지사가 사회보장위원회의 심의를 거치거나 시장 · 군수 · 구청장이 지역사회보장협의체의 심의를 거쳐 계획을 확정하고 시행한다. 지역사회보장계획은 지역사회복지서비스를 종합적이고 계획적으로 추진하기 위한 지역 단위의 사회복지계획으로서 지방자치제도가 목표로 하는 지역주민의 복지 욕구와 지역 특성 등을 충분히 조사하여 지역의 복지문제를 정확하게 파악하여 과제로 설정한다. 또한 주민참여를 토대로 공공과 민간의 협력을 통하여 지역주민의 욕구를 해결하고 지역사회문제를 해결하기 위한 중장기적 계획으로 매 4년마다 실시된다.

지역사회보장계획은 「사회보장급여법」에 근거한 법정 계획으로서 국가 및 지방자치단체의 종합적 행정계획이며, 지역주민의 욕구 충족을 위한 서비스 체계를 확보하고 자원을 조달하기 위한 수단으로서 의미가 있다. 또 지역사회문제에 대한 주민참여와 민 · 관 협력을 위한 학습과 활동을 조직화하는 과정으로서 지역사회의 역량을 강화할 수 있다.

2) 필요성

지역사회보장계획은 지역사회의 복지를 제도화하고 실천하는 데 유익하다. 지역사회보장계획의 수립과정을 통해 지역주민에게 필수적인 사회복지제도를 도입할 수 있다. 또 계획을 수립함으로써 사회복지서비스의 안정성을 추구할 수 있다. 지역주민에게 필요한 서비스를 지속적이고 안정적으로 제공할 수 있기 때문이다.

한편, 지방자치단체의 역량이 제한되어 있기 때문에 다양한 지역주민의 욕구 충족을 위하여 공공기관, 민간기관, 시민단체, 전문가 단체 등의 참여를 통하여 사회복지서비스의 공급 주체를 다원화할 수 있다. 이는 정부의 한계를 보충할 수 있는 수단이 되기도 한다. 서비스 공급 주체의 다원화는 다양한 인적·물적 자원을 지역사회 내에서 자체적으로 동원하고 배분할 수 있다. 적절한 자원 조달과 자원 배분이 수월하게 이루어질 수 있다는 것이다.

3) 계획수립과정

지역사회보장계획은 시장·군수·구청장이 지역주민의 의견을 수렴하고 조사하여 자체적으로 수립하거나 혹은 연구 용역을 의뢰한 결과를 중심으로 계획을 수립하여 지역사회보장협의체의 심의와 의회보고를 거친 후 시·도지사에게 제출한다(「사회보장급여법」 제35조 2).

시·도지사는 제출받은 시·군·구의 지역사회보장계획을 지원하는 내용 등을 포함한 해당 광역시·도의 사회보장계획을 수립한 후(「사회보장급여법」 제

35조 3) 시 · 도 사회보장위원회의 심의와 의회의 보고를 거쳐 보건복지부 장관에게 제출한다(「사회보장급여법」 제35조 4).

그리고 보건복지부 장관은 시 · 도지사가 제출한 시 · 도 계획을 사회보장위원회에 보고하고, 시 · 도지사 또는 시장 · 군수 · 구청장에게 조정을 권고할 수 있다.

4) 지역사회보장계획의 목표와 내용

지역사회보장계획은 지역주민의 조직화와 주민참여를 통하여 지역사회복지 추진체계를 확립하기 위한 목표를 가지고 있다. 한정된 공공자원의 한계를 극복하고, 지역사회 내 민관 협력을 강조하며 지역복지공동체 형성, 민관 거버넌스 활성화 등을 도모하고자 한다. 이를 위하여 2015년 7월 「사회보장급여의 이용 · 제공 및 수급권자 발굴에 관한 법률(이하, 사회보장급여법)」 제정으로 사회복지 · 보건의료 · 교육 · 고용 · 주거 · 문화 등을 포괄하는 내용이 통합적으로 포함되어 있다. 궁극적으로는 지역주민에게 필요한 사회적 자원을 정비하여 삶의 질을 높이고자 한다. 지역사회보장계획은 다음과 같은 내용을 주된 것으로 하고 있다.

- 지역사회보장 수요의 측정, 목표 및 추진전략
- 지역사회보장의 목표를 점검할 수 있는 지표(지역사회보장지표)의 설정 및 목표
- 지역사회보장의 분야별 추진전략, 중점추진사업 및 연계 · 협력 방안

- 지역사회보장 전달체계의 조직과 운영
- 사회보장급여의 사각지대 발굴 및 지원 방안
- 지역사회보장에 필요한 재원의 규모와 조달 방안
- 지역사회보장에 관련한 통계 수집 및 관리 방안
- 그 밖에 대통령령으로 정하는 사항

3. 지역사회보장협의체

1) 지역사회보장협의체의 의미

지역사회보장협의체는 공공과 민간, 그리고 주민과 학계 전문가가 참여하는 거버넌스의 성격을 가지고 있다. 따라서 지역사회보장협의체는 지역사회의 자원을 활용하여 역량을 결집함으로써 사회통합을 추구하기 위한 목표를 가지고 있다. 지역사회보장협의체는 '지방정부와 지역사회의 각종 복지 관련 기관 · 단체가 참여하는 민 · 관 네트워크'라고 할 수 있다. 즉, 민 · 관 네트워크를 구축하여 사회복지서비스를 포함하여 지역주민의 일상생활과 관련된 서비스를 통합하여 지역사회보호체계를 구축하고자 한다. 사회보장급여가 필요한 지원대상자에게 필요한 급여 및 서비스를 제공하는 기관 · 법인 · 단체 · 시설의 대표 또는 실무자와 읍 · 면 · 동 지역주민의 참여를 통하여 찾아가는 보건 · 복지서비스를 통합적으로 제공하고자 한다.

따라서 지역사회보장협의체는 이용자 중심의 복지 연계 기반을 구축하여 개별적이고 복합적 욕구에 대한 서비스를 제공한다는 점에서 의미가 있다. 이를 위하여 서비스 제공 기관의 연계 협력을 모색하여 지역사회복지자원의 효율적 활용체계를 구축하고자 한다. 이러한 과정은 민주적 의사소통구조를 확립함으로써 지역주민의 다양한 욕구를 반영할 수 있는 의사소통구조가 필요하다는 것을 의미한다. 나아가 실현 가능하고 욕구 중심적 서비스를 제공하여 지역주민의 욕구와 특성에 부합되는 서비스를 제공할 수 있다.

지역사회보장협의체의 의미는 세 가지로 분류할 수 있다. 첫째, 이용자 중심의 복지서비스 연계 기반을 구축하는 것이다. 사회복지와 보건의료 위주의 서비스 제공을 넘어 고용 · 주거 · 교육 · 문화 · 환경 관련 서비스 제공자 간 연계망(network)을 구성하여 이용자의 다양하고 복합적인 욕구에 대응한 서비스를 Any-stop, One-Stop으로 제공하고자 한다.

이는 서비스 이용자의 복합적 욕구, 개별적 욕구에 민감하게 반응하기 위한 방법이며, 양적, 질적으로 충분한 서비스 공급 기관을 확보하기 위한 것이다. 또한 지역주민의 욕구와 특성에 부합되는 서비스를 제공하는 것이다. 다양한 관계자의 협력을 통하여 지역사회의 현실을 직시하고, 실현 가능한 목표를 수립함으로써 지역주민의 욕구와 지역적 특성이 분리되지 않고 조화롭게 일치될 수 있다. 이는 지역사회의 통합을 촉진하고 역량을 강화할 수 있는 계기를 마련해 준다.

둘째, 지역사회복지자원의 효율적 활용체계를 구축하는 것이다. 지역사회 내 사회보장급여 제공기관 · 법인 · 단체 · 시설 간 연계 · 협력으로 지역 복지자원의 효율적 활용체계를 조성하여 지역사회의 잠재된 복지자원을 발굴 · 확충하고, 서비스 제공기관 간 연계 · 협력을 통해 지역사회 복지자원 및 지원대상자에 대한 정보 등을 공유함으로써 서비스 제공의 중복 · 편중 · 누락을 방지하고자 한다. 이러한 문제를 해결하기 위하여 복지 관련 서비스를 통합하여 효율적으로 서비스를 제공하고자 한다.

셋째, 지역사회 내의 복지문제를 해결하기 위하여 읍 · 면 · 동 단위에 주민 네트워크를 조직하여 민 · 관 협력으로 사각지대를 발굴하고 지원을 강화하고자 한다. 「사회보장급여법」 시행으로 새롭게 읍 · 면 · 동 단위 지역사회보장협의체가 조직 · 운영되면서 주민 스스로 관할 지역의 사회보장대상자 발굴업무, 사회보장 자원발굴 및 연계업무 등의 기능을 수행하는 주민 네트워크를 구축한다.

2) 필요성

저출생, 고령화 추세가 지속적으로 촉진되고 장애인의 범주가 확대되면서 복지 및 보건을 비롯한 다양한 욕구가 폭발적으로 분출되고 있지만 가족과 국가가 효과적으로 대처하지 못하고 있을 뿐만 아니라, 기존의 민간 사회복지시설도 역량이 부족하여 지역주민에게 충분한 서비스를 제공하지 못하고 있다.

한편, 사회적 욕구가 증가하고 다양화되었기 때문에 이에 대응하기 위하여 개별적 사회복지시설과 기관이 급증하고 있다. 따라서 다양한 기관의 다양한 서비스가 경쟁하고 있는 상황에서 서비스의 중복이 일어나기도 한다. 지역사회보장협의체는 이와 같은 문제를 해결하기 위하여 민 · 관의 거버넌스를 통한 지역문제 해결이라는 측면에서도 필요하다. 공공의 보편성과 민간의 전문성이 협력하여 지역사회의 문제를 효과적으로 해결할 수 있기 때문이다.

특히, 중앙정부가 부처별로 다양한 프로그램을 개발하여 실시함으로써 서비스 공급 주체 간에 중복 혹은 경쟁적 현상이 나타남으로써 효율성이 떨어지고 있다. 중앙정부의 업무조정과 개편 등으로 유사기관이 많이 설립되어 전달체계가 분산되어 있기 때문에 지역주민의 다양한 욕구에 부응하기 위하여 일관된 사회복지 전달체계를 갖추는 것은 시급한 일이다.

지역주민의 욕구와 서비스의 불일치, 서비스 간의 연계 및 협력 미비, 포괄적이고 체계적인 서비스의 부재 등으로 전달체계의 확립이 시급한 상황에 직면하였다. 전국의 234개 기초자치단체에 지역사회보장협의체가 구성되어 활동하고 있지만 효과성은 그리 높지 않다.

지역사회보장협의체는 2001년 10월부터 2002년 7월까지 전국 16개 시 · 도에서 하나의 기초자치단체를 선정하여 시범실시가 이루어졌으며, 그 결과를 토대로 2003년 7월 「사회복지사업법」이 개정되어 2005년 8월까지 전국의 234개 시 · 군 · 구에서 지역사회보장협의체를 구성하여 실시하였다. 이후 2015년 「사회보장급여의 이용 · 제공 및 수급권자 발굴에 관한 법률」(이하 '사회보장급여법'으로 약칭)이 제정되어 사회복지, 보건의료, 교육, 고용, 주거, 문화, 환경 등을 포함하는 '사회서비스'를 통합하여 운영하고 있다.

지역사회보장협의체는 지역사회 전체가 참여하는 복지공동체를 건설하기 위하여 체계적이고 포괄적으로 서비스를 제공할 필요성에 의해 조직되었다. 지금까지는 제한된 대상에게 한정적 서비스를 제공하고 있었기 때문에 절대 다수의 지역주민이 복지서비스에서 배제되어 왔다고 볼 수 있다.

이러한 과정으로 볼 때 사회복지 관련 전문가들은 보건과 복지를 비롯한 서비스 공급 주체의 연계 협력을 필요한 것으로 인식하고 있으며, 이를 효과적으로 운영할 수 있는 전달체계를 마련하기 위하여 다양한 방안을 모색하고 있음을 알 수 있다.

3) 구성

(1) 법적 근거

지역사회보장협의체는 2003년 7월 「사회복지사업법」을 개정하여 시·군·구 지역사회복지협의체 설치·운영 및 지역사회복지계획 수립을 의무화하였고, 2015년 7월 「사회보장급여의 이용·제공 및 수급권자 발굴에 관한 법률」(이하 '사회보장급여법'으로 약칭) 시행으로 지역사회보장협의체의 기능이 확대되었다. 「사회보장급여법」 제정 이전 「사회보장기본법」 개정(2012.1월)으로 '사회복지서비스와 관련 복지제도'를 사회복지, 보건의료, 교육, 고용, 주거, 문화, 환경 등을 포함하는 '사회서비스'로 확대한 것이다. 뿐만아니라 읍·면·동 지역사회보장협의체를 설치한다.

명 칭	시·군·구 지역사회보장협의체	읍·면·동 지역사회보장협의체
근 거	「사회보장급여법」 제41조	「사회보장급여의 이용·제공 및 수급권자 발굴에 관한 법률 시행규칙」 제7조
목적 및 기능	– 지역의 사회보장 증진 및 사회보장과 관련된 서비스를 제공하는 관련 기관·법인·단체·시설과 연계 협력 강화 – 지역사회보장계획의 수립·시행·평가, 지	– 위기 가구 상시 발굴 – 사각지대의 발굴 및 맞춤형 지원을 위한 지역사회 인적 안전망 구축 – 민·관 협력을 바탕으로 지역사회 자원

명 칭	시 · 군 · 구 지역사회보장협의체	읍 · 면 · 동 지역사회보장협의체
	역사회보장 조사 및 지역사회보장지표, 시 · 군 · 구 사회보장 급여 제공 및 사회보장 추진 등에 관한 사항 심의 · 자문	발굴 및 연계(후원, 자원봉사, 사회공헌 등)
위원 자격요건	시장 · 군수 · 구청장이 임명 또는 위촉 – 사회보장분야 전문가 – 지역의 사회보장 활동을 수행하거나 서비스를 제공하는 기관 · 법인 · 단체 · 시설의 대표자 – 비영리민간단체의 추천자 – 읍 · 면 · 동 단위 지역사회보장협의체 위원장 – 사회보장에 관한 업무를 담당하는 공무원	시장 · 군수 · 구청장이 위촉 – 사회보장 제공하는 기관 · 법인 · 단체 · 시설 또는 공익단체의 실무자 – 사회보장에 관한 업무를 담당하는 공무원 – 비영리민간단체에서 추천한 사람 – 「지방자치법」 제4조의2제4항에 따른 행정리의 이장 및 같은 조 제5항에 따른 행정동의 하부 조직으로 두는 통의 통장 – 주민자치위원, 자원봉사단체 구성원 – 지역의 사회보장 증진에 열의가 있는 사람
위원회 구성	위원장을 포함한 10명 이상 40명 이하	– 협의체 위원의 수는 공동위원장 2명을 포함하여 10명 이상이 되도록 구성
위원장 선출방법	위원 중에서 호선 (공무원인 위원/위촉직 공동위원장 선출)	– 협의체 위원장은 읍 · 면 · 동장(공공위원장)과 민간위원 중에서 호선한 민간 위원장이 공동으로 구성하고, 부위원장은 민간위원 중에서 호선
위원 임기	2년, 위원장은 1회 연임 가능	– 민간위원의 임기는 2년으로 연임 가능 (공무원 위원은 해당 직에 재직하는 기간으로 함)
협의체 운영	• 협의체 업무를 효율적으로 수행하기 위한 실무협의체 구성/운영 – 위원장 1명 포함 10명 이상 40명 이하의 위원으로 구성 – 위원장은 위원 중에서 호선, 위원은 협의체 위원장이 임명/위촉 • 보장기관 장의 인력 및 운영비 등 재정 지원 가능 • 읍 · 면 · 동 단위 지역사회보장협의체 구	– 복지사각지대 발굴, 자원 연계가 이루어질 수 있도록 소단위 분과 및 운영위원 등 운영 가능

명 칭	시 · 군 · 구 지역사회보장협의체	읍 · 면 · 동 지역사회보장협의체
	성/운영 –(기능) 관할 지역의 사회보장대상자 발굴, 지역사회보장 자원 발굴 및 연계, 지역사회보호체계 구축 · 운영 등 –(위원회 구성) 읍 · 면 · 동장과 읍 · 면 · 동장의 추천을 받아 시 · 군 · 구청장이 임명 또는 위촉(읍 · 면 · 동별 10명 이상), 읍 · 면 · 동장과 민간위원(호선)으로 공동위원장 체제 운영 –(위원임기) 2년, 연임 가능	

출처: 보건복지부, 2023년 지역사회보장협의체 운영 안내.

(2) 대표 협의체

지역사회보장협의체는 대표협의체, 실무협의체, 읍면동협의체, 실무분과를 둔다. 대표협의체에는 시 · 군 · 구 사회보장 관련 주요 구성주체인 공공부문대표 · 민간부문대표 · 이용자부문대표 등으로 구성하며, 위원장을 포함하여 10명 이상 40명 이하의 위원으로 성별을 고려하여 임명 또는 위촉한다. 실무협의체 위원장은 대표협의체와 실무협의체의 긴밀한 소통을 위하여 대표협의체 위원을 겸임하여 활동할 수 있다.

(3) 전문위원회

대표협의체 심의사항의 효율적 수행을 위해 전문위원회를 구성 · 운영할 수 있으며 전문위원회의 운영에 관한 세부적인 사항은 조례로 정할 수 있다. 전문위원회 구성은 심의 사안에 따라 분야별로 구성할 수 있으며, 대표 협의체 위원을 전체 위원의 3분의 1 이상을 반드시 포함하여 구성하고, 전문위원회의 구성 · 운영에 관한 사항은 대표협의체 및 실무협의체 구성 · 운영에 관한 사항 등을 준용하여 해당 지자체의 조례로 규정한다.

(4) 실무협의체

실무협의체 위원은 포괄성 및 전문성의 원칙에 따라 지역사회에서 활동하고, 지역사회보장 주체들 중에서 해당 분야 종사자로 민주적 절차와 방법을 통해 선출하고 임명 또는 위촉하고 위원장 1명을 포함하여 10명 이상 40명 이하로 구성하되, 성별을 고려하고, 특정 성별에 편중되지 않도록 임명 또는 위촉한다.

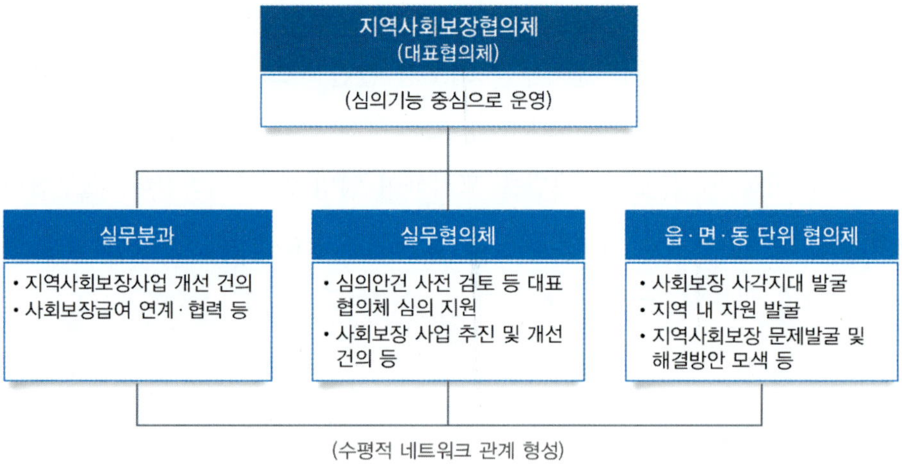

(5) 실무분과

지역사회 내 사회보장 관련 기관 · 법인 · 단체 · 시설 간 연계 · 협력 강화 및 실무협의체의 운영을 촉진하기 위해 실무분과를 구성 · 운영할 수 있으며, 실무분과의 구성 및 운영은 지역사회보장협의체 활성화의 원동력이 되는 기반을 제공하므로 지역특성 및 여건에 맞는 실무분과를 반드시 구성하도록 하고 있다. 실무분과는 아동 등의 대상별 분과, 주거 등의 기능별 분과, 농어촌 등의 지역별 분과 등으로 세분화할 수 있다.

✱ 실무분과 구성 예시

대상별							
영유아	아동 · 청소년	여성	청년	노인 (어르신)	장애인	–	–

기능별												
소득 보장	보건 의료	고용 · 주거 (자활고용/ 주거환경)	문화 · 체육 (문화환경/ 교육문화)	복지 위기 가구 발굴	지역 사회 통합 돌봄	통합 사례 관리	자원 동원 · 배분	자살 예방	사회 적 경제	마을	–

지역별					
00동(00권역) 분과	00동(00권역) 분과	00동(00권역) 분과	00동(00권역) 분과	–	–

출처: 보건복지부, 2023년 지역사회보장협의체 운영 안내.

(6) 읍 · 면 · 동협의체

읍 · 면 · 동협의체는 위원장을 포함하여 10명 이상으로 구성하고, 지역특성에 맞게 운영하도록 규정하고, 지역 여건에 따라 상시적인 인적자원망체계를 구축하기 위하여 위원 구성을 다양화하거나 위원 수를 확대할 수 있다. 조직체계는 지역 상황에 맞게 복지사각지대 발굴, 자원 연계가 이루어질 수 있도록 소단위 분과(발굴조사팀, 나눔지원팀) 또는 운영위원 등으로 구성할 수 있다.

(7) 위원의 임기

협의체 위원의 임기는 2년으로 하되 위원장은 한 차례 연임할 수 있고, 위원의 결원으로 인하여 새로 위촉된 위원의 임기는 전임위원 임기의 잔여(남은) 기간으로 한다. 한편 위원 임기의 경우 인적자원 · 지역특성 등을 고려하여 시 · 군 · 구 조례로 연임에 제한을 두지 않고 운영할 수 있다.

(8) 사무국 운영

지역사회보장협의체는 독립적인 사무공간을 마련하여 운영할 수 있으며, 지방자치단체는 지역사회보장협의체가 원활히 역할을 수행할 수 있도록 지방보조금 또는 자체 예산을 활용하여 유급직원을 선발, 배치할 수 있으며, 배치된 인력은 협의체 일반 행정업무, 협의체 법정 역할 및 회의운영 지원, 사회보장기관 간 연계 등의 업무를 수행한다.

4) 기능

지역사회보장협의체(대표 협의체) 심의 안건은 반드시 실무협의체의 사전 검토를 받도록 하고, 대표협의체가 실무협의체 및 실무분과, 읍 · 면 · 동 지역사회보장협의체의 운영에 참여할 수 있도록 원활한 의사소통 구조를 유지할 수 있도록 한다. 지역사회보장협의체의 기능은 크게 협치기능, 연계기능, 통합기능으로 구분할 수 있다. 협치기능은 지역사회보장계획의 수립 · 과정 · 평가 등 지역사회보장의 주요 사항에 대하여 민간과 공공이 협력하여 정책적 심의 · 자문을 수행하며, 연계기능은 사회보장과 관련된 서비스를 제공하는 관계 기관 · 법인 · 단체 · 시설과 연계 · 협력 강화를 위한 계획을 수립하고 실행한다. 통합기능은 협의체 내 각 분과 간 통합 및 조정역할을 수행하고, 지역주민의 욕구를 반영한 통합적 서비스 제공체계 지원 및 기본 사업을 수행한다. 또 통합서비스를 제공하기 위해 기존의 보건복지뿐만 아니라 고용 · 주거 · 교육 · 문화 · 환경 등 다양한 영역과 연계한다.

주요 기능	내용
협치(governance) 기능	• 지역사회보장계획의 수립 · 과정 · 평가 등 지역사회보장의 주요 사항에 대하여 민간과 공공이 협력하여 정책적 심의 · 자문
연계(network) 기능	• 사회보장과 관련된 서비스 제공하는 관계 기관 · 법인 · 단체 · 시설과 연계 · 협력 강화를 위한 계획 수립 및 실행
통합(integrate) 기능	• 협의체 내 각 분과 간 통합 및 조정역할을 수행하고 지역주민의 욕구를 반영한 통합적 서비스 제공체계 지원 및 기본 사업 수행 • 통합서비스 제공을 위해 기존의 보건복지뿐만 아니라 고용 · 주거 · 교육 · 문화 · 환경 등 다양한 영역과 연계

특히 지역사회보장협의체는 사업을 활성화하기 위하여 지역사회보장과 관련된 현안 및 시책의 개발을 위한 연구 · 조사활동, 지역사회 내의 자원 발굴 및 서비스 제공기관의 연계 · 조정, 위기가구의 통합사례관리를 위한 영역별 지원, 지역사회 역량 강화를 위한 교육 · 훈련 및 세미나 개최 지원, 실무 분과 특성을 살린 공동사업 기획 · 추진 등의 기타 사업을 직접 수행할 수 있다. 그리고 지역특화사업을 수행함으로써 지역주민의 욕구에 근거하여 우선 사업을 결정하고 집중적으로 지원하고 있다.

사업구분	내용
연구, 조사 활동	• 지역사회보장과 관련된 현안, 시책의 개발을 위한 연구 · 조사 활동을 함 • 지역사회 제공되는 사회보장 서비스에 대한 주민 만족도에 대한 조사 사업
서비스 연계 · 조정	• 지역 내 인적 · 물적 복지자원을 발굴 및 서비스 제공기관의 연계 · 조정 • 사회보장 관련 자원을 총괄 정리하여 연계 가능 범주 등을 제시(서비스 자원 목록화, 자원 공유 회의 등)
통합사례관리 지원	• 통합사례관리를 위한 영역별 지원 사업을 수행함
교육, 훈련 및 세미나 개최 지원	• 정책토론회, 세미나, 워크숍 등 지역사회 역량강화를 위한 사업 추진 • 실무자 역량강화 사업 계획 및 시행
기 타	• 실무분과 특성을 살린 공동 사업 기획 · 추진 • 지역사회보장 발전을 위한 서비스 통합과 지역사회 조직화에 필요하다고 인정되는 사업을 개발하여 추진함

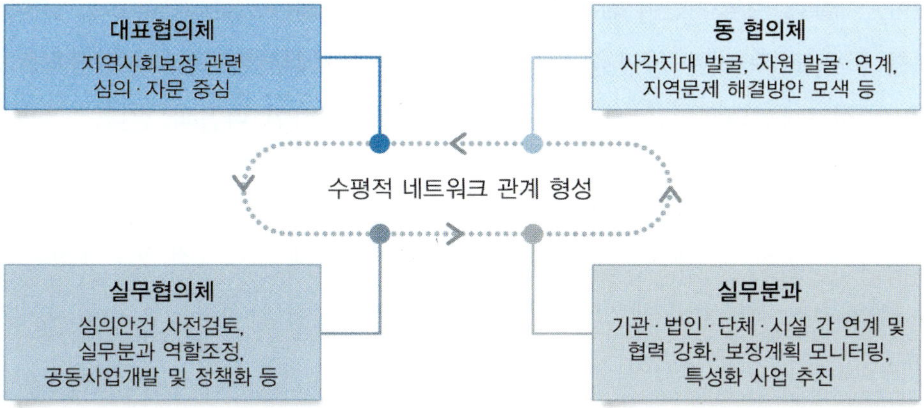

출처: 보건복지부, 2023년 지역사회보장협의체 운영 안내.

5) 과제

지역사회보장협의체는 보건복지영역의 서비스와 교육, 고용, 주거, 문화, 환경 등을 포함하는 '사회서비스'를 통합하여 운영하고 있다.

지역사회보장협의체에 참여하는 전문가들은 이 조직이 관변단체화되지 않도록 노력하여야 한다. 혹은 협의체를 통하여 공공이 민간에 대한 지배를 구조화하거나 통제하려는 의도도 배제되어야 한다. 이를 위하여 협의체 조직이 형식적 기구화가 되는 것을 지양하여야 한다. 즉, 구체적 업무를 실행할 수 있는 예산을 배정하고 인력과 행정기구 등을 갖춤으로써 실질적 조직으로 활동하여야 한다.

민간 영역에서는 다양하게 개발된 서비스와 자원을 공유하고 지역사회보장협의체가 충분한 역할을 수행할 수 있도록 적극적이고 자발적으로 참여하여야 한다. 아울러 지역주민이 참여할 수 있도록 의사소통구조를 개방하고 참여 기회를 확대할 수 있는 방안을 모색하여야 한다. 앞에서 살펴본 것을 중심으로 지역사회보장협의체의 활성화를 위한 과제를 제시하면 다음과 같다.

첫째, 지방자치단체의 전문성 강화

지역사회보장계획의 수립과 실천에서 지방자치단체의 적극적 책임행정은 매우 중요하다. 적극적인 책임행정은 주무부서와 직원이 안정적으로 사업을 수행할 수 있는 환경과 조건이 선행되어야 한다. 하지만 지방자치단체 담당자의 잦은 보직 이동으로 지방자치단체의 역량이 부족할 뿐만 아니라 담당자가 안정적으로 사업을 실행하기 어려운 상황이다. 또한 담당 직원의 업무량이 과다하여 집중적으로 업무를 수행하기 어렵다. 따라서 지역사회보장계획을 담당하는 부서와 직원의 수를 증원하고 보직 이동은 최소화하여야 한다.

둘째, 지역사회보장계획에 대한 사회적 합의 필요

지역사회보장계획은 지역사회의 특성을 반영하고 지역사회의 자원을 활용하고자 한다. 즉, 지역사회보장계획의 효과적인 수립을 위하여 민관의 파트너십을 강조하여 지방자치단체의 공적자원 외에 다양한 지역사회자원을 동원하여야 한다. 이는 지역사회보장계획에 대한 공사기관 및 지역주민과의 합의를 필요로 한다. 사회적 합의는 지역사회보장계획에 동의하는 민간기관과 지역주민의 자발적 참여는 이 프로젝트의 승패를 결정짓는 요인이 될 것이다. 따라서 민간의 주도적 역할과 공공의 지원적 역할이 균형을 이룰 수 있도록 공감대를 확보하여야 한다.

셋째, 참여 주체의 협력과 연계

지역사회보장계획의 수립 · 시행 · 평가 과정에서 참여 주체의 역할을 분명하게 제시하고, 참여 주체 간의 보완적 협력이 가능한 네트워크를 구축하여야 한다. 지역사회보장계획이 공공 영역과 민간 영역의 자원을 조정하고 통합하기 위한 네트워크는 필수적이다. 실질적으로 지역주민의 사회복지 · 보건의료 · 교육 · 고용 · 주거 · 문화 등을 증진하기 위하여 참여 주체 간의 연계를 강화하고, 다양한 사업을 지속적으로 논의하고 모니터링하며 실무를 수행할 수 있는 네트워크 체계를 구축하여야 한다.

넷째, 사업 내용에 대한 구체적 전략 마련

지역사회보장협의체는 기능이 복잡하고 다양하다. 지역사회의 복잡화된 복지욕구와 위기도에 대응하기 위해서는 읍면동을 중심으로 보건소, 정신보건센터, 민간복지관 등 지역기관과의 유기적인 네트워크도 필요하다. 이를 위해 중앙부처와 시도에서는 업무매뉴얼 정비, 교육기회 확대 그리고 정보시스템의 개선 등과 같은 구체적 전략이 마련되어야 한다. 지역사회보장협의체에 참여하는 개별 조직은 독립된 업무를 수행하고 있으며, 그들의 협력을 확보하기 위해서는 지역사회복지 네트워크의 밑그림을 구상하고 실천하는 구체적 전략이 필요하다. 또 사회복지 관련 인프라가 지방자치단체마다 안정적으로 구축되어 있지 않은 상황에서 직접적이고 구체적인 사업 간 연계뿐만 아니라 보건복지를 비롯하여 지역주민의 일상생활에 필요한 지역사회자원의 협력체계를 구축하여야 한다.

다섯째, 협의체의 다양한 조직과 참여 위원의 역할 구체화

지역사회보장협의체는 지방자치단체의 주도와 민간의 자율적 참여에 의하여 기능을 수행하고 있지만 지역사회의 미션에 대한 이해가 낮으며, 협의체에 참여하고 있는 다양한 조직체의 네트워크가 통합적으로 구축되어 있지 않다.

읍면동 지역사회보장협의체는 위기가정 발굴, 자원개발 및 연계, 지역사회보호체계 구축 등의 역할을 수행한다. 하지만 읍면동 지역사회보장협의체위원은 전문성보다 지역사회에 대한 관심과 이해 수준이 높은 인사 등으로 구성되어 전문적인 업무를 수행하기에는 역량이 부족하다. 이러한 위원들에 대한 지속적인 교육이 필요하다.

지역사회보장협의체의 성공적 정착을 위해서 민 · 관의 협력은 절대적으로 필요하다. 지역사회보장협의체는 지역 특성을 반영하고 융통성을 발휘하여야 하며 업무의 연계로 인한 공동체의식 강화와 사회통합이라는 대원칙에 충실할 수 있도록 또 민간 영역과 공공 영역이 공감대를 가지고 협력할 수 있도록 교육과 토론회가 마련되어야 한다. 이러한 공감대가 형성됨으로써 각 구(군) 단위로 수립된 지역사회보장계획이 전시용으로 전락하지 않고 실천적인 계획이 될 수 있다.

Chapter

07

사회행동 모델과 사회적 경제

1. 사회행동 모델
2. 사회행동 기술
3. 사회행동 모델 사례: 사회적 경제

Chapter 07

사회행동 모델과 사회적 경제

1. 사회행동 모델

1) 사회행동 모델의 정의

지역사회는 다양한 조직이 존재하고 있으며, 각각의 조직은 목표를 설정하고 활동한다. 조직의 목표는 가치와 신념, 자원의 희소성, 그리고 권력의 유무 등에 따라 갈등적 상황이 발생한다. 이러한 갈등은 지역사회의 성장과 유지를 위하여 원만하게 해결되어야 하지만 각각의 조건과 상황으로 첨예하게 대립할 수도 있다. 사회행동 모델은 갈등적 상황을 해결하는 하나의 방법으로써 조직 구성원의 힘을 동원하여 세력을 규합한다. 사회행동 모델은 사회적으로 차별받은 사람들이 집단의 조직화를 통하여 의사결정과정에 적극적으로 관여하여 불평등한 제도와 정책의 변화를 도모하기 위한 방법이다.

사회행동 모델(social action model)에서는 불평등한 사회제도와 사회정책이

(3) 대안적 공동체 실현

사회행동은 전통적 사회문제에 대한 대응 외에 신사회운동의 측면에서 조명할 수 있는데, 지역자치운동, 자주관리운동, 반전반핵운동, 페미니즘, 인권운동 그리고 환경운동같이 다양한 형태로 전개되고 있다.

그럼에도 불구하고 국가 권력은 제도적이고 합법적인 수단을 통하여 생활세계의 식민화(colonization of life world) 혹은 국가에 의한 지방의 내적 식민화는 지속되고 있으며 이러한 국가의 폭력에 대항하기 위하여 대안적 지역공동체에 대한 관심이 필요하다(임희섭 · 양종회, 1998: 53-55). 대안적 지역공동체는 지역적 자율성, 자치성, 공동체성을 주된 이념으로 지역주민이 권력의 주체가 되어 생활정치를 실현하려는 것을 의미한다.

2. 사회행동 기술

1) 사회행동의 의미

(1) 사회행동의 정의

사회행동은 지역사회에서 억압받고 소외된 지역주민이 사회정의와 생존권적 권리에 입각해서 사회, 정치, 경제적으로 보다 나은 처우를 받을 수 있도록 행해지는 조직적 활동을 말한다. 사회행동은 사회적 조건을 향상시킴으로써 지역주민의 권리를 보호하고 지켜 주기 위한 목표를 가지고 있다. 따라서 사회행동은 주민을 억압하고 권리를 박탈하는 다양한 형태의 권력에 초점을 두고 사회구조적 모순을 해결하기 위하여 사회정의를 강조하는 사회복지실천 방법이다(김수정, 2006: 2).

한편 사회행동은 이데올로기적 가치를 강조하는 정치 투쟁이나 계층의 차별 등에 의한 것으로 한정할 수 없다. 사회적 약자에 대한 생존권적 권리에 대한 위협은 자본이나 정치 권력뿐만 아니라 인종, 종교, 젠더, 연령, 기후위기 등에서 구체화되고 있기 때문이다.

(2) 사회행동의 특성

① 조직 중심

사회행동은 지역주민들의 평등과 정의로운 사회 실현을 위하여 다양한 계층의 사람들을 조직하여 집합적으로 행동하는 기술이다(김수정, 2006: 14~18). 조직을 구성하기 위하여 인적, 물적 자원이 동원되어야 하며, 조직의 지속적 성장을 위한 활동을 전개한다. 사회행동은 지역주민이 직접 경험할 수 있는 일상생활을 중심으로 조직적 활동을 전개하여 지역주민의 권리를 보호하기 위한 인식을 넓히는 데 도움이 되도록 의식화 교육도 병행하여야 한다.

② 여론 동원

사회행동은 소수의 지역주민이 문제를 제기하거나 사회복지사의 적극적 개입으로 다양한 계층과 주체들이 실행할 수 있다. 사회행동의 목표에 따라 개인이나 집단을 참여시킴으로써 협력적 관계를 유지하여야 한다. 또 목표달성의 가능성을 높이기 위하여 지역주민들의 동의와 지지를 확보하여야 한다.

사회적 지지를 확보하기 위하여 지역주민들이 동의하고, 참여할 수 있는 목표의 정당성, 법적 근거, 조직의 정체성, 민주적 의사결정 등을 구체화하여야 하며, 이를 효과적으로 지역주민들에게 전달하여야 한다. 이렇게 형성된 여론은 조직의 유지와 사회행동의 목표를 정당화하는 명분이 된다.

③ 정책 변화

사회행동은 불평등한 사회제도, 법, 체제 등을 변화시키기 위한 목표를 가지고 있다. 따라서 사회행동은 정책에 찬성 혹은 반대 영향을 주기 위한 것, 사회정의와 같은 바람직한 목적, 사회적으로 바람직한 목적 등을 달성하기 위하여 조직적으로 행동한다. 따라서 사회행동은 당연하게 얻고자 하는 목표 달성이라는 결과를 중시하기 때문에 변화 가능성을 판단할 수 있어야 하며, 사회정의나 경제적 평등을 중심으로 사회행동의 정당성을 확보할 수 있는 명분을 가지고 있다.

우리나라의 경우에 사회행동은 사회적 규범과 가치보다 방법과 과정에 중점을 두고 있으며, 기존 사회질서나 정책에 비판적이기 때문에 사회복지시설이나 기관에서는 실천되는 경우가 적은 편이다(김성이 · 김수정, 2006: 62).

2) 사회행동의 유형

(1) 정치적 압력 전술

사회복지제도는 정책형성과정을 통하여 법으로 명문화되는 과정을 거친다. 정책형성은 최고 결정권자를 중심으로 피라미드 구조의 명령체계를 구축하고 있기 때문에 상층부의 결정은 거의 절대적으로 영향을 미치게 되어 있다. 따라서 정치적 압력 전술은 정부 구조와 정책 형성과정에 영향력을 발휘하기 위한 사회행동의 일환이다.

정책의 변화는 법의 개정을 통하여 이루어지기 때문에 문제 제기 단계에 그치는 것이 아니라 합리적 대안을 제시하는 것이 바람직하다. 따라서 정책의 책임과 권력의 소재지를 파악하여 압력을 전달함으로써 정책 입안 과정에 핵심적인 사람을 통하여 정책 변화를 유도할 수 있기 때문에 미치는 영향력은 방대하다.

주요 전술은 로비, 직접 참여 등의 방법이 사용된다. 로비활동은 금전적 거래를 통한 불법적 활동이 아니라 정책의 문제점을 쟁점화하고 입법활동을 지원하는 형태로 이루어지는 것이 바람직하다. 따라서 로비활동은 의사 결정권자의 입장에서 볼 때 쟁점이 적절해야 하며, 여론의 형성을 통하여 충분한 지지 기반을 갖추고 있어야 한다. 또한 불법이나 설득이 아니라 정보 제공의 목적에서 이루어지는 것이 바람직하다.

한편, 정치적 압력 전술에서 가장 강력한 방법은 문제의 핵심에 있는 당사자들이 직접 정책 형성과정에 참여함으로써 문제를 다루는 것이다. 실제로 시민단체의 정치참여 활동이 활발하게 이루어지고 있으며 정치 행위에 직접 참여하는 경우도 있다.

(2) 직접 행동

직접 행동은 주민조직과 표적집단 간의 '힘 대 힘'의 대결구조를 가지고 있다. 직접 행동은 쌍방 간의 주장이 팽팽하게 대립되는 상황에서 서로의 피해를 감수하고 이루어진다. 직접 행동은 명분을 충분히 축적하고 있어야 하며 비용 분석도 이루어져야 하고, 내부적 논의를 거쳐 내적 가치와의 일치성 여부를 판단하여야 한다. 나아가 사회적 윤리와의 일치도를 맞추는 것이 좋다.

구체적 전술 지침을 보면 조직 내부로부터 지지받는 전술만 사용하며, 직접 행동 자체보다 더 효과적인 방법은 위협이라는 점이다. 따라서 상대방의 반응에 대비하여 상대방이 실수할 때까지 인내하며 상대방의 과실을 직접적으로 조롱하고 상대방이 흥분하게 하는 것도 좋다. 직접 행동의 유형은 시위(피케팅), 교육 홍보, 불평(청원), 경제 전술(불매) 등이 있으며 단기적으로 효과가 있다. 직접행동의 한계는 반대자가 결집하여 힘의 정면충돌이 이어지면 폭력의 위험성이 있다는 점이다.

(3) 법적 행동

법적 행동은 사회문제가 원활히 해결되지 않아 소송을 제기하는 경우를 의미한다. 사회행동 조직은 법정에서 문제를 명확하게 제기하여 권리 침해 사항을 주장함으로써 사회행동의 정당성을 확보할 수 있다. 법적 행동은 쌍방 간에 직접적으로 문제를 해결하지 않고 대리인을 통하여 자신의 주장을 합리적으로 설명하며, 법적 판단에 의지하여 문제해결을 요구하는 것이다. 법적 행동 유형은 일시적으로 행위를 중단시키는 가처분 청구와 시정을 요구하는 소송으로 구분할 수 있다.

법적 행동의 장점은 정당성을 홍보할 수 있고 대응 전략을 모색할 수 있는 시간을 벌 수 있으며, 대리인을 통하여 법적 규정을 명확하게 이해할 수 있고, 약점을 가진 상대방으로부터 양보를 통한 협상을 유리하게 전개할 수 있다는 점이다.

반면에 법적 행동은 원만한 협상이 이루어지지 않으면 시간이 오래 걸려 지칠 수 있으며, 조직원이 이탈할 가능성이 높다. 또 법률 지식에 대해 전문가에게 의존함으로써 비용이 많이 들고, 주도권을 상실하여 자율성을 가지기 어렵다는 점이다. 또 상대의 대항 소송 가능성이 높아 소모적 논쟁으로 이어질 수 있다.

(4) 옹호

① 옹호의 의미

옹호는 지역주민의 이익을 대변하는 활동을 의미한다. 지역주민은 다양한 형태로 자신들의 권리를 분명하게 인지하지 못하거나 주장하지 못하여 정당한 처우나 서비스를 받지 못하는 경우에 사용되는 기술이다(한국임상사회사업학회, 2008: 142).

따라서 옹호는 지역주민의 침해받는 권리를 법적으로 요구할 수 있는 것이라는 전제에서 이루어지며(이양훈 외, 2007: 128), 지역사회에 고통받는 개인이 존재한다면 개인뿐만 아니라 사회도 변화되어야 한다는 점을 강조한다(김수정, 2006: 12).

옹호는 억압된 집단의 입장을 밝혀 지역주민의 정당성을 주장하고 조직적 응집력을 드러내는 것이며, 지역주민의 권리는 법적으로 보장되어야 한다(김범

수 · 신원우, 2006: 149)는 점에서 전문가 간 협력이 중요하다. 따라서 옹호는 직접 서비스와는 다르며 대결과 갈등만 사용되는 것은 아니다.

옹호는 사회행동 모델에서 주로 강조되는 기술이지만, 사회 변화에 대한 강조 정도가 사회행동보다 약하고 현재의 구조적 현상을 변화시키지 않는다는 점에서 사회행동과 차별화된다(김수정, 2006: 13). 따라서 다양한 수준의 지역주민으로 하여금 문제해결에 적극적으로 참여할 수 있도록 돕고 그들의 이익을 대변하는 기술이다(김범수 · 신원우, 2006: 149). 단, 사회복지사가 클라이언트의 권리를 옹호하는 과정에서 클라이언트의 의존성을 강화하지 않도록 노력하여야 한다(김수정, 2006: 12).

이러한 옹호활동은 대변인의 역할을 수행하는 사람의 인지도와 영향력에 따라 상당한 영향을 받을 수 있다. 즉, 전달자의 신뢰성, 전문성, 동질성 등이 높을 때 그 효과가 크며, 직접적 만남(면담)이 간접적 만남(전화, 우편)보다 효과가 크다.

② 옹호의 유형

옹호의 유형은 시스템 옹호, 정치적 옹호, 미디어 옹호로 구분할 수 있는데 시스템 옹호는 기존의 사회체제를 옹호하는 것이 아니라(이양훈 외, 2007: 129) 사회제도를 대상으로 지역주민의 권리를 주장하는 것이다. 여기에서 사회제도는 정부기관, 의회, 대기업, 학교 등을 의미하는 것으로 행정기관 혹은 공공기관 등의 조직화된 공사의 기관을 의미한다. “시스템 옹호의 목표는 지역주민의 요구를 정책과 프로그램에 충실히 반영하고 잘못된 정책을 바꾸며 규칙의 적용방법을 개선하도록 하는 것이다”(이양훈 외, 2007: 129).

정치적 옹호는 정치와 정책 영역을 대상으로 하며 사회정의를 구현하기 위한 특정 법안을 제정하거나 반대하는 활동이 포함된다. "정치적 옹호의 목표는 사회정의의 구현이며, 시스템 옹호와 정치적 옹호는 상호 배타적인 것이 아니다" (김종일, 2005: 167).

미디어 옹호는 대상의 개념보다는 수단의 개념이 강한 것으로 대중의 지지와 참여를 위하여 미디어를 활용하는 것으로 의제 설정, 논의 틀 바꾸기, 정책 추진 등의 세 가지 요소로 구성된다(김종일, 2005: 168).

③ 옹호의 방법과 기술

옹호의 실천방법은 개별 옹호(또는 사례 옹호), 계층 또는 사회문제 해결을 위한 옹호, 정책 옹호로 설명할 수 있다(이양훈 외, 2007: 130-132).

개별 옹호는 개인, 가족, 소집단 등의 욕구와 권익을 대변하는 역할을 수행하는 것이다. 개별 옹호의 목적은 일정한 혜택, 또는 서비스를 받을 자격은 있으나 이를 획득하지 못한 클라이언트가 해당 이득, 또는 서비스를 획득하도록 적극적으로 도와주는 데 있다. 즉, 클라이언트가 바람직한 서비스를 받을 수 있도록 그들의 욕구와 권익을 대변하고 갈등을 해결해 주는 일련의 원조활동을 의미한다(이양훈 외, 2007: 131).

계층 또는 사회문제 해결을 위한 옹호는 특정 클라이언트 집단에 불리한 영향을 미치는 이슈를 다루는 옹호활동을 의미하는데, 사회적으로 이슈화하여 현 상태에 중요한 변화를 일으키고 그들의 욕구와 권익을 대변하며 그들의 갈등을 해결하는 일련의 원조활동을 의미한다. 계층 옹호는 해당 집단의 구성원이 장애인 차별 금지, 기초노령연금 도입 등과 같은 일정한 공통의 특성을 공유하는 것을 가정한다(이양훈 외, 2007: 131).

정책 옹호는 사회적 약자인 여성, 아동, 빈민, 장애인, 다문화가족 등과 같이 무기력한 집단이 그들의 자원과 기회를 향상시키도록 돕는 정책 실천을 의미한다. 전문가인 사회복지사는 정책 옹호에 필요한 과업, 기술, 능력이 요구되며, 일련의 정치과정을 이해하고 있음으로써 정책 개발과정에 참여할 수 있다(이양훈 외, 2007: 132).

구체적인 옹호기술은 설득, 대변, 청문, 이의 신청, 변화의 표적을 궁지에 몰기, 정치적 압력, 청원 등의 기술이 사용되지만(감정기 · 백종만 · 김찬우, 2005: 243-248), 가장 대표적인 기술이 설득이다. 설득은 클라이언트나 지역사회 소집단의 주장에 대한 호의적 해석을 얻어 내기 위한 기술이며(이양훈 외, 2007: 133), 변화 대상인 표적체계가 지역주민의 욕구를 수용할 수 있는 결정을 내릴 수 있도록 정보를 추가하여 제공하는 형태로 이루어진다(감정기 · 백종만 · 김찬우, 2005: 243).

3) 사회행동의 전략

사회행동은 사회정의의 원칙을 중심으로 법의 보호를 제대로 받지 못하는 지역주민의 권리를 회복하고 지켜 주는 것을 의미한다. 사회복지사의 적극적이고 주도적인 참여가 필요한 기술이며, 지역주민과 충분히 소통하여 자신들의 권리를 이해시켜 지역주민들이 지속적으로 참여하여야 하는 어려운 기술이다. 배제된 지역주민의 권리는 습관적으로 기득권층이 독점하거나 법의 보호하에서 침해될 가능성이 높다.

사회행동에서 사회복지사는 주민이 직접 행동을 취할 수 있도록 사회구조와 조건에 따라 다양한 전략을 구사할 수 있다. 서구의 지역사회복지 발달과정에 나타난 사회행동에 대한 사회복지사의 개입은 세 가지의 활동으로 나누어 볼 수 있다. 첫째, 식량문제, 기아, 홈리스와 같은 특별한 사회적 이슈와 복지 대상을 옹호하는 것이고, 둘째, 정치 과정에 참여하는 것으로서 사회복지에 동조하는 후보자를 지지하거나 직접 후보자로 나서는 것이며, 셋째, 뜻을 같이하는 기관, 전문가 집단, 개인 등 지역사회복지 구성원과 지속적으로 연계하고 연합하는 활동이다(김수정, 2006: 2).

구체적으로 사회행동은 지역주민의 권리 옹호, 제도 개선, 문제해결을 위한 연대활동, 사회복지예산 확보 운동, 사회복지 관련 법의 제정 및 개정 등 사회복지제도 개선을 위한 사회복지적 개입 등이 이루어지고 있다(김성이 · 김수정, 2006: 61). 이를 위하여 지역주민의 조직적 활동으로 교육, 선전 그리고 압력적 방법을 사용할 수 있다. 나아가 여론을 동원하고 공공정책에 대한 비판과 대안을 모색하며 행정적으로 행정소송 등의 행동으로 사회정책 변화에 영향을 준다.

(1) 공통 목표 수립

① 구체적인 목표

사회행동의 목표는 구체적이어야 한다. 구체적인 목표는 계량화할 수 있거나 측정이 가능한 목표를 의미한다. 예를 들면, 직업훈련의 목표를 취업률로 측정하고자 한다면, 취업률은 취업자 수 혹은 취업률로 표현할 수 있으며, 전차의 기준이 있으면 비교를 통하여 취업률을 특정하기에 훨씬 효과적이다.

② 현실적인 목표

현실적인 목표는 계량화된 목표를 달성하기 위한 수단으로서의 기능을 설명한다. 1일 20시간 일하게 목표는 구체적이긴 하지만 현실적으로 노동자에게 일을 강제할 수 없다는 점에서 현실적이지 않다. 현실적인 목표는 시간, 능력, 자원 등의 한계를 고민하여 설정하는 것이 바람직하다.

③ 달성 가능한 목표

달성 가능한 목표는 지역주민들의 활동을 통하여 이루어질 수 있는 목표를 의미한다. 노동자의 소득으로 연간 1억을 저축하는 목표를 수립한다면 달성 불가능하다. 그렇다고 해서 연간 10만 원을 저축하는 목표를 수립하는 것은 무의미할 수 있다. 달성 가능한 목표는 지역주민의 노력으로 충분하게 달성할 수 있는 목표이며, 쉽고 간단하며 측정가능한 목표를 수립함으로써 실현할 수 있다.

④ 보편적 목표

사회행동은 개인의 활동만을 의미하는 것이 아니다. 지역주민들의 공통 목표를 수립함으로써 동기부여가 가능하며 응집력을 강화할 수 있다. 개인의 목표는 동정심을 유발할 수 있지만 목표 달성을 위한 사회행동에 참여시키기는 어렵다. 따라서 지역주민들의 보편적 관심사를 중심으로 목표를 수립하는 것이 바람직하다.

(2) 인식변화를 위한 교육

① 동기부여

동기부여는 사회행동을 실천하는 원인에 해당한다. 공통의 목표를 달성하기 위하여 지역주민들이 생각하고 행동하도록 하는 의지이다. 지역주민들의 자발적 동기에 의한 사회행동이 가장 바람직하지만 외부의 자극에 의하여 지역주민들의 관심이나 목표와 일치하고 있는 경우는 사회행동의 정도가 매우 강하게 나타난다.

② 응집력 강화

응집력은 지역주민들의 동질적 사고와 일체감에 의해 형성된다. 응집력은 지역주민 간의 협력적 관계를 도모하고, 지역사회의 목표에 관심을 향상시킬 수 있으며, 문제해결과정에서 강한 역량을 발휘하게 한다. 이러한 과정을 통하여 응집력은 더욱 강화되고 심리적 일체감을 충족할 수 있다.

③ 잠재적 리더 육성

지역주민의 공통 목표를 달성함에 있어서 리더는 구성원들의 사기를 강화하여 동기를 부여하고, 상호의존적 관계를 구축하는 역할을 수행한다. 리더의 역할에 따라 공통의 문제가 발생할 때 지역주민이 함께 해결책을 모색할 수 있도록 동기부여할 수 있다.

④ 효과적인 의사소통

지역주민들의 사고와 생각은 구성원 모두에게 공유되어야 한다. 구성원의 의사가 공유됨으로써 문제해결과정이나 목표달성과정에서 지역주민들의 참여를 이끌어 낼 수 있다.

(3) 정당성 홍보

① 합법적 목표

사회행동은 합법적 수준에서 이루어지는 것이 가장 바람직하다. 사회행동을 통하여 확보하고자 하는 것이 사회정의를 실현하는 것이기 때문이다. 그러나 문제해결과정에서 한정된 자원을 확보하는 상황이라면 반드시 적법한 수준에서 이루어지기 어려운 경우가 많다.

앨린스키(Alinsky)는 수단의 윤리성이 가치, 위치, 상황에 따라 달라지며, 상대방은 자신에게 치명적 활동이 비윤리적이라고 함으로써 힘을 무력화시킨다고 주장한다. 그리고 사회행동의 성패가 수단의 윤리적 판단에 따라 달라진다는 점을 강조하기도 한다. 즉, 성공한 쿠데타는 혁명이라는 논리이다.

② 합법적 과정

사회행동은 지역주민의 지속적 참여와 적극적 활동을 중심으로 이루어지는데, 탈법적 사회행동은 지역주민의 참여를 저해하는 방해물이 될 수 있다는 점에서 매우 신중하게 이루어져야 한다. 사회행동은 조직 내외의 구성원이 모두 인정하는 공통가치를 지향하는 것이 바람직하며, 상대방으로부터의 반격의 빌미를 제공하는 폭력의 사용은 절대적으로 금하는 것이 좋다.

(4) 힘의 극대화

지역주민들의 사회행동은 조직의 응집력이 약하고, 세력이 강하지 않다. 이러한 한계를 보완하기 위하여 지역사회의 청년회, 부녀회, 노인회 등의 자생조직과 연대하거나 유사한 문제를 해결하기 위하여 이미 조직되어 활동하고 있는 관련 조직과 연대하는 것도 고려할 수 있다. 특히 지역사회의 성장과 발전을 위해 조직된 시민사회단체 등과의 연대는 매우 효과적이다.

① 위협적 요구

힘의 극대화는 사회행동에 있어서 상대방의 힘을 극복하기 위한 주된 전략이며, 최소한 상대를 이기지 못하더라도 상대를 위협할 수 있는 규모와 응집력이 있어야 효과가 있다. 힘의 극대화에서 표적을 선정하는 기준은 제도나 기관보다는 개인이 효과적이다.

② 법의 제 · 개정

제도는 법에 의해 이루어지는 것이기 때문에 법의 개정 없이 효과를 보기 어렵다. 기관은 공공정책을 실행하는 공공조직의 의미를 가지고 있기 때문에 공적 기관을 상대로 사회행동을 전개하는 것은 효과적이지 않다. 하지만 개인은 제도를 실행하는 주체이며, 기관을 운영하는 주체이기 때문에 집행 과정에서 과실이 나타날 수 있다는 점에서 사회행동의 표적으로 효과적이다.

③ 존립 근거인 가치 강조

공격대상으로 상대방의 가장 중요한 존립 근거가 되는 가치와 규범을 집중적으로 홍보하는 것이 매우 효과적이다. 가치와 규범은 기관의 존립 근거이며 제도 실행의 명분이기 때문에 가치와 규범의 한계와 문제점을 중심으로 공격하는 것이 효과적이다. 이는 가치와 규범으로 인해 고통받는 지역주민이 존재한다는 것이 명분을 약화시켜 제도의 불필요함을 증명하는 효과가 있기 때문이다.

④ 약점 공략

상대를 공격할 때 상대가 가장 장점이 되는 것을 역으로 활용하는 것이 효과적이다. 특히, 기업인 경우에는 판매량에 절대적으로 영향을 미치는 고객이 중요한 자원이므로 기업의 자원을 이탈시키는 전략은 기업에게는 치명적 영향을 미친다.

(5) 협상

① 선제적 협상안 제시

협상은 양 당사자 간의 이익과 조건을 합의하는 과정이다. 선제적으로 협상안을 제시하는 것은 상대방이 자신들의 요구를 표현하기 전에 지역주민들의 요구를 먼저 제시함으로써 협상에서 유리한 상황을 만들 수 있다. 선제적 협상안은 사전에 많은 정보를 수집하여 상대방의 전후 사정을 미리 파악하여 협상에 효과적으로 대응할 수 있다.

② 많은 정보의 수집과 상대의 약점 분석

협상은 지배와 복종의 관계가 아니라 동등한 상황에서 치열한 논쟁을 거침으로써 이루어진다. 지역주민이 원하는 목표를 달성하기 위하여 협상에서 주도권을 가져야 하며, 이를 위하여 상대방에 대한 정보를 최대한 수집하고 정보를 분석하여 상대의 약점을 파악하고 이를 최대한 활용한다.

③ 경제적인 협상

협상은 무엇을 주고, 무엇을 얻는가를 위한 경쟁이다. 협상의 과정에서 상대방은 대화의 파트너이며, 서로가 원하는 것을 얻어 내기 위한 선택과 결정이다. 즉, 협상은 상대를 이기기 위한 것이 아니라 지역주민이 원하는 것을 많이 얻고자 하는 것이므로 최소한으로 양보하고, 최대한으로 얻어 내는 것이 중요하다.

3. 사회행동 모델 사례: 사회적 경제

1) 사회적 경제의 정의

사회적 경제는 시장 경제를 기반으로 사회적 가치를 실현하고자 하는 경제활동을 말한다. 시장은 능력과 이익을 극대화하는 과정에서 불평등을 당연한 것으로 본다. 하지만 사회적 관계 속에서 볼 때 시장은 사회적 활동에서 배제되는 사람이 발생하지 않도록 타인과의 연대와 협력을 통하여 공동체의 문제를 제거하거나 해결하는 것이 바람직하다. 사회적 경제는 개인적이거나 이기적인 차원이 아니라 타인 및 공동체와의 관계에서 합리적이고 효율적인 공동체 지향적인 경제라고 할 수 있으며, '사람 중심의 경제'라고도 불린다. 즉, 사회적 경제는 자본주의적인 이익과 사회복지적인 인간의 존엄을 동시에 추구한다.

사회적 경제는 자본주의 시장 경제 체제에서 시장의 실패와 정부의 실패로 나타난 불평등과 빈부격차, 환경파괴, 사회복지의 개인화 등과 같은 문제를 해결하는 대안으로 등장하였다(여미영, 2022). 따라서 사회적 경제는 민주적 의사 결정, 사회적 목적의 추구, 지분에 근거하지 않은 경제적 성과 배분의 원리, 국가로부터의 독립성을 운영 원칙으로 제시하고 있다.

경제협력개발기구(OECD)는 사회적 경제를 '국가와 시장 사이에 존재하는 조직에 내재된 것으로 사회적 요소와 경제적 요소를 동시에 추구하는 것'이라고 정의한다(김종걸, 2013). 사회적 경제는 공공정책과 시장경제를 보완하는 정책 활동으로써 경제 주체 간 연대와 협력을 바탕으로 사회적 가치와 공동체의 이익을 추구하는 모든 경제 활동으로 정의할 수 있다.

사회적 경제는 사회적 가치에 기반해 공동의 이익을 목적으로 생산, 소비, 분배가 이뤄지는 경제 시스템이다. 사회적기업, 협동조합 등 사회적 경제 조직은 영리기업과 다르다. 사회서비스의 질 개선, 취약계층의 일자리 창출, 지역 공동체 재생 등 다양한 사회적 가치 실현을 추구한다. 경쟁과 효율 중심에서 벗어나 협동과 연대를 지향하는 사회적 경제는 시장 경제의 부작용인 불평등의 문제를 풀어 가는 데 중요한 역할을 할 수 있다.

따라서 사회적경제기본법은 통합적이고 효율적인 사회적 경제 정책을 추진하기 위해서 필요하다. 사회적경제기본법이 제정되면 여러 부처와 관련법으로 나뉘어 운영되고 있는 사회적 경제 정책 체계가 간결해져서, 유사한 정책 사업의 중복과 부처 간 칸막이 등에 따른 비효율과 불필요한 행정비용을 줄일 수 있다.

2) 사회적 경제의 등장 배경

한국에서 사회적 경제의 정의와 범위는 불분명하다. 「협동조합기본법」 등 몇몇 개별법이 있지만 '근거 법률'이라고 할 수 있는 사회적경제기본법이 없으며, 부처별로 필요에 따라 법과 제도를 만들어 운영하고 있다. 사회적 경제를 전체적으로 아우르는 공통의 법적 근거와 공유해야 할 기본 원칙 등이 정립되지 않아 체계적이지 않다. 소셜 벤처나 마을기업처럼 명확한 법적 근거가 없는 조직들도 있다.

특히 조직 형태별로 근거 법률과 소관 부처가 달라 여러 사회적 경제 조직들에 대한 육성과 지원이 유기적으로 이뤄지기 힘든 구조다. 사회적 경제 기업의 대부분을 차지하는 '4대 부문' 조직만 봐도, 협동조합은 「협동조합기본법」(기획재정부), 사회적기업은 「사회적기업육성법」(고용노동부), 자활기업은 「국민기초생활보장법」(보건복지부)의 적용을 받는다. 마을기업은 행정안전부의 마을기업 육성사업 시행지침이 근거 규정이다. 그런데 사회적 경제 기업 중에는 협동조합 형태로 마을기업을 운영하거나, 자활기업을 운영하다 사회적기업[1] 인증을 받는 등 복합적인 성격을 띤 경우가 적지 않다.

사회적 경제는 1800년대 초 유럽과 미국에서 협동조합, 사회적기업, 상호부조조합, 커뮤니티비지니스 형태로 나타났으며, 우리나라에서는 1920년대 농민협동조합, 도시빈곤층의 두레조합 형태로 나타났다. 이후 1960년대 시작된 신용협동조합 운동, 1980년대 생활협동조합 운동이 일어났다.

1997년 외환위기 이후에는 구조화된 실업문제, 고용불안, 심화되는 빈부격차,

1) 사회적기업은 영리기업과 비영리기업의 중간형태로, 사회적 목적을 우선적으로 추구하면서 재화서비스의 생산 · 판매 등 영업활동을 수행하는 기업(조직)을 말한다.

심화되는 지역의 문제를 해결하기 위해 자활기업, 사회적기업, 마을기업, 자활기업협동조합 등의 조직으로 사회적 경제의 필요성이 강조되었다(사회적 경제 활성화 방안, 2017. 10.). 소셜 벤처 등 사회적 경제는 새로운 일자리 창출뿐 아니라 사회문제 해결과 사회적 가치 확산의 장으로 인식하고, 적극적으로 활성화하기 위해 마련되었다(안태욱, 2021).

이후 고용노동부를 중심으로 일자리 창출 사업의 일환으로 사회적기업이 논의되었으며, 이를 제도적으로 지원할 「사회적기업육성법」이 2007년 제정되면서 확산되었다. 고용노동부의 사회적기업 육성사업(2007), 행정안전부의 마을기업(자립형지역공동체사업, 2010), 농림수산식품부의 농어촌공동체기업 육성사업(2011), 지식경제부의 커뮤니티 비즈니스 사업(2010년 사업 중단) 등 주로 정부의 일자리 정책과 관련되어 이를 시행하기 위한 이론적 근거로써 사회적 경제는 의미를 가지기 시작했다(안윤숙 · 김홍주, 2019). 이와 같은 과정은 사회적 경제가 지역복지 측면에서는 시장경제의 문제를 보완할 수 있는 대안적 경제복지체제로 인식되게 하였다.

3) 사회적 경제의 목적

사회적 경제는 지역사회복지의 새로운 모델로서 관심을 받고 있다. 사회적 경제는 공공복지의 한계와 민간복지의 시장화로 인한 서비스 양극화 문제에 대응하기 위한 지역공동체 중심의 복지체계이다. 협동조합 등의 사회적 경제는 비슷한 문제와 욕구를 지닌 사람들이 함께 모여서 개인의 힘으로 해결할 수 없고, 또 정부에 의존하기 어려운 신사회적 위험(new social risk)에 효과적으로 대처할 수 있다(안윤숙 · 김홍주, 2019). 이러한 의미에서 사회적 경제의 목적을 살펴보면 다음과 같다.

서울시 사회적 경제 기본조례(2014) 제4조는 사회적 경제 기업의 목적으로, ① 조직의 주목적이 사회적 가치 실현, ② 민주적이고 참여적인 의사결정구조 및 관리 형태를 통해 개인과 공동체의 역량강화, ③ 주로 구성원이 수행하는 업무나 서비스, 활동을 토대로 하는 경제활동에서 획득되는 결과를 구성원이나 사회적 가치 실현에 사용하거나 그 수익을 자본보다는 사람과 노동에 우선하여 배분, ④ 경영의 투명성과 윤리성 준수 등을 강조하고 있다.

사회적 경제는 '새로운 일자리의 보고'로서 일자리 창출, 양극화 완화와 사회통합에 기여할 수 있다. 지속가능한 생태계 구축과 신속한 확산을 위해 인프라 확충과 진출분야 확대 등 두 갈래 전략(Two-Track)을 추진한다. 정부는 사회적 경제를 활성화하기 위해 금융접근성을 높이고, 판로확대를 지원하고, 인력을 양성하는 통합지원체계 구축을 정책기조로 삼았다. 또 소셜 벤처, 주거환경, 사회서비스, 문화예술, 가맹사업(프랜차이즈), 지역기반 연계 분야 등 사회적 경제 파급효과가 큰 분야를 집중 육성해 사회적 경제 저변 확대를 방향으로 설정했다.

4) 사회적 경제의 효과와 지역사회복지의 관계

(1) 지역사회문제 해결

사회적 경제는 지역사회의 경제활동 주체 간 협력과 연대, 자발적 참여를 바탕으로 사회서비스 확충, 복지증진, 일자리 창출, 지역공동체 발전, 기타 공익에 대한 기여 등 사회적 가치를 창출하는 모든 경제활동을 의미한다(조용준, 2020).

현실적으로 보면 지역사회 내의 소규모 기업과 상점 등의 경쟁력이 약화되면서 지역사회가 공동화되고 기초적인 공공서비스나 사회서비스가 지역주민에게 제공되지 못하는 상황이 발생하고 있다. 이런 상황에서 사회적 경제는 지역주민의 참여와 조직화로 스스로 문제를 인식하고 자율적인 노력을 통해 자본과 재화, 서비스의 이용을 가능하게 할 수 있다.

현재 우리나라에는 협동조합 · 사회적기업 등 3만 개에 육박하는 다양한 사회적 경제 기업이 존재한다. 이들은 취약계층 일자리 창출, 사회서비스 제공, 자원 순환 등 사회적 가치를 추구하는 경제 활동을 통해 국가나 시장이 풀기 어려운 사회문제를 해결하는 데 중요한 역할을 해 왔다.

(2) 지역사회의 인적 · 물적 자원 활용

지역사회의 성장과 발전은 지역사회주민과 자원이 충분하게 동원되는 것이 바람직하다. 하지만 저출산 · 고령화 현상으로 인구구조가 변화하고 복지욕구가 증가하고 있다. 따라서 지역사회 경제 주체들의 적극적인 참여로 민간재원을 확보하고 다양한 지원수단을 통하여 사회적 수요를 충족할 수 있는 복지경제체제가 필요한 상황이다. 정부는 2019년 1월 민간 주도 사회가치 연대기금을 설립 · 출범시켰다. 사회적 금융 수요에 맞게 출자 · 대출 · 출연 등 다양한 사업을 탄력적으로 수행할 수 있게 민간기금 설립을 추진하고 재원은 민간의 자발적 기부 · 출연 및 출자 등을 통해 확보하며 정부로부터 독립성, 지속가능성, 책임성, 투명성 등을 확보한다(장순철, 2023).

(3) 사회적 약자의 복지 보장

사회적 경제는 사회적 약자인 청년층이나 경력단절 여성 등의 경제적 역할을 위한 제도적 기반을 마련하기 위한 것으로 현대 사회의 다양한 사회적 문제를 해결할 수 있는 좋은 대안이 될 수 있다(조용준, 2020). 하지만 시장이 경제적 생산성을 강조하여 시장의 경쟁구조에 적합하지 못한 시민들은 사회적 배제를 경험할 수밖에 없는 실정이다. 따라서 지역사회에서 경제적 역할을 고민하고 있는 주민들이 사회적기업, 협동조합, 소셜 벤처 등의 창업으로 다양한 고용이 발생하여 일자리 창출에 기여하며, 생산과 소비의 촉진으로 경제 활성화를 촉진할 수 있다(안태욱, 2021).

특히 지역자활센터, 장애인공동작업장, 시니어클럽 등이 참여자들이 자립적인 생활 기반을 조성하기 위한 사회적 경제 조직으로써의 역할을 담당하고 있으며, 시장을 지속적으로 확대하고 있다.

5) 지역사회복지 활성화를 위한 사회적 경제의 발전 방안

(1) 지속적인 사회적 가치 추구

지역사회복지는 지역주민의 삶의 질을 강화하고 공동체를 강화하는 목표를 가지고 있다. 사회적 경제도 다르지 않다. 「사회적기업육성법」에서는 취약계층에게 사회서비스나 일자리를 제공해 지역주민의 삶의 질을 높이는 등의 사회적 목적을 추구하면서 재화와 서비스의 생산·판매 등 영업활동을 하는 기업으로서 고용노동부 장관의 인증을 받은 기관으로 정의하고 있다. 사회적 기업은 사회서비스를 제공하고 취약계층에게 일자리를 창출하는 등 사회적 목적을 조직의 주된 목적으로 추구한다.

(2) 사회적 경제 생태계 · 기반 조성을 위한 지원 체계 확충

사회적 경제는 지역사회의 경제 구조를 변화시키는 혁신이다. 사회적 경제는 지역사회의 특성을 살리고 지역주민의 삶의 질을 강화하는 토대가 될 수 있다. 하지만 중앙정부의 적극적인 의지가 동반되지 않으면 성과를 발휘하기 어렵다. 중앙정부는 사회적 경제를 활성화할 수 있는 법적 근거 마련를 마련하고 생태계 기반 조성을 위한 재정을 적극적으로 지원하여야 한다.

(3) 관련 조직의 협력적 네트워크 구축

지역사회복지는 다양한 지역사회의 조직들이 연계하고 협력하여 공동의 성장과 발전을 추구한다. 이를 추구하기 위하여 사회적 경제는 지방정부와 지역 민간조직, 민간조직 간, 개인 간의 협력적 네트워크를 구축하여야 한다. 사회적 경제 활성화를 위해 자치단체와 지역현장 추진기반을 구축하고, 현장 중심 생태계를 조성하여야 한다. 지역 현장의 공동체가 정부 유관 정책에 참여하도록 개선하고, 정책 · 사업을 주기적으로 안내하여야 한다.

(4) 사회적 경제 분야 인적자본 축적을 위한 전문 인재양성

지역사회의 문제는 전통적 위험과 신사회 위험이 공존하고 있다. 이러한 사회문제를 해결하기 위하여 지역사회에서 새로운 지역공동체를 형성하고 발전시키는 것이 효과적이며, 사회적 경제에 참여할 인적자본을 육성하여야 한다. 사회적 경제의 지속적인 성장을 위해 젊고 유능한 인재가 참여할 수 있는 환경을 조성하여야 한다. 정부와 지방자치단체는 유능한 인재 유입을 위한 기초 소양교육, 단계별 취·창업지원, 기업 종사자 대상 경영·회계 등 실무교육을 세분화하여 추진할 수 있도록 지원하여 기초교육 → 창업지원 → 마케팅 등 실무교육 → 경영·상품개발 등의 인재양성 고도화 전략을 마련하여야 한다.

(5) 자생력 강화 및 역량강화

사회적 경제는 시장이나 정부와 다른 기능과 역할을 가지고 있다. 사회적 경제는 정부로부터 인건비와 사회보험료 등을 지원받으며 취약계층의 일자리를 창출하는 공적 기능을 가지고 있지만 정부의 지원이 중단되거나 감소하면 조직의 생존이 심각하게 위협을 받는다. 또 사회적 경제에 자립에 필수적인 시민들의 윤리소비 등이 지속적으로 공감대를 형성하지 못하는 경우에도 조직은 생존을 위협받는다. 즉, 시장과 정부는 막강한 자원과 조직을 가지고 지역사회를 통제하고 있기 때문에 사회적 경제가 외부 체제로부터의 영향력을 최소화하면서 지속가능한 체제를 구축하기 위하여 자생적 역량을 강화하여야 한다.

Chapter

08

지역사회복지실천과정

1. 문제발견과 사정
2. 목표 수립
3. 실행
4. 종결 및 평가

Chapter 08

지역사회복지실천과정

지역사회복지의 실천과정은 사회복지의 실천과정을 지역적 특수성에 부합되게 전개하는 것이므로 우선적으로 지역사회의 환경적 특성을 파악하는 것이 필요하다. 지역사회의 환경적 특성이 지역사회의 문제와 해결과정에 큰 영향을 미치기 때문이다. 이러한 과정을 통하여 지역사회의 문제를 발견하고 사정하며, 문제해결을 위하여 목표를 수립하고 목표 달성을 위하여 대안을 선정하는 과정을 거친다. 실행과정은 지속적 사정을 통하여 수정이 이루어지며, 실행이 끝나면 종결과정 및 평가과정을 거친다.

1. 문제발견과 사정

1) 지역사회사정의 개념

지역사회의 문제는 지역주민의 가치에 의해 정의되는 경향이 강하다. 일반적으로 지역사회는 사회적 안정과 질서유지를 위하여 사회적 규범을 정하는데, 사회적 규범을 위반하는 것이 사회문제라고 할 수 있다. 하지만 사회적 상황에 따라 사회적 규범이 변화하기 때문에 모든 사회문제를 사회적 규범에 의해 통제할 수 없다. 따라서 지역사회의 문제는 지역주민의 가치에 의해 절대적 영향을 받기도 한다.

따라서 지역사회의 문제를 규정함에 있어서 중요하게 인식하여야 할 것은 지역주민이 고통받고 있는 현재의 문제와 지역주민에 의해 표출된 불만을 중심으로 문제를 발견하는 것이다. 다만, 사회복지사는 문제를 어떻게 규정하고 정의할 것인지를 분명하게 인지하고 있어야 한다. 지역주민의 가치에 따라 문제를 인식하는 수준은 다르기 때문에 전체 주민이 이해할 수 있는 기준을 제시하는 것이 바람직하다.

그리고 지역사회의 문제를 해결하기 위해서는 지역사회의 특성을 정확하게 파악하는 지역사회사정이 중요하다. 지역주민이 사회문제를 어떻게 인식하고, 어떻게 대응해 왔는지, 그리고 문제해결을 위한 주민의 의지와 적극성은 어느 정도인지를 사회복지사가 파악함으로써 욕구를 파악하고 목표를 수립하기 용이하다(박태영, 2008: 85-86).

지역사회사정에는 사회문제와 관련된 사항 외에도 지역사회의 발전과정, 정치사회구조, 경제적 상황, 사회문화적 상황을 중심으로 파악하는 것이 중요하다(김범수 · 신원우, 2006: 129-131).

지역사회문제와 관련된 환경적 요소를 전반적으로 파악하는 것은 지역사회가 나름대로의 독특성을 가지고 다른 지역사회와 구분되는 정체성을 형성하고 있기 때문이다. 이러한 정체성은 지역주민 간의 오랜 상호작용으로 형성된 의식과 문화로 나타난다. 따라서 지역사회를 사정하기 위하여 지역사회의 형성과 발전을 나타내는 역사, 문화, 지리, 산업, 주택, 만남, 인구, 의식, 네트워크, 구조 등을 정확하게 파악할 필요가 있다.

지역사회의 배경을 파악한 후 지역사회의 문제와 욕구를 중심으로 관련된 정보를 조사하고 분석하여야 한다. 지역주민의 관심도, 의지 그리고 역량을 파악하여 분석하여야 하며, 지역주민의 자체적 노력으로 문제를 해결할 수 있는 전략을 수립할 수 있도록 정보를 획득하는 것이 중요하다.

따라서 지역사회사정은 문제 상황이 발생한 지역은 어디인지, 얼마나 많은 사람이 직 · 간접적으로 고통받고 있는지, 주민의 생활에 어느 정도 영향을 미치고 있는지, 상황은 어느 정도 지속되고 있는지, 문제로부터 이익과 손해를 보는 집단은 누구인지, 문제에 대처해 온 방법은 무엇인지, 지역주민의 문제해결 의지와 능력은 어느 정도인지, 그리고 주민의 자발성은 어느 정도인지를 분명하게 파악하는 것이 필요하다.

2) 지역사회사정의 내용

(1) 욕구 파악

지역사회사정에서는 지역사회의 문제와 지역주민의 욕구를 우선적으로 파악하여야 한다. 지역사회의 문제와 욕구는 공통적 형태의 집단 가치를 보유하며, 현재의 상황에 대한 불만의 표현이라고 볼 수 있다. 따라서 욕구는 지역주민의 표현된 욕구를 중심으로 파악하여야 하며, 전문가에 의한 규범적 욕구를 반영할 수 있어야 한다. 다만, 여기에서 고려하여야 할 사항은 지역주민 전체가 항상 대상이 되는 것이 아니므로 문제를 가진 표적집단을 선정하여야 한다는 것이다.

브래드쇼(Bradshow)는 규범적 욕구, 표현된 욕구, 인지된 욕구, 비교된 욕구 등의 네 가지 욕구론을 설명하고 있는데, 이 중에서 가장 우선적으로 파악해야 할 욕구는 표현된 욕구이며, 전문가의 규범적 욕구를 통하여 지역주민의 잠재되어 있는 인지된 욕구를 표현할 수 있어야 한다. 비교된 욕구는 상대적 욕구로서 수준의 차이를 중심으로 설명하고 있다.

지역주민의 욕구는 표적집단을 중심으로 인구 구성과 특성, 표적집단이 표현한 욕구와 인지된 욕구, 그리고 표적집단이 지역사회에 대한 인식 등을 파악함으로써 문제의 역동을 파악할 수 있다. 구체적 표적집단을 파악하기 위하여 인구학적 통계자료를 활용하고 표적집단의 지리 및 사회환경적 특성을 파악하는 것이 필요하다.

따라서 욕구를 가진 집단을 분명하게 파악하는 것이 중요하다. 표적집단은 프로그램이 수행되어야 하는 직접적 대상이므로 구체적이고 명확하게 설정하는 것이 효과적이다. 예를 들어, ○○구 노인보다는 ○○구 치매노인, ○○구 수급자인 치매노인이라는 대상 표집이 아주 구체적인 표현이다.

(2) 자원 파악

지역사회는 유기적 협력과 연대를 통한 상호 의존적 관계를 가지고 있다. 지역사회의 문제는 한 개인의 노력만으로는 해결 불가능하고 많은 지역주민이 참여함으로써 가능하다. 지역사회는 공동체를 구성하고 모든 사람이 상호 의존하며 함께 살아가는 생활공간이다.

지역주민은 지역사회를 통해서 생활에 필요한 자원을 확보한다. 이는 반대로 지역사회의 다양한 자원을 활용하여 지역사회문제와 지역주민의 욕구를 해결하여야 한다는 것을 의미한다. 자원은 지역사회의 내·외부에 존재하는 것으로서 지역사회의 삶을 개선할 수 있는 모든 것–유형·무형, 인적·물적, 내적·외적, 비공식적·공식적 자원–을 통칭한다. 자원의 정도와 영향력을 파악하기 위하여 지역사회자원지도를 특성별로 구분하여 작성하는 것도 좋은 방법이다.

지역사회문제를 해결하는 데 필요한 인적 자원은 가장 기본적으로 문제를 제기한 사람이다. 이들은 문제로부터 고통을 직접적으로 당하고 있거나 문제를 최초로 발견한 사람이며, 문제를 해결하고자 하는 의지가 강하다. 그리고 문제해결에 관심을 가지고 있는 변화 주도 세력은 지역주민에게 변화에 대한 필요성을 알리고 실천하는 데 중요한 자원이 된다. 지역사회의 문제는 지역주민의 공통의 문제이기 때문에 문제해결에 동참할 수 있는 지지자들의 후원이 매우 중요하다. 이들의 지지는 문제해결의 추동력이 될 수 있으며 조직의 사기를 진작하는 데 매우 큰 도움이 된다.

(3) 지역사회의 특성 파악

지역사회의 특성에는 인구사회학적 특성, 주민의 가치 및 의식구조, 권력구조 및 사회적 자원의 파악이 이루어질 수 있다. 지역사회는 다른 지역사회와 구분되는 동질적 특성을 가지고 있으며, 이러한 특성을 중심으로 지역주민은 소속감을 가지고 집단응집력을 높일 수 있다. 지역사회의 지리적 특성은 지역주민의 상호작용의 범주를 파악할 수 있으며 개방성의 정도를 알 수 있다는 점에서 필요하다.

지역사회의 역동성을 파악하기 위하여 지역사회의 중심된 가치와 신념체계를 파악하는 것도 필요하다. 지역사회의 인구학적 특성과 사회문제도 밀접한 관련성을 가지고 있기 때문에 기본 내용을 파악할 필요가 있다.

2. 목표 수립

1) 목표 수립의 원칙

목표는 일을 수행하기 위한 방향이며, 해결하여야 할 과제이기 때문에 구체적으로 해결하여야 할 내용이 무엇인지, 어느 정도 진행되고 있는지를 분명하게 명시하여야 한다. 좋은 목표는 구체적 내용, 측정 가능, 성취 가능, 시간적 한계 명시, 세부 목표와의 연관성, 도전적인 것이 포함되어야 한다.

목표 수립의 주요 원칙을 보면 목표를 명확하게 설정하여야 한다. 과업(문제)

과 표적집단을 명확하게 선정함으로써 해결하여야 할 과업을 분명하게 제시하여야 해결방안을 명확하게 나타낼 수 있다. 즉, 구체적 쟁점에 초점을 두어야 한다. 재정, 인력의 한계가 있기 때문에 지역사회의 모든 문제를 동시에 해결할 수 없다는 점도 인식하여야 한다. 따라서 단계적으로 목표를 설정하는 것이 바람직하며, 하나의 프로그램은 가능한 한 하나의 문제를 해결하는 데 역점을 두어야 한다.

지역사회복지의 목표는 지역주민의 적극적 참여가 필수적이므로 지역주민이 문제해결에 중요한 사람이라는 공감대를 형성하여 적극성, 자율성, 자조를 유도한다. 또 시간적 경계를 분명하게 제시하여 프로그램 진행에 관한 일정을 예정할 수 있어야 한다.

2) 목표의 내용

목표는 해결하여야 할 과제를 명시한 것이므로 변화 가능성을 예측할 수 있어야 하며, 변화를 위한 사회적 자원을 명시하여 동원할 수 있어야 한다. 이를 위하여 다양한 경험을 축적하는 것이 바람직하며, 유사한 목표를 해결한 사례를 다양하게 분석하는 것이 바람직하다. 경우에 따라서는 사회적으로 바람직한 목표라고 하더라도 사적 이익에 따라 경쟁자나 적대감을 가진 반대자가 존재하기 때문이다.

목표는 결과목표와 과정목표로 구분될 수 있으나 최근에 공동모금회의 양식은 성과목표와 산출목표로 구분하여 설명을 하고 있다. 성과목표는 프로그램에서 특정 활동이 지역주민에게 미친 영향, 즉 변화 정도를 의미한다. 성과는 활동 내용이나 실적이 아니라 결과의 양과 질을 통하여 목표를 성취한 정도를 의미하는 것이다. 설정한 목표의 달성 정도를 나타내는 것으로 활동의 결과를 현실적으로 성취 가능한 수준에서 측정할 수 있는 기준을 제시하는 것이 좋다. 성과목표는 지역주민에게 예상되는 이익으로서 행동, 지식, 태도, 조건의 변화를 포함한다.

산출목표는 프로그램 시행을 통해 발생하는 결과물이다. 바람직한 성과를 획득하기 위하여 실시되는 활동을 의미하는 것으로 지역주민에게 미치는 영향이나 변화를 나타내는 것이 아니다. 산출목표는 프로그램을 시행하기 위한 구체적 일정이 반영되어야 한다.

3) 대안 모색 및 선택

대안 모색은 지역사회문제와 상황을 파악하여 이를 해결할 수 있는 다양한 방법을 찾기 위한 탐색과정을 의미하는 것으로 여러 가지 해결방안을 제시하고 가장 현실적이고 실현 가능한 최선의 방안을 모색하기 위한 과정이다. 프로그램의 활동 내용이 목표를 달성하기 위한 수단이라면 대안은 여러 가지 프로그램 하나하나를 지칭하는 것이다. 대안 모색의 방법은 과거의 경험적 프로그램, 타 지역의 유사 프로그램, 지역사회복지의 이론과 방법, 토의 등을 통하여 이루어진다(박경일, 2007: 239). 미래 예측, 비용 효과 등의 비교 분석, 모의 실험 등을 통하여 가장 바람직한 대안을 선택하며, 합리적이고 기술적인 성격이 강조된다.

3. 실행

프로그램의 실행은 주요 인력을 확보하고 조직화된 집단의 집행부를 구성하며, 실행에 필요한 재원을 확보하는 것으로 준비과정이 이루어진다. 지역주민 중에서 가장 핵심적인 인력을 반드시 확보하여야 하며, 지역주민 안에서 토착적 지도자를 발굴하여 집행부를 구성하며 프로그램 실행에 필요한 재원을 확보하는 것이다. 그리고 홍보활동, 주민조직화 및 자원 동원, 연계 협력적 활동, 협상 및 사회행동을 실행한다.

1) 홍보활동

지역사회의 문제는 시급한 정도의 차이는 있지만 지역주민이 해결되기를 바라는 것으로 모든 지역주민에게 알려서 공유할 필요가 있다. 지역주민이 심정적으로는 문제해결을 간절히 바라고 있지만 주어진 환경이 직접 실천에 어려움을 준다는 점에서 문제의 공유과정은 필수적이다. 따라서 지역주민의 적극적 참여를 독려하고 자발적으로 문제해결에 나설 수 있도록 하기 위해서는 지역주민과 문제의식을 공유하고 문제를 어떻게 해결할지를 나누는 의사소통과정이 반드시 필요하다.

이러한 의사소통과정을 통하여 문제해결의 필요성과 정당성을 지역주민에게 알려야 한다. 그 방법으로는 일반적인 것이 매스컴을 활용하는 것이다. 신문, 텔레비전, 라디오, 잡지, 주민 소식지, 리플릿, 인터넷 등을 최대한 활용하여 지역주민과의 공감대를 형성하는 노력이 홍보활동이다. 또한 매스컴만큼 광범위하지는 않지만 지역주민과 직접 대면할 수 있으면 홍보 효과는 아주 높다. 주민 좌담회, 반상회, 각종 모임, 비공식적 모임에서 문제를 설명하고 해결방법을 공유하는 것이 더욱 바람직하다.

2) 조직화 및 자원 동원

지역사회의 문제해결 주체는 지역주민이어야 한다. 하지만 모든 지역주민이 문제해결에 적극적인 것은 아니다. 따라서 지역주민이 문제해결에 참여하는 것은 문제해결에 있어서 가장 중요한 관건이 된다. 이를 위하여 주민조직, 단체를 육성하고 강화하여야 하며, 지역 내의 리더를 개발하고 민주적 의사수렴과정을 수립하여 지역주민에게 신뢰를 형성하는 것이 중요하다.

조직화의 정도가 미약할 때에는 지역 내의 다른 조직이나 단체 등과 연계하는 것이 바람직하다. 하지만 지역주민의 참여를 강제적 방법에 의존하는 것은 한계가 분명하기 때문에 바람직하지 않다.

3) 연계 협력

지역사회 내의 문제해결을 위한 조직은 단 하나의 조직만으로는 충분한 효과를 발휘하기 어렵다. 문제와 관련된 다양한 조직체가 연대하여 활동함으로써 효과성을 높일 수 있다. 물론 경우에 따라서는 협력체 및 연대 자체가 목적이

될 수도 있다. 즉, 여러 개의 하위조직으로 구성된 조직이라면 하위 조직 간의 연락 업무도 매우 중요하다. 각 하위조직 간의 의사를 통일하여야 각 조직에 도움이 될 수 있는 협력체를 구성할 수 있다. 따라서 하위조직 간의 연계 협력 활동은 문제해결을 위한 공감대 형성과 목표를 공유할 수 있다는 점에서 매우 필요하다.

4) 협상 및 사회행동

지역사회의 문제를 해결하는 과정에서 모든 주민의 적극적 호응을 얻기는 어렵다. 오히려 이해관계에 있는 당사자 간에 갈등을 일으킬 수 있다. 실행과정에서는 이러한 갈등을 협상하거나 협상을 유리하게 전개하기 위하여 사회행동이 필요하다.

4. 종결 및 평가

지역사회의 문제해결을 위한 구체적 목표가 수립되고 실행된 이후에는 지금까지의 활동을 중심으로 목표 달성 정도와 추진과정에 대한 평가가 이루어진다. 평가는 과정평가와 결과평가로 구성되며 결과평가는 산출평가와 성과평가로 이루어진다.

산출평가는 프로그램의 실행이 끝난 뒤에 생산된 단위의 양과 수로 측정한다. 산출목표는 목표량과 관련된 지표들로 행동 지향적이고 측정 가능한 것을 기준으로 한다. 단, 산출목표는 질적인 결과를 파악하기는 어렵다. 성과평가는 프로그램과 연관된 질적 결과를 의미하는 것으로 프로그램이 당초에 의도한 목표뿐만 아니라 지역주민에게 나타나는 의식, 가치, 행동의 변화 등도 포함한다.

일반적으로 평가과정은 프로그램 결과를 중심으로 효과성과 효율성을 평가하며, 대상과 서비스의 내용을 중심으로 적절성과 형평성을 평가한다. 평가 결과는 프로그램의 수정이나 폐지 등의 계속성 여부를 판단하는 중요한 기준이 되며, 의도하는 결과에 따라 활용 수준이 달라질 수 있다.

평가의 단계는 다음의 과정을 거친다.

- 관계당사자 참석: 진행 및 참여자, 대상자, 직원, 후원자 등
- 프로그램 기술: 목적과 목표, 방법 및 과정, 결과
- 평가계획의 수립: 평가 방향과 절차, 용도, 사용자
- 자료 및 증거 수집: 보고서, 일지, 명단, 설문결과
- 결론의 분석: 목표에 따른 결과, 의도하지 않은 결과
- 결과의 활용: 평가가 의도하거나 목적시한 것

Chapter

09

사례관리

1. 사례관리의 의미
2. 사례관리의 기본 원칙
3. 사례관리의 적용과 운영체계
4. 사례관리방법
5. 사례관리 발전방안

Chapter

사례관리 09

1. 사례관리의 의미

사례관리(case management)는 시설 중심의 사회복지서비스가 클라이언트의 욕구 다양화, 권리보호, 문제해결역량, 비용효과성 등에 대한 의문이 제기되고, 탈시설화 경향이 증대하면서 등장하였다. 탈시설화는 사례관리자가 지역사회에 거주하는 클라이언트에게 포괄적으로 서비스를 제공하는 공사의 기관들이 서로 연계하고 협력할 수 있는 환경을 필요로 한다. 사례관리는 종래의 단편적인 서비스로 대응할 수 없는 만성적이고 복합적인 클라이언트 문제를 지역사회의 자원을 동원하고 연계하여 클라이언트의 기능을 보완하고 지원하기 위한 서비스이다.

1) 포괄적 서비스

사례관리는 지역사회보호의 일환으로 만성적이고 복합적인 욕구를 가진 사람에게 지속적으로 포괄적 서비스를 제공하기 위한 접근방법이다. 사례관리는 개별 사회복지시설의 서비스가 복합적인 개인의 욕구를 충족시킬 수 없어 지역사회의 다양한 자원을 연계하여 개인의 존엄과 선택권을 보장하기 위한 포괄적 접근방법이다.

사례관리는 치료보다 케어의 개념이 큰 사회적 지원망으로서, 클라이언트의 개별적 욕구를 파악하여 전문 사회복지사에 의해 클라이언트와 그 가족의 욕구를 사정하며, 다양한 서비스 패키지를 배정, 조정, 점검, 평가, 옹호하여 클라이언트의 능력과 환경을 조정하여 통합적으로 서비스를 제공한다.

2) 사회적 지원망

클라이언트의 복잡하고 다양한 욕구는 개별 사회복지시설의 역량만으로 해결하기 쉽지 않다. 특히 지속적인 서비스가 필요한 경우에는 다른 기관의 지원이 반드시 필요하다. 사례관리는 클라이언트의 복합적인 문제를 효과적으로 해결하기 위하여 지역사회의 자원을 연결시켜 서비스 제공기관의 역량을 높일 수 있게 서비스 전달체계를 구축하는 것이 중요하다. 이를 위하여 다양한 서비스 제공기관 간의 연계와 협력을 강조하며 도움이 필요한 개인에게 가능한 한 최적의 자원과 서비스를 제공하고자 하는 실천 기술이다.

다양한 기관의 협력과 연계뿐만 아니라 개별 시설 내의 부서 간 혹은 담당자

간 협력과 연계가 필요하다. 즉, 개별 기관의 역량과 자원의 한계를 극복하기 위한 노력이 네트워킹을 통해 해결할 수 있으며, 궁극적으로 인적 · 물적자원을 공유하고자 하는 의도를 가지고 있다.

3) 클라이언트 역량 강화

사례관리는 만성적이고 복합적인 문제를 가진 클라이언트가 지속적으로 서비스를 이용할 수 있게 서비스를 제공한다. 또 사례관리는 클라이언트가 사회복지사의 도움 없이 일상생활에 적응할 수 있도록 개별화된 서비스를 제공한다. 물론 클라이언트의 욕구에 맞는 서비스를 통합하여 제공하여 서비스의 대응성과 효과를 높이고 있다.

다만 클라이언트의 역량을 강화하여 스스로 문제해결에 참여할 수 있도록 동기를 부여하는 것이 필요하다. 특히, 노인 및 장애인은 당사자의 자기결정을 통하여 자립을 강화하고 보건 · 복지 · 의료를 연계하여 역량을 강화할 수 있도록 지원한다. 따라서 사례관리는 클라이언트의 욕구와 서비스가 일치될 때 의도하는 효과를 얻어 낼 수 있는 실천방법이다.

2. 사례관리의 기본 원칙

사례관리는 클라이언트의 욕구를 파악한 후 필요한 서비스 목록을 작성하고 서비스의 우선순위를 정하며, 서비스 제공 기관을 연계하여 서비스를 실행한다. 클라이언트의 복합적 문제는 일회적 서비스나 단기간에 해결될 수 있는 것이 아니기 때문에 다양한 측면에서 서비스 제공 계획을 수립하여야 하며, 다음과 같은 원칙을 고려할 수 있다.

1) 서비스의 개별성

클라이언트의 문제는 개인의 경험, 환경, 그리고 대응 노력 등에 의하여 다른 사람의 문제와는 차이가 있다. 사례관리는 전통적인 사회 위험을 해결하기 위한 접근방법이 아니라 개인의 심리적 혹은 정서적인 문제를 비롯하여 일상생활을 지원하거나 사회적 활동을 지원하기 위한 것으로서 개별화된 서비스를 제공하는 특성을 가지고 있다(김만호 · 정일교, 2022). 따라서 클라이언트의 성향과 특성을 이해하고, 개별적으로 서비스를 제공하는 것이 효과적이다.

2) 서비스의 포괄성

사례관리에서 클라이언트의 문제는 심리적인 문제를 포함하여 일상생활에서 다양하게 발생하고 있다. 클라이언트의 다양한 욕구를 해결하기 위하여 다양한 서비스 기관들이 연계하고 협력하여 포괄적으로 다루는 것이 바람직하다. 즉, 클라이언트에게 가능한 한 최적의 자원과 서비스를 제공하기 위하여 서비스 제공시설 및 기관 간 연계와 협력을 강조하는 포괄적 접근방법이다.

3) 서비스의 지속성

사례관리는 단기간에 제공되는 서비스가 아니라 만성적이며 복합적인 문제를 해결하기 위하여 지속적으로 서비스를 제공한다. 클라이언트에 대한 사정을 근거로 하여 문제해결 전략을 모색하고 지속적으로 서비스를 제공한다(김만호 · 정일교, 2022). 클라이언트의 문제는 만성적이고 복잡하여 단기간에 해결하기 어렵기 때문이다. 다양한 클라이언트의 문제를 중요한 수준에 따라 우선순위를 정하고, 지속적으로 서비스를 전달하는 것이 적합하다.

4) 서비스의 접근성

클라이언트는 일상생활 문제를 해결하기 위하여 서비스에 접근하기 쉬워야 한다. 지역사회 내에 존재하는 다양한 서비스 시설과 기관을 통하여 클라이언트의 복합적인 문제를 해결할 수 있다. 접근성은 지역적인 측면, 윤리적인 측면, 비용적인 측면, 프로그램 측면, 그리고 클라이언트의 참여적인 측면 등을 고려하여 서비스 접근성을 강화하여야 하며, 사례관리의 서비스 체계에 대한 신뢰를 높여야 한다.

5) 서비스 연계성

사례관리는 개별 서비스 기관의 노력으로 클라이언트의 복잡한 문제를 해결하기 어렵다. 클라이언트의 욕구에 맞는 서비스를 제공하기 위하여 클라이언트의 능력과 환경을 조정하고 제공된 서비스를 점검하고 평가한다. 따라서 클라이언트의 문제 해결에 필요한 서비스 정보를 제공하고 연결하여 서비스의 효과성을 높일 수 있도록 중개하여야 한다. 서비스 제공기관은 클라이언트의 문제를 해결할 수 있도록 지역사회의 서비스 기관을 적절하게 연계하여야 한다.

6) 클라이언트의 자율성

사례관리는 전문가의 프로그램과 클라이언트 욕구가 일치될 때 의도하는 효과를 얻어 낼 수 있는 실천방법이다. 다만, 사례관리는 클라이언트의 문제를 수용하고 문제해결에 대한 클라이언트의 의지와 역량을 강화하는 것이 중요하다. 이 과정에서 클라이언트의 주체성과 자기결정을 존중하며, 자율적으로 문제해결과정에 참여할 수 있도록 지원하여야 한다.

3. 사례관리의 적용과 운영체계

사례관리는 클라이언트, 사회자원, 사례관리자로 구성되는데, 클라이언트는 다양한 욕구를 가진 지역주민이거나 자원 활용방법을 잘 모르는 사람이다. 사회자원은 대상자의 욕구를 충족시키기 위한 유·무형의 자원이며, 사례관리자는 대상자의 욕구와 사회자원을 연결하는 역할을 수행한다.

1) 사례관리의 적용

(1) 일반적인 적용

사례관리의 적용은 사정 단계에서 개별화된 접근의 형태로 이루어지되 포괄적 서비스를 제공하는 것이 기본이다. 사례관리의 환경은 개별 서비스 기관의 역량을 강화하고 다른 기관과 서비스를 적극적으로 연계하여 문제해결 중심적으로 통합되어야 한다. 필요한 경우 다른 어떤 내부 업무보다 우선적으로 서비스가 제공되어야 실현 가능성이 높으며, 그렇지 않은 경우 내실 없는 네트워킹이 되어 실제적으로 큰 도움이 되지 않는 경우가 많다. 따라서 지역사회의 공적 자원과 민간 자원을 다양하게 끌어들이되 하나의 팀처럼 서비스를 연계하고 조직하는 것이 바람직하다.

따라서 문제사정에 있어서 가급적이면 약점이나 결점이 아닌 강점, 역량, 지식에 바탕을 두고 개인의 역량을 증대시킬 수 있도록 하며, 시설 내외의 가용자원이 충분하지 않더라도 무한한 가능성을 지닌 자원으로 인식하고, 개인과 시설 모두 성장과 변화의 가능성이 있다는 점을 강조할 필요가 있다(박정임, 2002: 19-20). 이는 사례관리가 문제해결과정에서 이용자 개인과 사회복지사의 적극적 협력 및 활동으로 충분한 역량을 형성할 수 있음을 강조하기 때문이다. 이러한 측면을 고려하여 시설이 보유하고 있는 내·외적 자원의 정도, 시설 내의 서비스 통합성 정도에 따라 여러 가지 형태로 사례관리가 적용될 수 있다.

(2) 자원 및 서비스에 따른 적용

사례관리는 서비스 기관의 역량과 지역사회자원의 협력 정도에 따라 서비스를 다르게 적용할 수 있다. 자원이 많고 서비스의 통합도가 높은 경우에 필요한 서비스를 선택하고 연계할 수 있다. 이용자의 욕구와 문제를 해결할 수 있는 자원이 많다면 별다른 어려움이 없다. 욕구에 부합되는 서비스를 선택하면 되기 때문이다.

자원은 충분하지만 서비스의 통합도가 낮은 경우에 서비스를 중개하는 것이 바람직하다. 이용자의 욕구를 해결할 수 있는 자원은 많지만 서비스의 통합성이 낮다면 서비스를 중개하는 프로그램이 필요하다. 따라서 다양한 자원 가운데 서비스의 집중성을 강화할 수 있는 프로그램으로 자원 간 중개 노력이 요구된다.

자원은 희소하지만 서비스의 통합도가 높은 경우에 서비스를 적정하게 배분하여 이용할 수 있다. 이용자의 욕구를 해결할 수 있는 자원이 희소하다는 것은 지역사회 내에 다양한 자원이 존재하지 않는다는 것을 의미한다. 그리고 서비스의 통합도가 높다는 것은 소수의 기관이 여러 가지의 서비스를 제공하고 있다는 것을 의미한다. 따라서 서비스를 배분하는 노력을 기울임으로써 소수에게 서비스가 집중되지 않도록 하는 노력이 필요하다.

자원이 희소하고 서비스의 통합 수준이 낮은 경우에 새로운 서비스를 개발하는 것이 바람직하다. 이와 같은 유형은 대다수의 사회복지시설이 안고 있는 문제라고 할 수 있다. 시설 내의 자원과 프로그램이 미약하여 자체적으로 해결할 수 있는 경우가 거의 없기 때문에 외부에 존재하는 다양한 자원을 개발하고 동원하고 이를 패키지화하는 노력이 필요하다.

일반적으로 지역사회복지 환경은 충분한 자원을 가지고 있지만 서비스의 통합 수준이 높지 않다. 일반적으로 지역사회 내에 여러 형태의 조직과 기관이 존재하고 있기 때문에 서비스를 연계하여 통합적인 서비스가 제공된다면 사례관리의 효과를 극대화할 수 있다.

대다수의 사회복지시설은 서비스의 연계 정도가 부족하고 사회복지사의 활동이 내부적 업무에 치중되어 개별적으로 서비스를 제공하는 경향이 많다. 따라서 효율적인 사례관리실천을 위하여 사회복지사의 역할을 다양하게 분류하고 서비스를 개발할 수 있도록 역량을 강화하는 노력이 필요하다.

2) 사례관리의 운영체계[1]

사례관리 운영체계는 기관 내부 조직으로 사례관리자, 사례관리팀, 전문 슈퍼바이저가 있다. 사례관리 운영체계를 효율적으로 구축함으로써 사례대상자의 발굴, 의뢰, 연계가 활발하게 진행될 수 있다. 또한 대상자를 원조하는 데 있어 서비스 제공기관 간의 협력을 강화할 수 있으며, 지역사회 자원을 원활하게 동원할 수 있다.

1) 김만호 · 정일교(2022). 사례관리의 이론과 실제를 참조함.

(1) 사례관리자

사례관리자는 사례대상자와 가족을 대상으로 초기 정보 수집 및 사정, 개입 계획의 수립과 조정 및 점검, 평가, 종결 등 사례관리의 전 과정을 총괄하는 실천 전문가다. 사례대상자와 사회적 자원을 효과적이고 체계적인 방법으로 연계하는 역할을 수행한다. 사례관리자가 연결한 사회자원을 사례대상자가 활용하여 욕구를 충족해 갈 수 있도록 촉진하고, 조정하고, 연결시켜 나감으로써 사례대상자의 능력을 향상시키고 서비스 제공 주체들의 능력 또한 발전시키는 역할을 한다(이채식 외, 2020: 86).

(2) 사례관리팀

기관 내 사례관리팀은 기본적으로 사례관리 팀장과 2인 이상의 사례관리자로 구성된다. 필요한 경우 기관 내부의 다른 실천가들이 참여할 수 있다. 사례관리 팀장의 자격은 기관 유형이나 업무 특성에 따라 달라질 수 있으나 대체로 최소 3년 이상의 현장 경력(가능한 사례관리업무 경력)을 갖춘 사회복지사가 맡는 것이 바람직하다. 팀장은 사례관리 업무 매뉴얼이나 지침을 숙지해야 하며, 사례관리 업무를 수행하면서 기관 내 다른 부서와 협력을 도모하고, 사례관리자에게 상시적인 슈퍼비전을 제공한다(박미은, 2020: 86). 사례관리팀의 사례관리자들은 2년 이상 사례관리 업무를 수행하고 사례관리 전문가 교육과정을 연 10시간 이상 이수하여 업무의 지속성과 전문성을 유지해야 한다(김성경, 2017: 29). 사례관리팀은 사례관리 대상자에게 제공되는 맞춤형 통합서비스를 설계, 실행, 점검 및 평가하는 임상적 역할을 수행한다. 그리고 사례관리의 내부 운영체계의 구축을 위한 기관 정책 건의, 사례관리 연관 부서와의 협력, 기관 내부의 자원 조직화, 슈퍼비전 체계의 구축, 사례회의 등을 주도한다. 그뿐만 아니라 사례관리 운영체계를 확장하여 지역사회와 함께하는 통합 사례관리팀의 조직화를 지원하고 통합 사례회의를 개최하며, 지역사회 자원을 조직화하는 데 협력적 역할을 수행한다(이채식 외, 2020: 88).

(3) 전문 슈퍼바이저

사례관리팀에서 슈퍼비전 체계를 갖추는 것은 매우 중요하다. 사례관리자가 실천경험과 전문성이 부족한 경우 슈퍼비전 체계는 더욱 필요하게 된다(한국사례관리학회, 2012).

사례관리 실천의 전문성을 강화하기 위하여 1인 이상의 전문 슈퍼바이저를 두도록 한다. 전문 슈퍼바이저는 사례관리에 대한 이론적·실천적 전문성을 가진 대학교수나 현장 전문가로 기관장이 위촉한다. 경우에 따라서 인접한 기관을 하나로 묶어서 전문 슈퍼바이저를 임명할 수도 있다. 전문 슈퍼바이저는 임상적인 자문과 컨설팅, 행정적인 지도, 사례관리 실천에 필요한 교육·훈련, 사례관리자의 소진 예방 및 극복을 위한 지원 등의 역할을 수행한다. 전문 슈퍼바이저는 1년 단위로 위촉하여 자문의 안전성을 유지하도록 한다. 또한 사례회의에 참석하여 최소 월 1회 이상의 정기 자문을 제공하는 것이 바람직하며, 필요한 경우 수시로 자문을 제공한다. 구체적인 자문방법과 횟수는 위촉된 기관과 협의하여 결정한다(이채식 외, 2020: 91-92).

4. 사례관리방법

1) 사례관리자의 선정 및 사회복지사의 역할

지역사회복지에서 사례관리는 복합적 욕구를 가지고 있지만 단편적 서비스를 이용하는 사람을 위주로 포괄적이고 지속적인 서비스를 제공하기 위한 목적을 가지고 있다. 지역사회복지의 대상은 구체적이고 분명하며, 사례관리는 다양하고 복합적인 문제에 대하여 다양한 사업기관의 공동 사업을 통하여 지속적 관리를 하기 위한 의도를 가지고 있다. 따라서 클라이언트를 발견하고 문제를 사정하는 것은 네트워크의 시작이며 목표를 설정하는 과정이다.

그리고 이용자의 복합적 문제를 해결하기 위하여 사례관리자를 선정하는 것이 필요하다. 대체로 대상 이용자의 1차적 담당자인 사회복지사가 사례관리자의 주도적 역할을 수행하여 다양한 업무 영역에서 지원하는 팀워크를 활용하여야 한다(김희걸, 2001: 3).

하지만 담당자의 경우 내부적 환경에 친밀하여 다른 업무를 포괄적으로 인지하는 정도가 낮기 때문에 사례관리자를 지원해 줄 슈퍼바이저가 필요하다. 가용할 수 있는 인력은 사례팀의 구성원인데, 다양한 외부 활동을 통하여 자원을 개발하고 동원하는 것이 필요하다. 즉, 구체적이고 직접적인 서비스는 담당자가, 자원을 개발하고 동원하는 네트워킹은 슈퍼바이저와 사례팀이 맡아서 서비스를 연결하고 조정하는 것이 바람직하다.

사례관리자는 상황적 판단능력과 사회성이 발달한 경우 효과적으로 일을 처리하기 쉽다. 모든 문제를 긍정적으로 받아들이고 해결할 수 있는 방법이 존재한다는 낙관적 의식이 클라이언트에게도 전달되기 때문이다. 마찬가지로 대인관계기술이 발달하여 상대에게 자신의 의도를 정확하게 알리고, 또한 상대의 입장을 수용하며 이해하는 경우 보다 효과적으로 일을 할 수 있다. 이와 동시에 업무 추진력이 높은 사람이 사례관리자로서 적합하다. 복합적이고 종합적인 문제를 처리하는 과정에서 추진력이 강하지 않다면 다양한 일을 소화하기 힘들 수 있기 때문이다.

사례관리자인 사회복지사의 역할은, 첫째, 대상자의 욕구를 정확하게 파악하는 것이다. 사례관리는 개인의 강점을 중심으로 내외적 자원의 적극적 활용을 통하여 개인의 문제를 효과적으로 해결하기 위한 노력이다. 이용자의 경우에 포괄적이고 종합적인 상황의 개선, 즉 일상생활에서 삶의 질을 높여 만족도를 높이는 것이 목표이다. 따라서 사례관리자는 무엇보다 이용자의 일상생활을 안정적으로 유지하기 위한 촉진자의 역할을 수행하는 노력이 필요하다. 시설 내 이용자의 구체적 문제와 아울러 강점을 사정하고 장·단기적 목표를 수립함과 동시에 구체적 계획을 수립하는 등의 사례관리활동을 적극적으로 계획하고 수행하는 역할을 수행하게 된다.

둘째, 사례관리자는 자원 개발자의 역할을 수행하는 것이 효과적이다. 이용자의 장·단기적 목표를 수행하기 위하여 각종 자원의 동원과 활용을 위하여 다양한 지역사회의 내·외적 자원을 개발하여야 한다. 사회복지시설 내의 자원은 한정적이지만 시설의 직원이 가지고 있는 사회적 관계망을 이용하면 충분히 많은 자원을 확보할 수 있다. 사례관리자는 풍부한 인간관계 및 대인관계를 가지고 있는 경우 자원을 동원하는 데 훨씬 유리하다.

셋째, 사례관리자는 옹호자로서의 역할을 수행할 수 있다. 지역사회의 상황

서비스의 활용을 위한 과정목표, 클라이언트의 능력과 기술의 개선을 위한 목표 등 일정표에 의거하여 구체적으로 서비스 계획을 수립한다.

계획된 목표는 반드시 해결할 수 있어야 한다. 이를 위하여 서비스 계획을 철저하게 수립하여 필요한 자원을 개발할 수 있도록 하여야 한다. 다른 업무로 인하여 연기되거나 지연되면 원활한 사례관리가 이루어질 수 없다. 서비스 계획은 사례회의에서 다루어진 사정에 근거하되 의료적 계획, 심리적 계획, 사회적 계획, 교육적 계획, 일상생활활동 등과 같이 세분화하는 것이 좋으며, 가능한 한 자원의 다차원적 접근이 이루어질 수 있도록 계획을 수립한다.

4) 사례관리 실행 및 자원 조정

클라이언트를 의뢰하거나 문제해결에 필요한 공식적, 비공식적 모든 자원을 연결하고 조정한다. 이 과정에서 서비스 이용에 방해가 되는 모든 요소를 극복할 수 있도록 클라이언트를 원조하며 지속적으로 서비스를 점검한다. 그리고 실행 내용은 반드시 기록으로 보관하여야 한다.

기관 간 역할은 제공된 목록에 따라 사례회의를 거쳐 합의적으로 역할을 배정하는 것이 좋다. 이 경우 다양한 서비스 기관이 참여하기 때문에 이용자가 혼란을 느끼지 않도록 주 담당자를 정하고 다른 기관은 협력기관으로서 적극적으로 참여하는 것이 바람직하다. 기관은 각각 역할을 주도적으로 수행하며 일을 주저하지 말고 적극적으로 수행하는 노력이 진행되어야 한다.

이용자의 욕구를 충족할 수 있는 자원을 동원하고 서비스를 제공하는 것으로 공식적 비공식적 모든 자원을 동원할 수 있어야 한다. 또한 이용자들이 서비스를 이용하는 데 방해가 되는 모든 요소를 제거할 수 있도록 이용자를 지지하고 원조하는 것을 포함한다. 그리고 제공되는 서비스를 지속적으로 점검하고 모니터링하는 것도 포함된다. 이와 같은 실천과정에서 다음과 같은 고민도 발생한다(김통원 외, 1998: 90-92).

① 계획된 목록에 의거하여 실천하기 어렵다. 하루하루 주어진 문제에 쫓기고 있으며, 새로운 문제 혹은 집중적 문제를 처리할 시간이 없는 경우이다. 이러한 경우에 자신이 하고 있는 일을 시간대별로 자세하게 기록하여 점검할 필요가 있다. 시간 분석을 통하여 업무가 과다하게 주어져 있다면 회의를 통하여 조정할 수 있어야 한다. 일이 많아서 피로하거나 소진되어 있는지 점검해 봐야 한다. 이런 경우 흥미와 열정을 잃어버리고 건성으로 업무를 처리하는 경우가 있다. 상급자와의 상담을 통하여 업무에 대한 관심을 높이고 조력을 받는 것이 필요할 수 있다. 그렇지 않다면 업무 처리 방법에 변화를 주거나 시간관리계획을 철저하게 수립하고 실천하는 것이 바람직하다.

② 클라이언트로부터 사례관리 과정 및 과제 수행에 아무런 반응이 없는 경우이다. 이런 경우에 사례관리계획을 전체적으로 점검해야 한다. 클라이언트의 욕구나 의지와 관계없이 관리자인 사회복지사의 의욕에 의하여 추진되고 있는 것은 아닌지 확인하여야 한다. 혹은 전체적 과정에 대하여 클라이언트에게 설명을 하고 클라이언트의 역할에 대해서 충분히 의견을 나누었는지 확인하여야 한다. 작지만 이용자들이 좋아할 수 있는 과제를 선정하여 자극을 주는 것이 바람직하다.

③ 특정한 클라이언트에게 과도한 시간을 할애하고 있다. 이런 경우에 클라이언트의 문제를 통하여 사회복지사의 문제가 개입되어 있는 것은 아닌지 점검해야 한다. 문제 상황을 객관적으로 인식하지 못하고 주관적이고 감정적으로 개입하고 있다는 의미일 수 있다. 동료의 조언을 겸허하게 수용하고 업무 스타일에 변화를 주는 것이 좋다.

④ 클라이언트가 지속적으로 약속을 지키지 않는다. 이런 경우에 클라이언트에게 부여된 동기가 적절하지 않을 수 있다. 혹은 사회복지사가 인식하지 못하는 다른 어려움이 존재할 수 있다. 클라이언트의 문제를 재사정하고 클라이언트의 상황을 정확하게 파악하는 노력이 필요하다.

5) 지속적 관리(사후관리)

실행된 서비스는 지속적으로 모니터링이 이루어진다. 특히, 노인, 장애인 등은 신체적 손상으로 자립 생활이 어렵기 때문에 정기적으로 상황을 점검하여야 하며, 클라이언트와 서비스 제공자 등으로부터 상황을 파악하고 클라이언트의 상황 개선 정도를 평가한다. 재사정은 사후관리 시에 문제가 발생한 경우와 새로운 욕구가 발생한 경우에 이루어진다. 일반적으로 정상적 사회생활이 가능한 경우에 종결되며, 그렇더라도 위기 시에는 항상 서비스의 개입이 가능하도록 하여야 한다.

모니터링은 이용자와 사회복지현장과의 지속적 접촉을 필요로 한다. 이용자와의 약속이 제대로 이행되고 있는지, 서비스는 제대로 제공되고 있는지 등과 함께 이용자의 반응을 평가하고 또 다른 서비스를 제공하거나 연계시킬 준비를

하기도 한다(정순둘, 2005: 50). 물론 문제가 충분히 해결되고 이용자가 자립적으로 생활할 수 있다고 판단되는 경우 사례관리를 종결하는 것도 포함된다.

5. 사례관리 발전방안

사례관리는 사회복지의 독특성을 보여 주는 전문적 접근방법이다. 많은 지역사회의 복지시설이 개별화, 복잡화된 주민의 욕구를 충족하기 위하여 사례관리를 도입하고 있으나 활성화되지 못하고 있는 상황이며 문제점은 다음과 같다.

첫째, 사례관리의 성패는 조직관리, 즉 시스템을 효과적으로 구축하는 것에 영향을 받는다. 지역사회복지실천에서 사례관리의 필요성 혹은 중요성에 대하여 많은 전문가가 인정하고 있지만, 사회복지실천현장의 환경적 여건이 충분하지 않아 형식적 차원에서 진행되고 있을 뿐이다. 이러한 환경은 사례관리 대상자의 수가 너무 많아 지속적이고 종합적인 접근에 한계가 많기 때문이다. 역으로 사례관리자의 수가 대상자에 비해 너무 적다. 이뿐만 아니라 지역사회복지시설의 평가기준이 사례관리를 실천하기에 부적합하다. 즉, 사례관리를 위한 업무환경이 전혀 갖추어져 있지 않다. 따라서 업무체계를 사례관리를 적용할 수 있는 환경으로 변화시키고 사례관리자가 담당하는 대상자의 수를 줄여야 한다.

둘째, 사례 대상자의 문제를 정확하게 파악하여야 한다. 가계도와 생태도를 파악하는 것도 이러한 측면을 강조하기 위함이다. 혹은 다양한 심리검사나 대

Chapter

10

지역사회복지실천분야

1. 지역사회복지관
2. 사회복지협의회
3. 공동모금회
4. 지역자활센터
5. 기타 지역사회복지실천기관

Chapter 10

지역사회복지실천분야

1. 지역사회복지관

1) 지역사회복지관의 정의

지역사회복지관은 지역사회복지실천의 대표적 기관이라고 할 수 있다. 보건복지부의 사회복지관 운영 안내에 의하면, 사회복지관은 지역사회를 기반으로 일정한 시설과 전문 인력을 갖추고 지역주민의 참여와 협력을 통하여 지역사회복지문제를 예방하고 해결하기 위하여 종합적인 복지서비스를 제공하는 사회복지시설이다.

지역사회복지관에 대한 정의에서는 복지서비스의 수단으로서 일정한 시설과 전문인력을 통한 복지서비스를 강조하고 있다. 이는 지역사회복지의 전문성과 지역성을 의미하는 것으로 이해할 수 있다. 또 지역주민의 참여와 협력은 문제해결과정에서 주민의 역할을 의미하는 것이며, 지역사회복지문제를 예방하고 해결하는 것은 지역사회복지의 목표를 구체화하는 것이다. 한편 종합적인 복지 서비스는 모든 지역주민을 대상으로 직접적인 서비스를 제공하는 것을 강조하는 것이다.

지역사회복지관은 개별적 주민의 욕구를 집약하여 공통의 문제로 공유하고, 지역사회의 특성을 파악하여 지역사회문제를 적극적으로 해결하여야 하는 과업이 있다. 또 지역주민의 참여를 동원함으로써 지역사회에 대한 주민의 관심과 문제해결역량을 강화할 수 있다. 지역사회복지관은 대상 및 목적 면에서는 지역사회의 문제와 지역주민의 욕구를 해결하는 것이며, 방법 면에서는 프로그램 혹은 서비스를 제공하는 포괄적이고 종합적인 센터의 성격을 지닌 것이라고 할 수 있다.

한편, 지역사회복지관은 사회의 구조적 모순과 환경을 변화시키기 위한 사회행동의 일환이었던 인보관에서 그 기원을 찾아볼 수 있다. 인보관은 산업화·도시화 과정에서 발생한 빈부의 격차, 생활환경의 악화, 열악한 노동 조건 등과 같은 사회의 구조적 모순을 해결하기 위한 활동을 전개하였다. 인보관의 중요한 목적의 하나는 지역주민에 대한 의식교육을 통한 주민조직화사업이었다.

우리나라에서 사회복지관은 1906년에 원산 인보관운동에서 사회복지관사업이 태동되었고, 1921년에 서울에 최초로 태화여자관이 설립되었다. 1976년 한국사회복지관연합회가 설립되어 22개의 사회복지관이 회원으로 참여하였다. 1989년에 「주택건설촉진법」 등에 의해 저소득층 영구임대아파트 건립 시 일정 규모의 사회복지관 건립을 의무화하고, 사회복지관 설치·운영 규정을 제정하였다. 2004년에 「사회복지사업법 시행규칙」 사회복지관의 설치기준이 신설되고, 2005년에 사회복지관 운영사업이 지방이양사업으로 분류되어 지방자치단체의 역할과 중요성이 강조되고 있다. 2022년 현재 지역사회복지관은 476개소가 운영되고 있다.

2) 지역사회복지관의 기능

보건복지부의 사회복지관 운영 안내(2023)를 보면 사회복지관의 목표는 사회복지서비스 욕구를 가지고 있는 모든 지역사회주민을 대상으로 보호서비스, 재가복지서비스, 자립능력 배양을 위한 교육훈련 등 그들이 필요로 하는 복지서비스를 제공하고, 가족기능 강화 및 주민 상호 간 연대감 조성을 통한 각종 지역사회문제를 예방 · 치료하는 종합적인 복지서비스 전달기구로서 지역사회주민의 복지증진을 위한 중심적 역할을 수행하여야 한다고 규정하고 있다.

딜릭(Dillick)은 사회복지관의 주요 기능을 통합적 서비스의 제공과 이를 위한 조직화 사업 등 포괄적으로 제시하고 있다(김성이 외, 1997: 312-315). ① 지역사회의 다양한 욕구를 충족시키기 위해 통합된 서비스를 제공하며, ② 지역사회 내의 서비스 중복과 누락을 방지하기 위해 서비스의 조정을 도모하며, ③ 지역주민의 문제해결을 위해 공동의 노력을 할 수 있도록 집단을 구성하고, ④ 주민집단으로 하여금 사회적 목표를 수정하고 새로운 목표를 만들어 낼 수 있도록 한다는 것이다.

보건복지부 사회복지관 운영 안내(2023)에 의하면 사회복지관의 3개 기능으로 지역사회의 특성과 지역주민의 복지욕구를 고려한 서비스제공기능, 국가 · 지방자치단체 및 민간부문의 사회복지서비스를 연계 · 제공하는 사례관리기능, 그리고 지역사회 복지공동체 활성화를 위한 복지자원 관리와 주민교육을 포함하는 지역조직화기능을 제시하고 있다.

서비스제공기능은 가족기능강화사업, 지역사회보호사업, 자활지원 등 기타 사업이 있다. 사례관리기능은 사례발굴사업, 사례개입사업, 서비스연계사업이 있다. 그리고 지역조직화기능은 복지네트워크구축사업, 주민조직화사업, 자원개발 및 관리 사업이 있다.

이와 같이 지역사회복지관은 지역주민의 구체적이고 직접적인 서비스를 제공하는 것에 그치지 않고 지역사회 내에서의 사례관리, 주민교육, 주민조직화 등에 대한 관심을 가지는 있다. 더 나아가 지역사회문제 예방과 해결뿐만 아니라 지역사회의 구조적 모순 해결과 사회정의 실현을 위한 사회행동기능이 포함되어야 한다.

〈표 10-1〉 사회복지관의 사업(「사회복지사업법 시행규칙」 별표 3)

기능	사업분야	사업 및 내용
서비스 제공 기능	가족기능강화	1. 가족관계증진사업: 가족원 간의 의사소통을 원활히 하고 각자의 역할을 수행함으로써 이상적인 가족관계를 유지함과 동시에 가족의 능력을 개발 · 강화하는 사업 2. 가족기능보완사업: 사회구조 변화로 부족한 가족기능, 특히 부모의 역할을 보완하기 위하여 주로 아동 · 청소년을 대상으로 실시되는 사업 3. 가정문제해결 · 치료사업: 문제가 발생한 가족에 대한 진단 · 치료 · 사회복귀 지원사업 4. 부양가족지원사업: 보호대상 가족을 돌보는 가족원의 부양부담을 줄여주고 관련 정보를 공유하는 등 부양가족 대상 지원사업 5. 다문화가정, 북한이탈주민 등 지역 내 이용자 특성을 반영한 사업
	지역사회보호	1. 급식서비스: 지역사회에 거주하는 요보호 노인이나 결식아동 등을 위한 식사제공 서비스 2. 보건의료서비스: 노인, 장애인, 저소득층 등 재가복지사업대상자들을 위한 보건 · 의료 관련 서비스 3. 경제적 지원: 경제적으로 어려운 지역사회 주민들을 대상으로 생활에

기능	사업분야	사업 및 내용
		필요한 현금 및 물품 등을 지원하는 사업 4. 일상생활 지원: 독립적인 생활능력이 떨어지는 요보호 대상자들이 시설이 아닌 지역사회에 거주하기 위해서 필요한 기초적인 일상생활 지원서비스 5. 정서서비스: 지역사회에 거주하는 독거노인이나 소년소녀가장 등 부양가족이 없는 요보호 대상자들을 위한 비물질적인 지원 서비스 6. 일시보호서비스: 독립적인 생활이 불가능한 노인이나 장애인 또는 일시적인 보호가 필요한 실직자 · 노숙자 등을 위한 보호서비스 7. 재가복지봉사서비스: 가정에서 보호를 요하는 장애인, 노인, 소년 · 소녀가정, 한부모가족 등 가족기능이 취약한 저소득 소외계층과 국가유공자, 지역사회 내에서 재가복지봉사서비스를 원하는 사람에게 다양한 서비스 제공
	교육문화	1. 아동 · 청소년 사회교육: 주거환경이 열악하여 가정에서 학습하기 곤란하거나 경제적 이유 등으로 학원 등 다른 기관의 활용이 어려운 아동 · 청소년에게 필요한 경우 학습 내용 등에 대하여 지도하거나 각종 기능 교육 2. 성인기능교실: 기능습득을 목적으로 하는 성인사회교육사업 3. 노인 여가 · 문화: 노인을 대상으로 제공되는 각종 사회교육 및 취미교실 운영사업 4. 문화복지사업: 일반주민을 위한 여가 · 오락프로그램, 문화 소외집단을 위한 문화프로그램, 그 밖에 각종 지역문화행사사업
	자활지원 등 기타	1. 직업기능훈련: 저소득층의 자립능력배양과 가계소득에 기여할 수 있는 기능훈련을 실시하여 창업 또는 취업을 지원하는 사업 2. 취업알선: 직업훈련 이수자 기타 취업희망자들을 대상으로 취업에 관한 정보제공 및 알선사업 3. 직업능력개발: 근로의욕 및 동기가 낮은 주민의 취업욕구 증대와 재취업을 위한 심리 · 사회적인 지원프로그램 실시사업 4. 그 밖의 특화사업
사례관리기능	사례발굴	지역 내 보호가 필요한 대상자 및 위기 개입대상자를 발굴하여 개입계획 수립
	사례개입	지역 내 보호가 필요한 대상자 및 위기 개입대상자의 문제와 욕구에 대한 맞춤형 서비스가 제공될 수 있도록 사례개입

기능	사업분야	사업 및 내용
	서비스연계	사례개입에 필요한 지역 내 민간 및 공공의 가용자원과 서비스에 대한 정보 제공 및 연계, 의뢰
지역 조직화 기능	복지네트워크 구축	지역 내 복지기관 · 시설들과 네트워크를 구축함으로써 복지서비스 공급의 효율성을 제고하고, 사회복지관이 지역복지의 중심으로서의 역할을 강화하는 사업 – 지역사회연계사업, 지역욕구조사, 실습지도
	주민조직화	주민이 지역사회 문제에 스스로 참여하고 공동체 의식을 갖도록 주민 조직의 육성을 지원하고, 이러한 주민협력강화에 필요한 주민의식을 높이기 위한 교육을 실시하는 사업 – 주민복지증진사업, 주민조직화 사업, 주민교육
	자원 개발 및 관리	지역주민의 다양한 욕구 충족 및 문제해결을 위해 필요한 인력, 재원 등을 발굴하여 연계 및 지원하는 사업 – 자원봉사자 개발 · 관리, 후원자 개발 · 관리

한편 현재 지역사회복지관은 직접 서비스 기관으로써의 역할에 충실하고 있으며, 지역사회문제에 대한 개입은 다소 소극적이다. 이는 지역사회복지관과 지역주민이 서로 다른 생각으로 지역사회문제를 인식하고 있으나 지역사회복지관이 이를 수렴하지 못하고 있기 때문이다. 또 사회복지관의 서비스가 실적 위주의 업무를 지향함으로써 성과를 창출하기 쉬운 공급자 중심으로 운영되고 있는 것이다. 결과적으로 지역사회복지관은 지역사회문제를 지역주민과 공유하지 못하고 있다. 따라서 지역사회복지관은 기능 교육을 비롯한 직접적 서비스를 제공하고, 지역사회의 문제와 지역주민의 욕구를 해결하기 위한 의식교육, 환경 개선 활동, 조직화 사업 등에 더욱 역점을 두어야 한다.

결론적으로 지역사회복지관의 기능은 크게 보면 직접적 서비스를 제공하는 기능과 사회환경의 변화를 촉진하는 기능으로 구분할 수 있다. 직접적 서비스는 주민의 생활과 밀접하게 관련된 생활 지원 기능, 교육 기능 등이 포함될 것이며, 사회환경의 변화를 촉진하는 기능으로는 주민연대감 조성, 사회문제의 예방 및 치료, 주민의식화 등의 기능이 해당될 수 있다. 사회환경 변화를 촉진하는 기능은 주민의 자발적 참여와 조직화가 사전에 이루어져야 한다.

3) 지역사회복지관 운영 원칙[1)]

사회복지관이 행하는 사회복지사업은 인도주의와 서비스를 필요로 하는 자의 존엄유지를 전제로 다음 각 호의 기본원칙에 따라 수행되어야 한다.

(1) 지역성의 원칙

사회복지관은 지역사회의 특성과 지역주민의 문제나 욕구를 신속하게 파악하여 지역사회의 문제를 해결하기 위한 사업 계획을 수립하고 이에 따른 서비스를 제공하여야 하며, 지역주민의 적극적 참여를 유도하여 주민의 능동적 역할과 책임의식을 조성하여야 한다.

(2) 전문성의 원칙

사회복지관은 다양한 지역사회문제에 대처하기 위해 일반적 프로그램과 특정한 문제를 해결할 수 있는 전문적 프로그램이 병행될 수 있도록 지식과 기술

1) 보건복지부 사회복지관 운영 안내(2023)에서 가져옴.

을 보유한 전문인력이 사업을 수행하도록 하고, 이들 인력에 대한 지속적인 재교육 등을 통해 전문성을 증진토록 하여야 한다.

(3) 책임성의 원칙

사회복지관은 서비스 이용자의 욕구를 충족하고 지역사회문제를 해결함에 있어서 효과성을 극대화하기 위하여 최선의 노력을 기울여야 한다.

(4) 자율성의 원칙

사회복지관은 다양한 지역주민의 욕구를 해결하기 위한 복지서비스를 효율적으로 제공하기 위하여 사회복지관의 능력과 전문성이 최대한 발휘될 수 있도록 자율적으로 운영하여야 한다.

(5) 통합성의 원칙

사회복지관은 사업을 수행함에 있어 지역 내 공공 및 민간복지기관 간에 연계성과 통합성을 강화시켜 지역사회복지 체계를 효율적이고 효과적으로 운영되도록 하여야 한다.

(6) 자원활용의 원칙

사회복지관은 주민욕구의 다양성에 따라 다양한 기능인력과 재원을 필요로 하므로 지역사회 내의 복지자원을 최대한 동원·활용하여야 한다.

(7) 중립성의 원칙

사회복지관은 정치활동, 영리활동, 특정 종교활동 등에 이용되지 않게 중립성이 유지되어야 한다.

(8) 투명성의 원칙

사회복지관은 자원을 효율적으로 이용하고 운영과정의 투명성을 유지하여야 한다.

4) 지역사회복지관의 발전방안

지역사회복지관은 정부의 재정적 지원 및 지도 감독과 민간 전문가 단체에 의한 운영이라는 특수한 성격을 가지고 있다. 따라서 정부의 지도 감독에 의하여 온전히 민간 전문가 단체의 가치와 철학을 반영하기에는 많은 한계가 있다. 따라서 문제점은 다음과 같다.

① 지방자치단체의 지도 및 감독, 사회복지시설의 정기적 평가 등으로 사회복지관 운영에 대한 통제가 많다.

② 지역사회의 특성에 적합한 프로그램이나 복지서비스가 부족하다. 사회복지관이 위탁 형태로 운영되고 있기 때문에 민간운영단체의 고유성이나 지역사회의 특성을 고려한 사업이 운영되어야 한다.

이와 같은 문제로 사회복지관은 지역사회문제의 근본적 해결에는 소홀하고 직접적이고 구체적인 사업에 치중하는 경향이 있다. 따라서 지역사회복지관의 발전방안은 다음과 같다.

(1) 지역주민의 참여 강화

지역주민의 의사가 반영되고 실질적으로 사회복지관 사업에 참여할 수 있어야 한다. 사회복지관은 지역주민의 문제해결과 지역사회공동체 의식을 강화하기 위한 다양한 노력을 기울이고 있지만 지역주민의 참여가 제한되는 경우가 많다. 지역주민이 자신의 의사를 표현하고 이를 반영하여 사회복지관을 운영하여야 한다.

(2) 지역사회문제해결 중심 프로그램 실시

지역사회의 특성에 맞는 사업이나 주민 공동체를 강화하는 사업을 적극적으로 개발하여야 한다. 지역사회는 독특한 문화를 가지고 있으며, 주민들의 가치도 다를 수 있다. 지역사회의 문화를 반영하고, 지역주민의 가치에 부합하는 사업이나 주민 공동체를 위한 사업이 필요하다.

(3) 주민조직화 강화

지역주민의 자율적인 조직화 기능을 강화하여야 한다. 지역사회는 내외부의 체계와 상호작용을 하면서 변화하고 성장한다. 당연한 것이지만 변화의 주체는 지역주민이어야 하며, 지역주민의 주체성을 가지고 변화를 주도할 수 있도록 자율성을 강화하여야 한다.

(4) 사회복지관 평가 기준 개선

사회복지관 평가 기준이 사회복지관의 정체성에 부합하게 개선되어야 한다. 사회복지관 운영의 전문성과 투명성 등을 강화하기 위하여 매 3년마다 평가를 받고 있다. 이러한 평가는 사회복지관의 운영을 획일화함으로써 사회복지관의 독특성을 약화시키고 있다. 따라서 평가기준이 사회복지관의 정체성을 강화할 수 있도록 개선되어야 한다.

2. 사회복지협의회

1) 사회복지협의회의 의미

사회복지협의회는 지역사회복지실천의 대표적인 조직체라고 할 수 있다. 우리나라의 사회복지서비스는 공적 기관에 의한 실천보다 민간의 사회복지기관을 통하여 제공되는 상황이기 때문에 민간단체의 사회복지업무 통합과 조정, 지역주민의 욕구와 사회복지 실태 조사, 새로운 프로그램의 연구 등을 수행할 조직이 필요하다.

사회복지협의회는 지역사회 내의 단체로서 직·간접적으로 서비스를 제공하는 민간 차원의 협의체(박용순, 2006: 239)라고 할 수 있다. 또 사회복지서비스와 관련된 정책 연구를 진행하고, 지역사회복지의 과제를 해결하기 위하여 다양한 노력을 기울이는 민간의 대표 조직(박태영, 1998)으로 정의되기도 한다.

또 지역사회복지의 대표적 협의조정기관이며 지역주민에 대한 복지서비스 제공뿐만 아니라 지역사회 내의 다양한 사회복지기관의 욕구를 달성하고 기능을 강화하기 위하여 정보를 제공하며 서비스를 조정하는 역할을 수행하는 민간의 자주적 조직(오정수·류진석, 2006: 243)으로 정의되고 있다.

따라서 사회복지협의회는 민간 사회복지기관의 협의체로서 지역주민의 욕구를 조사하여 사회복지시설의 서비스를 통합하고 조정하거나 기능을 강화함으로써 지역사회복지의 과제를 해결하기 위한 민간 사회복지의 대표 조직이라고 할 수 있다.

2) 사회복지협의회의 기능

사회복지협의회는 직접적 서비스 제공의 성격보다 협의와 조정의 성격이 강하다. 민간 사회복지시설의 대표자들이 모여서 구성한 협의체이기 때문이다. 1952년에 한국사회사업연합회가 설립되어 1954년에 사단법인으로 허가를 받았으며 1961년에 한국사회복지사업연합회로, 1970년에 한국사회복지협의회로 명칭을 변경하였다.

그 후 1983년에 개정된 「사회복지사업법」에서 사회복지법인으로 규정하였으며, 1985년에 중앙차원의 한국사회복지협의회 외에 시·도 사회복지협의회를 두기 시작하였다. 그리고 1998년에 시 · 도 사회복지협의회는 독립 법인으로 등록하였으며, 전국에 16개 시 · 도 사회복지협의회가 있고 기초자치단체인 시 · 군 · 구에도 사회복지협의회를 구성할 수 있다.

사회복지협의회의 기능을 「사회복지사업법」 제33조와 시행령 제12조에 규정된 내용을 중심으로 살펴보고자 한다.

(1) 사회복지에 관한 조사연구와 정책 건의

사회복지협의회는 지역사회의 복지 증진을 위한 문제 발견과 조사 및 연구활동을 수행하는 것으로 지역사회의 당면 과제에 대한 장기적 연구와 사회복지에 관한 특별 연구, 그리고 다른 연구기관과의 공동 연구를 수행하는 것이다(양정하 외, 2008: 261). 사회복지협의회는 개별 시설이 독자적으로 수행하기 어려운 프로그램을 개발하고 이를 보급하여야 하며, 필요한 경우에 정부정책으로 시행될 수 있도록 정책 건의가 이루어져야 한다.

(2) 시민 복지교육

사회복지서비스는 지역주민의 적극적 참여가 매우 중요하다. 지역주민에 대한 사회복지 및 자원봉사활동의 참여는 지역주민에 대한 교육과 훈련이 기본적 활동이다. 사회복지는 선한 의지만 가지고 이루어지는 것이 아니고 선한 의지와 전문적 활동이 병행되는 것이므로 지역주민에 관한 교육이 정기적으로 이루어지는 것이 바람직하다.

(3) 사회복지 자료 출판

사회복지는 지역주민의 욕구를 근거로 서비스를 제공하여야 한다. 지역주민의 욕구는 직·간접적 경험과 정보를 수집하고 분석하여 우선순위를 정할 수 있다. 지역사회의 사회복지시설과 시설의 프로그램을 알릴 수 있는 자료를 발간하고 또한 욕구와 프로그램의 시행 결과를 지역주민에게 알리기 위하여 정기적으로 간행물을 출판하고 배포하여야 한다. 간행물은 각종 관공서와 금융기관, 병·의원 등에 비치하는 것이 효과적이다.

(4) 사회복지에 관한 홍보

사회복지활동은 정부의 주도적 역할과 지역주민의 보조적 역할로 운영되는 것이 가장 효과적이다. 지역주민의 참여는 사회복지에 대한 의식이 선행되어야 하므로 자선적 수준에서 이루어지는 사회복지가 아니라 국민의 당연한 권리에 의한 사회복지가 강화될 수 있도록 지역주민에 대한 홍보활동이 이루어져야 한다.

(5) 자원조성 및 지원

사회복지서비스는 사회복지사에 의해 제공되지만 지역사회자원이 동원되지 않으면 목적을 달성하기 어렵다. 지역사회의 자원조성은 다양한 공사의 관련 기관, 후원자, 그리고 자원봉사자가 보유한 정보, 시설, 장비 등을 공유함으로써 지역주민의 삶의 질을 강화할 수 있다. 당연하지만 지역주민의 문제해결과 욕구충족에도 효과적으로 활용할 수 있다. 이들의 적극적 참여를 확보하기 위하여 다양한 교육과 활동, 그리고 평가 등에 대한 지원이 이루어져야 한다.

(6) 사회복지사업 종사자의 교육 · 훈련과 복지 증진

개별 사회복지시설은 종사자에 대한 업무지도는 직접적으로 제공할 수 있지만 체계적이고 이론적인 교육은 많은 한계를 가지고 있다. 따라서 사회복지협의회는 종사자에 대한 교육을 집중적으로 시행하여 전문성을 강화할 수 있으며, 이들의 근로 의욕을 강화하기 위하여 다양한 복지제도를 강화하여야 한다.

(7) 사회복지에 관한 학술 도입과 국제사회복지단체와의 교류

사회복지협의회는 한국적 상황에 맞는 제도 개발 및 정착을 위하여 복지선진국의 복지정책과 이론을 도입하여야 한다. 이를 위하여 국제적 수준에서의 학술대회와 정보 교류가 이루어질 수 있는 다양한 활동을 전개하여야 한다.

(8) 보건복지부 장관이 위탁하는 사회복지에 관한 업무

사회복지협의회는 민간 사회복지시설의 협의체이지만 「사회복지사업법」에 의하여 설립된 공식적 조직이다. 보건복지부와 사회복지 증진을 위하여 원만한 관계를 유지한다. 또한 중앙정부의 사회복지정책만으로는 국민의 욕구를 충분히 충족할 수 없으므로 이를 지원하고 사회복지를 확대하기 위하여 보건복지부가 위탁한 사회복지업무를 수행한다.

(9) 기타

사회복지협의회는 사회복지시설의 상호 연계를 위한 연락 기능, 지역주민의 권리 증진과 사회복지제도 강화를 위한 사회행동 기능(양정하 외, 2008: 262) 등을 수행할 수 있다.

3) 사회복지협의회의 발전 방안

사회복지협의회는 민간의 사회복지업무를 연계하고 조정하기 위한 기능을 우선적으로 수행하고 있으며, 지역밀착형 활동을 강화하기 위하여 시·군·구 사회복지협의회가 설치, 운영되고 있으나 실질적 활동과정에서 기능의 부족과 구조적 문제가 적지 않다.

(1) 시민복지교육 강화

시민복지교육의 강화와 조사연구 기능의 강화를 들 수 있다. 사회복지협의회는 지역사회를 기반으로 하는 사회복지시설과 지역주민의 협력관계를 적극적으로 모색하여야 한다. 지역주민의 참여는 사회복지시설의 사회화를 촉진할 수 있다. 또 지역주민의 욕구와 사회복지 프로그램의 관련성을 정확하게 파악하기 위하여 조사연구 기능을 강화하여야 한다.

(2) 사회복지서비스 개발 및 조정 역량 강화

사회복지서비스 통합 및 조정, 실험적 프로젝트의 수행을 들 수 있다. 사회복지서비스 통합 및 조정은 사회복지시설의 프로그램이 중복되거나 부족하지 않도록 프로그램을 통합하거나 조정하여 효과성과 효율성을 강화하기 위한 것이다. 따라서 사회복지시설의 업무 연계를 위한 네트워크를 구축하는 것이 바람직하다. 실험적 프로젝트의 수행은 개별 사회복지시설이 가지고 있는 문제를 해결할 수 있는 프로그램을 연구하여 전체 사회복지시설에 보급하는 과정적 활동으로서 새로운 프로그램의 도입에 반드시 필요하다.

(3) 사회복지정책 연구 역량 강화

보편적 사회복지정책을 강화할 수 있도록 정책 개발 및 제언이 강화되어야 한다. 지역주민의 욕구가 다양화되고 정서적 욕구와 돌봄서비스 욕구가 강화되고 있는 상황이다. 사회복지협의회는 사회복지서비스의 전문성이 훼손되지 않고, 국민들의 삶의 질을 강화하고 지역주민의 권리가 보장될 수 있는 사회복지정책이 시행될 수 있도록 사회복지정책 연구를 지원하여야 한다.

(4) 민주적 운영 시스템 구축

지역주민의 참여 기회 보장과 재정의 독립이 필요하다. 사회복지협의회는 지역주민의 욕구 충족이라는 궁극적 목표와 사회복지시설 업무의 조정이라는 결과적 목표를 가지고 있다. 따라서 지역주민뿐만 아니라 지역사회의 모든 사회복지시설의 참여 기회 보장은 사회복지협의회 운영이 내부 관계자에 의해서 이루어지는 한계를 보완할 수 있다.

이뿐만 아니라 사회복지협의회의 재정은 회원의 수입으로 운영되는 것이 바람직하다. 대정부 정책 건의와 프로그램의 확대 요구 등은 정부와 갈등적 상황을 초래할 것인데 정부의 재정 지원은 이러한 활동에 상당한 장애가 될 것이기 때문이다. 다만, 반드시 필요하다면 프로그램 운영에 대한 재정 지원은 수용할 수도 있다.

3. 공동모금회

1) 공동모금회의 의미

사회복지서비스는 국가의 주도적 역할에 의한 보편적 서비스가 가장 바람직하다. 하지만 한 국가의 사회적 · 경제적 · 문화적 상황에 따라 사회복지의 책임 정도는 상이하게 나타나고 있다. 복지선진국은 사회복지의 재원을 주로 조세에 의존하지만 후진국은 자선모금 활동에 의존하는 경향이 강하다.

「사회복지공동모금회법」 제2조는 사회복지공동모금의 정의를 “사회복지사업 및 기타 사회복지활동의 지원에 필요한 재원을 조성하기 위하여 기부금품을 모집하는 것”이라고 규정하고 있다. 이러한 측면에서 우리나라의 공동모금활동은 자선적 차원에서 시민의 자발적이고 조직적인 참여를 통하여 사회복지에 대한 재원을 일부 보충하는 의미를 가지고 있다. 사회복지에 대한 민간의 참여를 촉진하고 정부와 민간의 파트너십을 강조하여 사회복지서비스의 총량을 증가하고자 하기 때문이다(이창희 · 강영실, 2006: 214).

공동모금회는 지역주민의 복지증진과 복지국가를 실현하기 위하여 사회적 연대성에 기반하여 지역주민의 자발적 기부를 강조한다. 지역사회의 복지 증진이 지역주민의 참여와 노력에 의하여 강화될 수 있기 때문이다.

한편, 사회복지공동모금회는 사회복지사업을 지원하기 위하여 시민의 자발적 성금으로 공동모금한 재원을 효율적으로 관리, 운영하기 위한 것이며, 「사회복지공동모금회법」에 의하여 모금활동을 주도하고 있다. 민간사회복지법인으로서 중앙공동모금회와 지방공동모금회로 구성되어 있다.

2) 공동모금회의 기능

우리나라의 공동모금회는 1970년 「사회복지사업법」에 처음으로 도입되었으나 곧 폐지되었고, 1975년 정부에 의하여 불우이웃돕기성금을 중심으로 사회복지사업기금이 설치되어 관 주도의 민간성금모금의 틀이 형성되었다. 1980년에 사회복지기금관리위원회가 설치되어 언론사를 중심으로 성금모금을 하고, 모금된 성금은 사회복지사업기금으로 적립되어 활용되었다.

그러나 1994년 이웃돕기성금에 대한 감사원의 감사 결과 정부의 일반 예산이 투입되어야 할 사업에 민간의 성금이 대치된다는 지적에 의하여 민간단체의 자율적 모금활동 필요성이 제기되었다. 모금활동에 대한 국민의 참여를 활성화하기 위하여 1997년에 「사회복지공동모금회법」이 제정되면서 법정 조직이 되었다(한국지역사회복지학회, 2004: 279-280).

결과적으로 공동모금회는 정부 주도의 불우이웃돕기성금 모금 및 관리를 지양하고 민간사회복지시설이 자율성을 가지고 전문적 서비스를 제공하기 위한 의도와 지역주민의 자발적이고 적극적인 참여를 강화하기 위한 의도에서 설립되고 운영되고 있다.

특히, 기존의 사회복지시설 등의 개별적 모금활동을 줄이고 제도적 틀 안에서 모금 창구를 일원화하며, 국민의 사회복지에 대한 인식을 개선하여 지역주민의 공동체 의식을 강화한다. 또 소규모 사회복지시설에 대한 재원분배를 제도화함으로써 사회복지서비스의 질적 향상을 추구할 수 있다(김범수 · 신원우, 2006: 316-317).

「사회복지공동모금회법」 제2조에 의한 공동모금회의 주요 기능은 다음과 같다.

(1) 공동모금회의 조사 · 연구 기능

공동모금회는 사회복지사업과 배분 욕구를 분석 · 평가하고 기부자의 의식조사와 모금 프로그램을 개발하며, 배분의 효율성을 제고하고 홍보 및 광고에 관한 기획 및 연구 기능을 수행한다.

(2) 홍보, 출판 및 기획 기능

공동모금회는 홍보하고, 광고물을 제작하며 배포하고, 모금에 필요한 자재를 제작하고 대내적 기획사업을 실행하여 언론기관과 연락하고 협력한다.

(3) 모금 기능

공동모금회는 시기별, 수혜 대상별로 특성에 맞는 모금활동을 언론사 등과의 협력하에 연말집중모금 · 기획모금 · 가두모금 · 우편모금 · ARS 모금 · 이벤트 모금 등을 전개하고, 기부금을 납부한 기부자에게 영수증, 사용 내용 및 감사 편지를 보내는 등 사후 관리가 유지되어야 한다. 특히, 모금활동에 참여하는 기관 및 시설, 자원봉사자 등을 조직화하거나 모금활동을 지원하는 등 적극적 모금활동을 전개한다.

(4) 배분 기능

공동모금회는 모금된 성금을 중앙에서 지방으로 배분하거나 시민단체와 거주지설에 배분하고 신청사업에 의한 프로그램 배분과 클라이언트에 대한 직접적 배분활동을 전개한다. 배분 기능에는 배분 기준, 배분 심사, 결과 공고, 배분결과 보고 분석 등의 과정을 거친다.

3) 공동모금회의 발전 방안

(1) 시민참여의 확대

공동모금회의 모금활동은 연말 집중 모금 기간 중에 이루어지는 경향이 강하다. 이 기간 이외의 시기에는 모금활동이 일시적으로 이루어지고 있다. 이는 공동모금회의 성금모금이 불우이웃돕기성금으로 국민에게 인식되고 있기 때문이며, 정부 주도의 모금활동이 이루어지던 시기에 연말에 집중적으로 이루어진 것이 현재에도 유지되고 있기 때문이다.

하지만 공동모금활동이 본래의 취지를 살리기 위하여 불우이웃돕기성금이라는 이미지를 탈피할 수 있어야 한다. 예를 들면, 지금은 폐지된 모 방송국의 '긴급출동 SOS 24'와 같은 형태의 프로그램이 정기적으로 이루어지고 이러한 활동이 시민에게 널리 홍보되어 불우이웃이라는 이미지보다 이웃주민이라는 의식을 형성할 수 있도록 노력하여야 한다.

(2) 배분절차의 간소화

공동모금회의 배분활동은 주제별, 대상별, 그리고 문제 중심적 형태로 다양하게 이루어지고 있다. 한편, 사회복지시설 운영 보조금에는 클라이언트의 문제해결을 위한 프로그램 예산이 포함되어 있지 않다. 공동모금회는 일반적으로 시설 거주인 등의 욕구 충족에 필요한 프로그램 예산을 지원하고 있기 때문에 사회복지시설은 공동모금회의 의도에 부합되는 사업을 신청하는 경향이 있다. 따라서 공동모금회의 배분 활동은 객관적이며 중립적인 입장을 견지하여야 하며, 배분 절차에 익숙하지 않은 사회복지시설이 배분 과정에서 배제되지 않도록 배분절차를 간소화할 필요가 있다.

(3) 배분 목표의 성과 측정

공동모금회의 배분사업은 효율성과 효과성을 강조하지 않을 수 없다. 특히, 사회복지시설의 신청 사업은 문제해결적 접근이 많기 때문에 프로그램의 필요성 등을 면밀히 살피고, 클라이언트의 문제를 우선적으로 고려하여 지원 사업을 선정하여야 한다. 또 프로그램 목표를 달성할 수 있도록 지원하여야 한다. 이를 위하여 사전 인터뷰 강화, 사업수행에서의 컨설팅, 그리고 사업수행 결과에 대한 평가 공유가 필요하다.

4. 지역자활센터

1) 지역자활센터의 의미

우리나라의 자활사업은 사회복지계보다 빈민지역운동 등의 제도권 외에서 활발하게 이루어지는 사회운동의 성격을 지니고 있었다. 빈민지역운동은 재개발반대 투쟁, 탁아방 등과 아울러 생산공동체 운동을 전개하였으며, 1996년 5개소의 자활지원센터가 시범적으로 운영되었고, 1997년 경제 위기를 맞이하여 1998년부터 공공근로사업이 진행되었다. 2000년 제정된 「국민기초생활보장법」에 자활후견기관으로 명칭이 변경됨으로써 자활지원정책이 제도화되었다(이인재, 2006: 207-208; 전해황 외, 2008: 291). 현재 자활지원센터는 2023년 기준 전국적으로 250개소가 지정 · 운영되고 있으며(12개 시군구에 미설치), 광역자활센터는 16개소가 운영되고 있다.

자활사업은 「생활보호법」상에서 유명무실하게 존재하고 있었으나 「국민기초생활보장법」의 제정으로 근로 가능한 연령층도 근로 참가를 조건으로 생계급여를 제공하고 사회적 일자리 창출이 이루어지면서 공공부조의 영역으로 완전하게 편입되었다(이인재, 2006: 207). 이러한 과정에서 자활사업은 복지와 고용이 결합된 근로연계복지제도의 형태를 지니고 있다(이인재, 2006: 232).

보건복지부 자활사업안내 지침(2023)에 의하면 자활사업은 근로능력자의 기초생활을 보장하면서 근로역량 배양 및 일자리 제공을 통한 탈빈곤 및 빈곤예방을 목적으로 하고 있다. 자활사업을 통해 근로능력 있는 저소득층이 스스로 자활할 수 있도록 자활능력 배양, 기능습득 지원 및 근로기회를 제공한다. 따라서 지역자활센터는 근로능력 있는 저소득층에게 집중적 · 체계적인 자활지원서비스를 제공함으로써 자활의욕 고취 및 자립능력향상을 지원한다. 기초수급자 및 차상위계층의 자활 촉진에 필요한 사업을 수행하는 핵심인프라로서의 역할을 수행한다. 즉, 자활사업 참여자의 자활 의욕 고취 및 자립 능력 향상을 지원하여 공동으로 작업을 수행함으로써 소득을 얻거나 창업을 할 수 있도록 종합적으로 지원하는 보육센터로서의 역할을 수행하는 곳이다(전해황 외, 2008: 298).

2) 지역자활센터 운영 원칙

지역자활센터는 근로능력 있는 저소득층에게 집중적 · 체계적인 자활지원 서비스를 제공함으로써 자활의욕고취 및 자립능력 향상을 지원함을 목표로 하며, 운영 원칙은 다음과 같다.

① 참여주민 고유성과 존엄성의 원칙: 인도주의 원칙 하에 주민들의 개별적 고유성과 존엄성이 최대한 보장되도록 수행하여야 한다.

② 주민자발성과 민주적 운영의 원칙: 참여 주민이 자활사업의 능동적 주체가 될 수 있도록 민주적 참여를 보장하고 수평적 관계를 지향한다.

③ 독립성의 원칙: 독립된 행정체계와 운영체계를 가져야 하며, 기존 복지관이나 시설의 프로그램 일부로 편입되어 운영되어서는 안 된다.

④ 기준시설 확보의 원칙: 주민들과의 상담, 교육, 훈련 및 경영지도 등의 자활 자립을 도모하는 종합적인 서비스를 제공하기 위하여 일정한 규모의 기준시설을 확보해야 한다.

⑤ 전문가에 의한 사업수행의 원칙: 지역사회복지, 지역사회조직 및 개발 관련 분야의 전문지식과 함께 지역조직활동에 전념하여 지역현장 경험을 갖춘 전문적이고 헌신적인 인력에 의해 수행한다.

⑥ 교육 · 훈련의 원칙: 참여주민의 자활의지 및 역량의 성장과 종사자의 전문성 함양을 위해 지속적인 교육, 훈련을 실시하여야 한다.

⑦ 사회적 가치 구현의 원칙: 참여 주민의 역량과 조건에 맞춰 사회적으로 가치가 있고 지역사회에 필요한 자활근로 사업을 운영한다.

⑧ 지역사회와의 연대 · 협력의 원칙: 참여 주민의 자활자립을 위해 지역사회 내 다양한 물적 · 인적 자원을 조직 · 동원하며, 근로기회 제공과 사회서비스 지원을 통해 지역사회와의 연대와 협력을 구현한다.

⑨ 사업실행 평가의 원칙: 주민들의 생활향상과 변화의 효과, 재정투자의 효과, 사업내용 및 방법의 적합성 등이 지속적으로 평가되어야 하며, 평가결과가 새로운 사업수행에 환류하여 활용되도록 한다.

3) 지역자활센터의 기능

「국민기초생활보장법 시행령」 제26조의 기준을 보면 지역자활센터의 기능은 창업에 대한 정보 제공 및 교육, 자활공동체의 모범 사례 발굴 및 확산, 자활공동체에 대한 경영 진단 및 지원, 신규 자활사업의 발굴, 자활후견기관 설립 및 운영 안내, 기타 자활 훈련 정보 제공에 관한 사항 등의 사업을 수행한다.

(1) 자활 의욕 고취를 위한 교육

자활사업에 대한 의무참여자는 조건부 수급자이며, 희망 참여자는 자활급여 특례자, 일반수급자, 차상위계층에 대하여 자활의욕 고취 및 기초능력 배양을 위한 교육 프로그램을 개발 · 운영하고 전문교육은 광역자활센터 및 자활연수원과 연계하여 실시한다.

(2) 자활을 위한 정보 제공 · 상담 · 직업 교육 및 취업 알선

지역자활센터는 자활사업과 관련된 정보를 수집하고 제공하는 기능을 수행한다. 따라서 자활공동체 및 자활공공근로와 관련된 정부정책 및 현황 제공, 자활공동체 설립 및 운영에 관한 자료 제공, 해외 자활기업 및 일자리 창출 프로그램 정보 수집 등의 정보를 제공한다(이창희 · 강영실, 2006: 255).

기관	역할	구분
보건복지부	• 국민기초생활보장제도 총괄 • 종합자활지원계획 수립(매년 12월) • 자활프로그램 개발 · 추진 • 지역자활센터 지정 · 관리	자활정책 · 사업 총괄관리
시 · 도 시 · 군 · 구	• 지역자활지원계획 수립(매년 1, 2월) • 자활기금의 설치 · 운영 • 급여 실시여부 및 내용결정, 지급 • 자활기관협의체 운영 • 조건부수급자 책정 및 생계급여 중지여부 결정 • 참여자자활지원계획 수립 · 관리	자활사업 총괄시행
읍 · 면 · 동	• 조건부수급자 확인조사(자산조사 제외)	조건부수급자 관리
자활인프라	• 한국자활복지개발원 – 자활지원을 위한 조사 · 연구 · 교육 및 홍보사업 – 자활지원을 위한 사업 개발 및 평가 등 • 광역자활센터 – 광역단위의 저소득층에 대한 취 · 창업지원 – 지역특화형 자활프로그램 개발 · 보급 등 • 지역자활센터 – 자활의욕 고취를 위한 교육, 참여자 사례관리 – 자활을 위한 정보제공 · 상담 · 직업교육 및 취업알선 – 기타 자활을 위한 각종 사업 등	자활사업 수행
고용노동부	• 종합취업지원계획 수립(매년 12월) • 취업지원프로그램 개발 · 추진	취업지원관리
고용센터	• 개인별 취업지원계획 수립 · 관리 • 취업알선 등 취업지원프로그램 시행 • 취업대상자의 조건이행 여부 확인	취업지원시행

[그림 10-1] 자활사업 추진체계 및 역할

(3) 생업을 위한 자금융자 알선

생업 자금 융자는 수급자 등 저소득층의 자활을 위한 사업의 창업, 운영 등에 필요한 자금을 장기적으로 대여하여 자립을 유도하고 생활안정을 도모하기 위한 것이다.

(4) 자영창업 지원 및 기술 · 경영 지도

창업을 통해 자활할 수 있도록 기술 · 경영지원을 하고, 창업 후에도 적극적인 사후관리를 통해 완전 자립할 수 있도록 지원한다. 생업 자금 융자는 수급자 등 저소득층의 자활을 위한 사업의 창업, 운영 등에 필요한 자금을 장기적으로 대여하여 자립을 유도하고 생활안정을 도모하기 위한 것이다.

(5) 자활기업의 설립 · 운영 지원

기초수급자 등 저소득층이 모여 경제적으로 자립할 수 있는 자활기업을 설립해 자립 · 자활할 수 있도록 지원한다. 장애인, 산모 · 신생아, 노인돌보미 바우처사업 등 사회서비스사업 위탁 수행

(6) 사회서비스지원 사업

장애인, 산모 · 신생아, 노인돌보미 바우처사업 등 사회서비스사업을 위탁하여 자활사업을 수행한다.

(7) 기타 자활을 위한 각종 사업

지역자활센터는 수급자나 차상위자의 자활사업 참여나 취업 · 창업으로 인하여 지원이 필요하게 된 가구에 대하여 사회복지서비스 등 필요한 서비스를 연계하고, 복지부 시행 근로빈곤층 대상 자산형성지원사업 참여자에 대한 사례관리 및 자립역량교육 지원 등의 통장 사례관리를 시행하고 있다.

4) 지역자활센터의 발전 방안

(1) 자활 목표 조정

지역자활센터의 참여자는 장년층 수급자 혹은 저소득층이 일차적 대상이다. 참여자들은 상대적인 고령, 장애, 질병, 저기술 등의 이유로 노동시장에서 배제된 경우가 많다. 이들이 노동시장에 재진입하거나 창업에 도전하기에는 한계가 많다. 따라서 노동시장에서 탈락된 사람들이 중심이므로 자활사업을 통한 탈빈곤 효과는 매우 낮다(오정수 · 류진석, 2006: 294). 실제로 지역자활센터는 이들의 경쟁능력을 강화시켜 자립시키는 것보다 능력을 재활용하는 성격이 더 크다. 따라서 창업과 재취업의 목표와 아울러 공익적 활동에 참여하는 것도 고려하는 것이 바람직하다.

(2) 사회적 일자리 창출 및 제공

사회적 일자리는 공공근로의 개념과 유사하다. 하지만 사회적 일자리는 사회적 기업의 형태로 기존의 노동시장과는 구분되는 특성을 가지고 있다. 따라서 사회적 일자리는 성장중심적인 시장구조에 대한 적응과 사회적 연대성에 입각하여 공공성을 강화하는 의미를 지닌다는 점을 강조하는 것이 바람직하다.

(3) 자활사업 실무자의 전문성 강화

자활사업 실무자는 지역사회복지에 대한 전문성을 가지고 있다. 하지만 실무자들은 자활사업부문에 대한 전문성이 부족하다. 따라서 사업에 대한 전문성을 높일 수 있는 맞춤형 교육이 필요하고, 또한 이를 보완하기 위해 외부전문가 초청도 필요하다.

(4) 자활사업에 대한 적극적 지원과 생산품 우선 구매

지역자활센터는 근로연계복지의 개념으로 등장하였지만 실제로 한국사회의 경직된 노동시장에서 자활사업 참여자들의 생산성은 높지 않다. 자활사업의 결과물인 자활생산품의 질은 낮고, 생산품의 안정적인 판로는 부족하므로 지방자치단체 등의 공공기관이 자활사업을 통해 만들어진 생산품을 우선적으로 구매하도록 지원하는 것이 바람직하다.

5. 기타 지역사회복지실천기관

1) 정신건강복지센터 등

최근 지역사회복지에 대한 국민의 욕구가 다양화되고 개별화되고 있는 경향이 강하다. 또 영유아, 장애인, 노인 등에 대한 돌봄서비스가 가정이 아니라 사회에서 제공되고 있기 때문에 지역사회복지실천기관이 다양하게 증가하고 있는 상황이다. 「정신보건법」의 제정에 따라 정신장애인의 지역사회복지시설인 정신건강복지센터와 정신재활시설이 시·군·구 단위에 설치, 운영되고 있다.

2) 가족센터 등

또 가족 기능의 약화와 다양한 가족의 출현으로 2023년 현재 가족센터가 211개소, 다문화가족지원센터 20개소, 건강가정지원센터 13개소가 운영되고 있다(여성가족부, 2023). 또 노인장기요양보험의 실시로 노인복지센터가 급증하고 있을 뿐만 아니라 지역자활센터의 자매 격인 시니어클럽도 운영되고 있다.

다만, 지역사회 내에 가정폭력이나 학대 등으로 고통받고 있는 지역주민을 위한 긴급보호시설과 치료시설 등이 매우 부족한 것은 아쉽다. 응급상담센터 등은 있지만 단기간 보호할 수 있는 시설이 없기 때문에 가해자와 피해자를 분리하여 보호하고 치료하는 기능이 결여되어 있다.

Chapter

11

새로운 지역사회복지실천사례

1. 인간 중심의 지역사회, 쿠리치바
2. 공동체 중심의 경제, 지역화폐

새로운 지역사회복지실천사례 11

현대의 지역사회는 산업화와 도시화의 급격한 진행으로 대량 생산, 대량 소비의 경제활동과 무관심, 이기주의적 사고 등의 생활양식이 정착되고 있으며, 개인과 가족의 복지에만 관심을 가지는 일탈된 특성을 형성하고 있다(이승은 · 홍선기 역, 2002: 43).

이러한 특성으로 인해 지역주민 간의 상호작용을 통하여 공동체를 추구하는 이상적 지역사회보다는 소비를 통해서 만족을 추구하는 대리만족이 보편화되고 있다. 이는 지역주민이 더불어 사는 공동체의식과 정체성이 상실되어 지역사회 내에서 주체성을 상실하고 있음을 의미한다.

지역사회의 정체성은 '동일성과 개별성'으로 설명될 수 있는데(김일태, 2001: 29-30), 이러한 동일성과 개별성이 상실되는 현상은 도시 형성과정에서 경제성과 효율성이 지나치게 강조되어 자연스럽게 개인주의적 생활양식으로 변화되었기 때문이며, 지역사회가 인간이 생활하기에 부적합하게 변화되었다는 것을 의미한다.

인간이 공동체 사회를 유지하고 문화를 창출하는 이유가 건강하고 문화적인 생활을 영위하면서 행복한 생활을 보장받기 위한 것이라면 외부 체계와의 다양한 교류를 형성하는 것은 지극히 당연한 것이다. 타인과의 공생적 관계가 형성되지 않은 지역사회는 일탈된 지역사회이며 장기적으로 지속성을 보장할 수 없다.

지속 가능한 지역사회는 효율성과 기능성을 강조하는 근대주의적 가치를 지양하고 인간성(여유와 관심 등), 지역성(상징성과 친근함 등), 창조성(독창성 등), 그리고 미관성(아름다움 등)을 추구하여야 한다(김일태, 2001: 30). 동시에 지속 가능한 지역사회는 인간과 자연이 공생하는 친환경적 특성을 가지고 다양성, 자립성, 순환성, 안정성을 유지할 수 있어야 하며, 이를 토대로 주민의 자발적 참여, 연계와 협력, 사회통합이 이루어져야 한다.

이러한 특성을 가지기 위해서는 공동체의식의 형성, 조직화의 강화, 의사소통과 자원의 적절한 소비 등이 강화되어야 한다. 인간활동과 환경이 조화로운 지역사회를 만들어 지속 가능한 사회를 건설하고자 하는 새로운 패러다임이 필요하다.

새로운 패러다임으로 지역주민의 복지를 증진하고 있는 도시로는 브라질의 생태도시 쿠리치바(Curitiba), 일본 가마쿠라(鎌倉) 시의 마을 만들기, 독일의 환경수도 프라이부르크(Freiburg) 등이 있으며, 이들 도시는 국제사회에서 대표적으로 친환경적으로 인정받는 지역사회이다. 또한 기능적으로는 지역통화운동이 새로운 패러다임으로 인정받고 있다. 이 장에서는 쿠리치바, 가마쿠라 그리고 지역통화운동에 관한 내용을 살펴보고자 한다.

1. 인간 중심의 지역사회, 쿠리치바

1) 쿠리치바 시의 지역사회복지 특성

지역주민의 쾌적한 생활을 위한 생태와 환경에 대한 관심은 선진국과 후진국의 구분 없이 모든 나라에 있어서 공통 관심사이다. 이러한 점에서 브라질의 쿠리치바 시는 모든 도시로부터 존중과 찬사를 받는 도시 가운데 하나이다. 지구에서 가장 친환경적인 도시로서 생태환경과 인간문화가 조화롭게 어우러져 있다는 점에서 전 세계적 관심을 받고 있는 도시이다.

유엔환경회의는 쿠리치바 시에 1990년 '우수환경과 재생상'을 수여했고, 『Times』는 1991년에 '지구에서 환경적으로 가장 올바르게 사는 도시'로, 『LA 타임즈』는 1996년에 '세계에서 가장 혁신적인 도시'로, U.S. News & World Report는 1998년에 세계에서 가장 현명한 도시로 선정하였다. 또 『성장의 한계』의 공동 저자인 메도스(Meadows)는 쿠리치바 시를 '희망의 도시'라고 하였다(동아일보, 2002. 3. 1.). 우리나라에서도 쿠리치바 시는 텔레비전과 도서를 통하여 꿈의 도시, 생태도시, 환경친화적 도시 등으로 소개되고 있다.

(1) 지역사회복지정책의 특성과 목표

① 저비용 · 고효율정책

쿠리치바 시의 정책을 가장 단적으로 표현하는 말은 저비용과 고효율을 통한 친환경정책이라고 할 수 있다. 이러한 특징은 중심 도시의 물리적 확장을 제한하는 토지이용계획과 교통계획의 통합, 5개의 구조적 교통축을 따라 발전하는 선형도시계획, 인구 통제 및 관리, 중심 지역의 탈혼잡과 역사 중심지의 보전, 버스를 땅 위의 지하철로 만든 독창적 통합교통망, 자동차로부터 해방된 보행자 천국, 에너지 절약형 모델 도시, 순환형 폐기물 정책, 시민참여정책 등이다. 쿠리치바 시는 이러한 정책들을 적극적이고 지속적으로 실천하고 있다.

쿠리치바 시 정부는 짧은 시간에 많은 예산이 요구되는 대규모 사업보다 저예산, 단순 검소함을 바탕으로 가난한 시민을 위한 광범위한 복지와 의료행정을 실시함으로써 지역주민의 복지를 증진하는 도시를 만들어 건강하고 지속적인 지역사회의 모범이 되고 있다.

② 민주적 의사결정

쿠리치바 시의 도시계획에 있어서 시민의 의사를 존중하는 민주적 의사결정 과정은 매우 중요하다. 기업이나 공직사회, 사회 일반의 의사결정이 권위주의적 과정을 통해서가 아니라 극히 민주적으로 결정됨으로써, 시민이 원하는 정책을 입안하고 실천할 수 있게 되었으며 또한 시민이 적극적으로 참여하게 됨으로써 자신의 의사를 적극적으로 표현할 수 있다. '도시의 주인은 주민이다', '시민을 존경하는 행정'이라는 철학과 신념 아래 시 정부의 계획적이고 적극적인 도시정책을 추진하고 있다.

③ 적극적 행정

쿠리치바 시가 이와 같이 모든 도시의 모범이 된 것은 행정적인 면에서 탁월한 능력을 발휘하여 지속 가능한 지역사회를 건설하기 위하여 부단히 노력하였기 때문이다. 자본주의의 일반적 속성인 대량 생산과 대량 소비의 시스템이 아닌 저비용과 고효율의 행정시스템으로 시민의 삶의 질을 높이고 있다. 이러한 행정적 특성은 최근에 많은 국가들이 복지에 대한 국가의 개입을 축소하고 민간의 적극적 개입과 자율성을 강조하는 것과는 매우 대조적인 모습이다.

이러한 행정은 통합성, 창조성, 지속성, 저비용, 속도성을 실천가치로 추구함으로써 쿠리치바 시를 세계가 '환경적으로 건전하고 지속 가능한 도시의 모델'로 주목하도록 하였다. 쿠리치바 시가 시민의 적극적 지지를 받는 이유 중의 하나는 행정의 속도에 있다. 쿠리치바 시에서 '속도'는 정책에 대한 신뢰를 심어주는 가장 중요한 기제이다. 행정이 느리고 무사안일하게 일하는 것이 아니라는 것을 증명하고 있는 것이다.

도시정책은 쿠리치바 시가 도시의 사회통합, 접근성, 공공 어메니티(amenity), 도시 투명성, 효율성과 지속 가능성(김해창, 2003: 188)을 효과적으로 이루어 냄으로써 시민이 주인인 쾌적한 도시를 만들고 있다. 이 외에도 창조성과 재활용을 통한 순환성, 그리고 가난한 사람과 아동에 대한 적극적 사회복지정책도 빼놓을 수 없는 시 정부의 목표이다. 도시정책의 모든 노력을 통하여 인간과 환경이 조화로운 공생관계인 이상적 도시를 만들었다.

(2) 녹색정책

① 자연보존

녹색도시는 쿠리치바 시를 생태적으로 가장 특성 있는 도시로 돋보이게 하는 요소이다. 인공적 개발을 최소화하고 자연 그대로의 원형을 보존하고 있다. 자연과 인간이 공생하면서도 시민이 편안하게 생활하고 여유 있게 쉴 수 있는 자연공원의 조성을 통해 생태주의 사상을 적극적으로 실천하고 있는 대표적인 정책이다. 쿠리치바 시는 저예산으로 효과적인 공원을 조성하고 있다. 버려진 채석장 등을 활용하여 자연을 원래 이상의 상태로 복원하였으며 탕구아공원, 오페라 데아라메, 그리고 환경개방대학이 쓰레기 더미의 채석장이었고, 식물원은 쓰레기가 넘치던 빈민촌 주위의 농지였다.

② 사회적 교통요금제

쿠리치바 시 교통체계의 가장 큰 특징은 환경적으로 손상이 적은 교통수단과 교통요금의 사회화라고 할 수 있다. 한정된 지역에서만 이용할 수 있는 지하철과 고비용의 자가용을 대신하여 도시 전역을 다닐 수 있는 이중굴절버스(270명 수용)를 통하여 저비용의 예산으로도 시민이 지하철 이상으로 편리하게 이용하고 있으며, 사회적 요금을 통하여 단 1회의 비용으로 시내 전역을 이용할 수 있는 공공교통제도를 실시하고 있다. 이는 쿠리치바 시의 경제적 혁명이며 사회적 혁명이라고 할 수 있다.

이중굴절버스의 건설 유지비용은 지하철 건설 유지비용의 약 1/200 정도에 불과하여 저예산 고효율적인 교통체계를 확립한 것이다(중앙일보, 2001. 1. 6.). 이뿐만 아니라 장애인이 이용할 수 있는 장애인 전용 버스를 운행하여 누구나 편리하게 교통시설을 이용할 수 있도록 제도화되어 있다.

③ 쓰레기 교환 프로그램

쿠리치바 시에는 녹색교환이라는 매우 특별한 제도가 운영되고 있다. 이 제도는 쓰레기를 잉여 농산물이나 버스 쿠폰으로 교환해 줌으로써 자원을 재활용하도록 권장할 뿐만 아니라 가난한 지역주민에게 절약하는 정신과 생활의 질을 향상시키는 이중적 효과를 가지고 있다. 이러한 녹색정책은 모든 도시정책에서 주민, 특히 가난한 주민에 대한 적극적 관심과 애정에서 비롯된 것이며, 행정의 주된 관심이 지역주민의 삶의 질을 높이는 것에 맞추어져 있기 때문에 가능한 것이다.

(3) 공동체 의식화 교육

① 통합적 생활방식

쿠리치바 시는 주민에게 의도적으로 혹은 무의식적으로 환경의 중요성을 교육하여 소비 중심적 의식과 생활방식을 전환하도록 교육하고 있다. 쓰레기를 음식물과 바꾸어 주는 녹색교환을 통해 주민이 생활 속에서 자연스럽게 쓰레기를 자원으로 인식하도록 하고 있다.

또 공식적 교육을 통하여 아동에게 새로운 생활방식을 교육하고 있다. 저소득층 지역 초등학교와 맞붙은 '지혜의 등대' 도서관을 통하여 아동에게 전인교육을 실시하고 있으며 사회통합과 환경통합의 가치관을 배양하고 있다.

② 이동식 직업교육

성인을 위한 교육도 의식적이고 계획적으로 이루어지고 있다. 대부분의 저소득층 지역사회에서는 재정이 열악해 직업훈련학교를 건설할 수 없었다. 그리하여 쿠리치바 시는 대중교통수단으로 이용할 수 없는 오래된 버스를 재활용하고, 바퀴 있는 작업장으로 변형시킨 승차학교를 발명했다. 이 '취업로 사업'은 사용 연한이 지난 버스를 재활용하여 이동교실처럼 운영한다.

현재 시 전역에서 목공, 공예, 수예, 전기기술, 미용, 페인팅, 인쇄, 배관, 전화교환, 그리고 최근에는 컴퓨터 교습과 같은 다양한 프로그램이 운영되고 있다. 버스는 날짜별로 매일 한 저소득층 지역에서 다른 지역으로 이동하고 교사들은 지역사회 내에서 거의 충원된다.

(4) 인간 중심의 사회통합 강화

① 통합적 정책

쿠리치바 시는 정책의 통합, 환경의 통합, 사고의 통합을 추구하고 있다. 복지 · 환경 · 문화 · 교통 · 어메니티(amenity) 등을 포함해서 전체를 포괄하는 정책을 펼치고 있는 것이다. 이러한 정책은 도시 전체, 즉 부자 · 중산층 · 빈민을 하나로 굳게 결합시키는 의도를 가지고 있다. 그 예로, 도시의 노점상이 하나의 결사체를 형성하도록 도움을 주고, 매주 또는 2주에 한 번씩 가로시장이 열릴 수 있도록 지점을 관리함으로써 노점상의 생존권을 보장하여 거리의 미적 황폐화를 방지하고 있다(박용남, 2000: 148).

이처럼 지역사회복지의 목표인 사회통합이 이 도시에서는 문화적 · 경제적 · 물리적으로 결합됨을 의미하는 것이며, 나아가 인간과 자연의 결합을 의미하는 것이다.

② 사람 중심의 정책

쿠리치바 시 도시정책의 핵심은 시민을 위하는 정책이라고 할 수 있다. 비용과 효율 면에서 고려를 많이 하고 생태 · 환경 측면을 강조하지만 그 근저에는 시민을 존경하는 원칙이 살아 움직이고 있다. 즉, 시민의 구체적 욕구를 시 행정의 정책으로 담아내고 있는 것이다. 자가용이 아닌 자전거와 보행자를 중심으로 하는 도로 조성, 환승 터미널을 이용한 민원서비스 제공, 1회의 버스요금으로 전 구역을 갈 수 있는 사회적 교통요금 등은 경쟁과 개발을 강조하는 자본주의적인 물질적 사고를 인간 중심으로 전환한 대표적 사례라고 할 수 있다.

③ 차 없는 거리 조성

인간 중심의 거리는 현대 도시가 편리함의 기능을 강조하여 사람보다는 차량을 중심으로 도시구조를 계획하는 것과는 달리 사람들의 여유와 쾌적함을 강조하여 차 없는 거리를 조성하여 시민의 상호 교류를 권장하고, 시민이 쾌적하게 쉬어 갈 수 있는 문화공간에 역점을 두고 있다. 물리적 환경의 변화는 시민의 입장에서 실천하는 행정의 적극성과 시민의 성숙한 의식 및 자발적 참여가 적절하게 어우러져 만들어 낸 결과라고 할 수 있다.

④ 저소득층 보호제도

쿠리치바 시의 행정에서 주목할 점은 행정이 시민에게 공공 부문의 서비스를 제공하는 것만이 아니라 도시화 과정에서 발생하는 사회문제에 대한 본질적 문제의 해결까지도 시도하고 있다는 점이다.

사회적 불평등을 해소하기 위한 버스요금제도(한 번의 버스요금으로 여러 차례 환승하여 목적지까지 갈 수 있는 버스요금제도), 저소득층 지역을 위주로 설립 · 운영되고 있는 환경 피아(PIAs, 무료 탁아소)와 청소년을 위한 소형 도서관인 '지혜의 등대', 저소득층 지역에서 실시되고 있는 '녹색교환', 저소득층 주민을 고용하여 운영하고 있는 '재활용센터', '직업의 대노선 정책' 등의 여러 가지 프로그램을 통해서 빈민 및 저소득층 지역주민의 주거 및 교통, 복지, 생활 개선과 일자리 창출을 시행하고 있다. 본질적 사회문제의 해결을 위한 정책에 관심이 집중되고 있으며 제도적 틀과 구조를 만들어 철저하게 시행하고 있다.

통합적 프로그램을 결합하여 공동체 정신 함양, 환경체험교육, 빈곤 완화, 재활사업 등으로 여러 가지 목적을 동시에 달성하고 있는 것이다.

(5) 협력적 네트워크 강화

쿠리치바 시 도시정책은 정책의 연계성과 협력을 특징으로 하고 있다. 쿠리치바 시 도시계획의 기본 방침은 도시를 경제적으로 보지 않고 문화와 사회공동체로 보는 것이고, 도시교통시스템의 주안점은 차를 나르는 것이 아니라 인간을 나르는 것이며, 문제점을 장애물로 보지 않고 기회로 인식하는 적극성과 창조성을 강조하는 것이다.

쓰레기 재활용 정책은 회수와 분리, 그리고 재활용시스템의 연계를 도모하고 있으며, 쓰레기 재활용 정책이 도시 빈곤층 주민의 복지 프로그램과 연계되고 있다. 더욱이 분리과정에서 사회적 재활이 필요한 알코올중독자와 정신장애인을 고용하여 직업재활의 기회를 제공하고 소득도 지원하는 복합적 제도를 활용함으로써 사업의 연계성과 효과성을 극대화하고 있다.

그리고 도심 전역에서 녹색 띠를 형성하여 보행자와 자전거 이용자에게 쾌적한 가로 환경을 제공하고 있다. 이러한 정책은 소비 중심의 대량 생산과 대량 소비의 구조를 거부하고 생태적으로 유익하면서도 인간 중심적 사고로 이루어진 정책 결과라고 할 수 있다.

2) 쿠리치바 시의 지역사회복지 함의

쿠리치바 시는 한마디로 시민과 행정의 조화, 인간과 환경의 조화, 녹지와 물리적 환경의 조화, 빈부의 조화, 비용과 효율성의 조화가 두드러진다는 것을 알 수 있다. 무엇보다도 쿠리치바에서 돋보인 것은 도시정책의 일관성과 지속적 행정 노력이다. 도시계획연구소의 방안들로 시민의 생활을 쾌적하게 하기 위한 창조적 계획이 마련되면 신속하게 그리고 아름답게 실천된다는 점에서 쿠리치바 시의 적극적 행정은 뛰어나다. 쿠리치바 시로부터 얻을 수 있는 교훈은 다음과 같다.

첫째, 저예산과 저비용으로 국민의 삶의 질을 충분히 향상시킬 수 있다. 쿠리치바에서는 대량 생산과 대량 소비의 자본주의적 성장가치보다는 아끼고 다시 쓰는 창조적 지혜를 통하여 더욱 쾌적한 일상생활을 유지하고 있다. 이러한 것은 전적으로 창조적 사고를 통한 인식의 전환과 생활방식의 전환이 가져온 결과라고 할 수 있다.

둘째, 쿠리치바 시는 기계보다는 인간 중심의 정책을 실시하며, 시민의 참여를 강화하고 있다. 쿠리치바는 시민이 쾌적하고 이용하기 편리한 행정서비스를 제공함으로써 여유와 안정을 제공하고 있다. 무엇보다 시민의 욕구와 참여를 중심으로 정책을 실시하고, 경쟁과 배타성을 최소화하기 위하여 노력하고 있다. 권위주의 대신에 봉사하는 행정, 찾아가는 행정이 이루어지고 있다.

또 녹지공간과 문화공간이 풍부하다. 소비적이고 인공적인 환경정책을 포기하는 대신에 자연적으로 녹지와 공원을 조성하고 있으며, 수명이 다한 오래된 건물을 문화공간으로 전환하여 시민에게 여유를 제공하며 동시에 쾌적한 환경정책을 실시하여 자연환경을 적극적으로 보호하고 있다.

셋째, 교육을 강조한다. 시민을 위한 정책이 보다 효과적으로 영향을 미치기 위하여 제도화된 교육과 비제도적 교육이 충분히 연계되고 있으며, 생활방식의 전환을 위한 사회교육이나 환경교육이 중요한 정책으로 실시되고 있다. 특히, 아동의 교육에 대한 과감한 투자가 새로운 삶의 방식으로 전환하고 있는 방법은 매우 고무적이다.

넷째, 통합성과 연계성이 잘 조화되어 있다. 특히, 정책과 제도의 연계가 두드러지며, 빈부의 통합, 인간 · 자연 · 물리적 환경이 통합되고 불평등을 제거하기 위하여 사회가 통합되어 운영되고 있다. 사회적 요금, 쓰레기 분리와 녹색교환 등은 통합성의 대표적인 사례이다. 쓰레기 수거와 분리 작업에 대한 철저한 연계가 이루어지며, 특히 분리 작업에는 정신장애인 등이 사회적응훈련을 겸한 작업요법이 사회통합적 차원에서 실시되고 있다. 재활용을 통한 저비용구조는 도시 전체에서 중요한 가치로 인정되고 있다.

다섯째, 도시정책은 환경적으로 건전하게, 경제적으로 저렴하게, 정신적으로 여유롭게, 육체적으로 건강하게 모든 국민이 공평하게 혜택을 받을 수 있도록 보편적으로 실시하고 있다. 모든 도시정책은 1회적 소모성이나 단기적으로 시행되지 않으며, 거시적 정책을 추구하고 있다. 도시건폐율, 도심의 재건축 통제, 재활용과 녹색교환 등은 지속 가능한 사회건설을 위한 적극적 정책의 한 부분이다.

2. 공동체 중심의 경제, 지역화폐

1) 지역화폐의 의미

1980년대 들어 서구 사회에서는 기존의 시장경제나 국가경제와는 다른 유형의 대안경제(counter economics)운동이 매우 빠른 속도로 성장하고 있다. 그것은 일반적으로 제3의 부문(the third sector), 협동조합 부문(the co-operative sector), 사회적 경제(the social economy)라 불리는 것이다. 이러한 새로운 경제운동의 발생에는 두 가지의 배경이 있다.

첫 번째의 배경은 경제 주체－사기업이든 공기업이든－ 내의 의사결정과정에서 구성원에 의한 민주적 의사결정의 요구가 고양되었다는 점이다. 자본에 의해 노동자가 지배를 받는 사기업체나 국가 권력에 의해 노동자가 지배를 받는 공기업에 비해 민간에 의해 운영되는 경제 주체의 형성이 요구되고, 그 결과로서 노동자 자주 관리 기업이 대두하기 시작하였다.

두 번째 배경은 복지국가의 몰락에서 찾아볼 수 있다. 의료, 복지 등 생활의 질 향상 요구는 커져 가고 있지만, 가족과 같은 일차 집단의 기능은 약화되고 해체일로에 있으며, 국가에 의한 복지시스템은 사회의 여러 요구에 부응하지 못한 채, 복지의 질을 보장하지 못하고 있다. 이에 복지정책의 방향으로 다양한 시설의 설비에서부터 탈제도화한 상담 · 격려 · 지원 등과 같은 새로운 방법을 도입하게 되었다.

이러한 새로운 대안경제운동 중에서 공동체주의적 가치를 지닌 것이 지역화폐 혹은 지역통화운동이다. 지역통화(Local Exchange and Trading System: LETS) 운동은 미리 등록한 회원들이 그들 사이에서만 통용되는 지역화폐를 이용하여 재화 및 서비스를 서로 거래하는 네트워크조직이다. 한국에서는 1997년 말의 경제위기를 계기로 도입되어 여러 가지 형태로 시도되었으나, 2000년 말에 전국적으로 30여 개에 이르렀던 운영단체 중의 상당수가 2002년 말 활동을 중단하였을 정도로 간신히 명맥만 유지되고 있는 실정이다(이창우, 2002).

LETS는 국가나 은행이 발행한 돈(현금)을 사용하지 않고 지역주민끼리 물품과 서비스를 주고받는 것으로 연대에 기초한 자립적 생활방식이다. 이것은 일대일의 관계로 교환하는 옛날의 바터(barter)시스템과는 달리, 지역공동체 속에서 가입 회원 전체 사이에 교역이 이루어지는 체계이다. 회원들은 가입할 때 자기 앞으로 계좌를 개설하고 교환에 참여하게 되면, 회원 사이의 거래 관계를 일일이 보고받고 기록하는 사무소를 통해 전체 회원 각자가 제공할 수 있는 서비스나 물품에 관한 목록을 받게 되고, 각자의 계좌 현황을 정기적으로 통보받게 된다.

지역통화체계라고 하지만 LETS에서는 실제로 돈은 사용되지 않고 다만 물건이나 서비스를 사야 할 필요가 있을 때, 사무소에서 발행한 목록(또는 신문)을 보고, 그 물품이나 서비스를 제공할 수 있는 사람을 찾아서 정해진 LETS 가격으로 거래를 이룬다. 거래가 이루어지면 그 몫만큼 그 물품이나 서비스를 구매한 사람의 계좌에는 마이너스가 기록되고, 공급한 사람의 계좌에는 플러스가 기록된다.

LETS는 지역중심주의적이고 분권화된 거래관계망을 형성함으로써 생산-유통-소비-폐기가 지역사회 내부에서 이루어지는 지속 가능한 시스템을 유지하자는 이른바 생체지역주의(bioregionalism)적 입장을 가지고 있다(박용남, 2001). 이러한 주장은 LETS의 창시자라 할 수 있는 린톤(Linton)의 의도, 즉 외부적 요인에 의해 영향받지 않는 자립적 지역경제의 구축이라는 의도와도 일치한다. 국내·외를 막론하고 환경운동에 관심이 있는 개인이나 단체가 LETS에 적극적으로 참여하는 예가 많은 것도 이 때문이다.

또한 '지역'의 개념을 좀 더 확장하면, 현재와 같은 신자유주의적 금융 글로벌라이제이션 시대에 국제금융시장의 불안정성으로부터 자립성을 지닌 국민경제의 구축이라는 의미로도 연결될 수 있을 것이다(西部忠, 2000). 이러한 관점에서 보면 LETS는 공동체 중심의 소규모 자급자족경제를 강화하여 자원순환형의 지역사회를 만드는 데 목표가 있다는 것을 알 수 있다.

LETS에서 이루어지는 거래를 유형별로 분류해 보는 작업도 유의미할 것이다. 분류기준으로는, 첫째, 재화의 거래인지 노동력 서비스의 제공인지 하는 것과 둘째, 실제로 시장에서 상품으로 거래되고 있는 것인지(즉, 상품화가 가능한 것인지 또는 상품화의 비용이 낮은 것인지)[1] 아닌지의 두 가지가 중요하다. 이 두 가지 기준을 동시에 적용하면, 〈표 11-1〉과 같이 네 가지 유형의 거래를 구분할 수 있다. 가령, 유형 Ⅰ, Ⅱ는 실제로 시장에서도 공급되고 있는 재화와 서비스가 동시에 LETS 내에서 거래되는 경우이다.

〈표 11-1〉 LETS의 거래 유형

구분	시장거래	비시장거래
재화	유형 Ⅰ	유형 Ⅲ
서비스	유형 Ⅱ	유형 Ⅳ

1) 예를 들어, LETS의 회원인 주부가 자신의 솜씨를 발휘하여 김치를 담가 다른 회원에게 지역통화를 대가로 받고 제공하였다고 하자. 실제로 김치를 만들어 시장에서 판매하는 경우도 있기는 하지만, 보통의 주부가 김치를 상업적으로 판매하기는 쉽지 않은 일이다. 즉, 상품화가 전혀 불가능한 것은 아니지만, 상품화의 비용이 너무 크기 때문에 자본주의적 시장관계 속에 편입되기는 사실상 불가능한 것이다.

사실 LETS를 지역운동으로 파악할 때, 운동의 중요한 목적이 무엇이라 생각하는가에 따라, 위의 네 가지 유형의 거래 중에서 어떤 것이 더욱 증가하는 것이 바람직한가에 대한 규범적 논의를 하는 것도 가능하다. 만약 LETS의 중요한 목적 중의 하나가 지역 외부의 요인으로 인한 실업에 대처하는 능력을 키우는 데 있다면,[2] 시장에서 상품화에 실패한 회원의 노동력을 활용하는 기제를 확보하는 것이 관건이며, 따라서 유형 Ⅳ의 거래가 매우 중요한 의미를 가질 것이다. 만약 자원의 재순환을 통해 환경적 가치를 제고하는 데 중요한 의의를 둔다면, 유형 Ⅲ의 거래가 늘어나는 것이 바람직하다. 중고물품의 재활용적 성격을 띠는 경우 대부분 이 유형에 속할 것이기 때문이다.

결국 LETS에 대해 적극적 의미를 부여하는 이러한 해석들이 타당하기 위해서는 시장에서는 거래되지 않는 재화 및 서비스가 LETS 내에서 거래되는 유형 Ⅲ이나 유형 Ⅳ가 차지하는 비중이 양적 · 질적으로 증대하여야 한다. 특히, 기업이나 업소의 경우 애초부터 일정한 자격 조건을 갖춘 경우에만 회원 자격을 부여하는 해결방법이 필요할 것이다.

LETS를 설립한 개척자들은 자기들이 살고 있는 지역에서 공동체를 재건하고, 상호 부양의 사회적 네트워크를 발전시키며, 가난한 사람과 일자리가 없는 사람을 돕고 그들에게 기회를 제공한다는 비전을 가지고 있었다. 그들은 또한 이 시스템이 지역경제를 강화한다는 것으로 인식하고 있었다.

2) 실제로 린톤이 1980년대 초반 캐나다에서 LETS를 시작한 가장 주요한 동기가 이것이었다.

2) 지역화폐운동의 변화

LETS 시스템은 원래 1980년대 초 높은 실업률로 침체되어 있던 캐나다 브리티시 컬럼비아의 코목스라는 곳에서 린톤에 의해 시작된 지역교환체계이다. LETS 시스템은 복지국가의 위기 이후 세계화라는 이름으로 진행되는 다국적기업의 확장으로 해당 국가의 주민이 궁핍화와 착취를 강요당하는 풀뿌리 공동체의 자기방어와 희생을 위한 수단으로 세계 곳곳에서－특히, 만성적 고실업률로 고통당하고 있는 지역사회에서－ 대안으로 등장하고 있는 '지역통화운동' 가운데 대표적인 것으로 평가받고 있다. 지역통화운동은 공간시스템으로서 생체지역주의(bioregionalism)를 근간으로 하고 있다.

우리나라에서 1996년부터 『녹색평론』에 소개되기 시작한 지역통화운동은 1998년 3월에 처음으로 신과학운동조직인 '미래를 내다보는 사람들의 모임'이 '미래화폐'란 이름으로 지역화폐의 운영을 시작하였다. 이어서 불교환경교육원, 인천의 인하대학교에 소재한 인천정보센터, 중앙대학교 부설 종합사회복지관이 운영하는 기술도구은행, 관악지역화폐 등에서 지역통화운동을 벌이고 있다. 도서출판 '작은 것이 아름답다'의 작아장터, 교육 관련 출판사인 '민들레'의 민들레교육통화 등의 지역통화운동도 있다.

서울시 송파구 자원봉사센터의 송파품앗이와 대구 본동종합사회복지관의 늘품, 안양시청 자원봉사센터에서 운영하는 지역화폐 등 지방자치단체 차원에서도 다양한 지역통화운동이 벌어지고 있다. 이 밖에도 부산녹색통화추진본부, 광주의 나누리와 현재 준비 중인 청주시청, 안산 외국인노동자센터 등을 포함하면 국내의 지역통화제도는 조만간 약 30개를 넘을 것으로 추산된다(박용남, 2001).

3) 지역통화운동의 지역사회복지 함의

무엇보다도 LETS 시스템은 돈이 없어도 사람이 생활의 기본 욕구를 충족시킬 수 있는 뛰어난 '기술'이다. LETS 시스템 속에서는 현금이 없다고 해서 좌절할 필요가 없다. 자신이 누군가에게 도움을 주는 작은 행동－예를 들어, 아기나 환자를 돌본다든지 텃밭 가꾸기를 대신한다든지－을 함으로써(또는 약속함으로써), 그 대가로 공동체 내에서 다른 사람으로부터 서비스나 물품을 얻을 자격을 갖게 되는 것이다.

이러한 교환시스템에 참여해 온 사람들의 증언으로서 가장 주목할 것은 사람은 누구에게나 잠재된 기술과 지혜가 있다는 것을 발견하게 된다는 사실, 그리고 현금 경제 밑에서 궁핍화를 강요당하고 소외되어 왔던 많은 사람들이 자신도 쓸모 있는 공동체의 구성원이 됨으로써 자존심을 회복하게 되고, 그럼으로써 공동체가 활기를 띠고 살아난다는 사실이다. 지역통화운동이 지역사회복지에 미치는 함의는 다음과 같다.

(1) 공동체의식 함양

LETS는 기존의 이익단체와 세대 간의 장벽을 허물도록 함으로써 많은 공동체의식과 정체성을 고양시킬 수 있다. LETS는 젊은이와 노인, 가진 자와 가지지 못한 자, 직장인과 실업자 모두를 포용할 수 있고 나이와 계급의 차이를 초월하는 포괄적 시스템이다.

LETS가 성공적으로 운영된다면 어느 정도는 다양한 방식으로 서로 도와 가며 살아가는 대가족의 형식을 띠고 움직일 수 있다. LETS는 전반적 분야에 걸쳐

개인뿐 아니라 공동체 모두에게 이익을 가져다줄 수 있는 잠재력을 지니고 있다. LETS는 많은 사람을 노동시장과 지속적으로 연결될 수 있도록 도왔을 뿐 아니라 유급노동을 구할 수 있는 디딤돌 역할을 하기도 하고 또한 때로는 자영업을 시작할 수 있는 기회를 제공하기도 한다.

결국 절대적 수혜자의 지위에 있던 사람들에게 생활에서의 주도성과 주체성을 상실하지 않고 자신감을 불어넣는 효과를 가지고 있으며, 지역주민과 지역사회에 대한 관심을 증가시킬 수 있다.

(2) 상호작용적 생활방식의 변화 강조

자본주의 발달의 과정에서 노동자를 대상으로 한 직접적 저임금의 착취구조는 지양해 나가고 있으나, 자본에 의한 인간 지배, 중앙집권적 관료주의 강화는 공동체적 인간관계의 붕괴, 절대적 빈곤, 빈부의 불평등 심화, 주택문제, 교통문제, 돌봄서비스 등 새로운 형태의 문제들이 삶의 질을 저하시키고 있으며, 이러한 왜곡된 인간－인간, 인간－자연과의 관계는 삶의 질 향상에 걸림돌로 작용하고 있다. 이러한 상황 속에서 지역통화운동은 인간－인간, 인간－자연과의 공생을 통하여 작금의 여러 사회문제를 해결하고자 한다.

LETS는 지역주민의 사고와 의식의 변화를 도모할 수 있으며, 대량 생산과 대량 소비를 중심으로 소비 중심적 생활에 의존하고 있는 생활방식의 변화를 주고 있다. 자신이 가진 아주 조그만 능력을 지역주민과 개방적으로 교환하면서 공동체의 문화를 증진하고 있는 것이다. 결국 비용 면에서도 효과성 면에서도 지역화폐는 지역주민에게 매우 유익한 방법이며 그들의 삶의 질을 인간적이고 공동체적으로 생산할 수 있는 기회를 제공한다.

(3) 잠재능력의 개발 중시

현대사회의 특징은 정보기술의 발달로 노동집약적이거나 단순노무기술이 경쟁에서 밀려난다는 사실이다. 이렇게 경쟁에서 뒤진 사람은 새로운 기술을 습득하여야만 생존게임에서 살아남을 수 있다. 하지만 이들이 새로운 기술을 배운다고 해도 젊거나 지식이 많은 경쟁자를 극복하기는 쉽지 않다. 특히, 가난한 사람은 교육이나 지식 수준이 낮기 때문에 더욱 그러하다.

하지만 LETS는 그들이 지역사회에서 필요한 서비스를 제공하는 데 아무런 제약이 없다. 오히려 지역주민의 사소한 문제에 대하여 더욱 효과적으로 기술을 제공할 수 있다. 또한 직업이 아닌 취미 등과 관련된 전문 영역도 효과적으로 지역주민과 교환할 수 있다는 점에서 오히려 개인의 능력과 기술을 강화시켜 주는 점도 없지 않다.

(4) 비공식적 교육과 학습 강조

LETS에서는 회원이 제공하는 다양한 기술과 주제별 강습을 통해 학습할 수 있는 기회가 풍부하다. 이들의 교육내용은 지극히 실용적인 것에서부터 다소 철학적인 주제에 이르기까지 다양하며, 평생교육에서 볼 수 있는 것처럼 다채로운 프로그램을 제공하고 있다.

무엇보다도 중요한 것은 현실적 교육을 통해서 그들의 상실된 자존감을 회복할 수 있고, 자연스럽게 공동체의 중요성을 인식하게 되며 주된 생활양식을 변화시키고 있다는 점이다. 이들에게 LETS는 새로운 삶의 방식이며 생활 속에서 필요한 의식과 기술을 학습하는 교육의 장소라는 점에서 의미가 크다.

(5) 지역경제의 활성화 촉진

LETS는 지역사회공동체에 많은 경제적 이익을 가져다준다. LETS는 사람들이 지역 상품과 서비스를 이용하도록 조장하고, 공동체 내에서 자원을 사용하며 그것을 유지하기 때문에 지역적 수준에서 경제 부흥을 일으키는 하나의 세력이기도 하다.

많은 시스템에서 보이듯이 지역 기업들이 시스템과 연계를 갖게 될 경우 이런 현상은 더욱 뚜렷이 나타난다. 이런 현상이 확산되면 지역의 현금 경제(local cash economy)에도 큰 도움이 될 수 있다. 왜냐하면 소매업자들이 지역에서 쓸 수 있는 현금을 더 많이 갖게 되기 때문이다.

LETS에서 재화의 거래는 또한 생산자와 소비자를 보다 가깝게 연결시킬 수 있다는 것과, 사람들이 지역에서 구할 수 있는 다양한 지역 상품을 애용하려는 마음을 고취시킬 수 있다는 이점을 가지고 있다. 이것이 주류 경제에서 이루어지는 비개인적 거래와 다른 점이다. 주류 경제에서는 구매한 대부분의 제품이 타 지역에 토대를 두고 있는 대기업으로부터 오고, 쇼핑 역시 대체로 슈퍼마켓이나 대형 상점에 집중하고 있는 비개인적 활동으로 이루어지고 있지만 LETS에서의 거래는 물품 혹은 서비스의 교환과 아울러 상품에 대한 의사소통이 이루어지며, 인간적 공감대가 형성되기도 한다.

(6) 지속 가능한 사회 추구

지속 가능성에 기반을 두고 있는 LETS는 환경적 측면에서도 혜택을 가져다준다. 예를 들면, 지구의 유한한 자원에 대한 압력을 감소시키는 것을 도울 수 있다. LETS 안에서 재화와 장비 등을 공유하거나 빌려 쓰도록 조장하고, 이렇게 활용되는 재화와 장비에 대한 수리비나 재활용비용을 훨씬 저렴하게 해 주고 있다. 그렇게 되면 사람들은 희소한 자원과 재생 불가능한 자원으로 만들어진 비싼 소비재를 살 필요가 적어진다.

지역의 생산자와 소매점 등이 참여하는 지역 단위의 거래가 많이 이루어지면 이루어질수록 다른 지방이나 다른 나라의 재화와 상품을 구입하는 필요성은 점점 줄어들게 된다. 이런 지속 가능한 경제활동으로 운송비와 연료비를 줄일 수 있으며, 아울러 도로 교통문제의 해결에도 기여할 수 있다.

Chapter

12

지역사회복지의 과제와 전망

Chapter 12

지역사회복지의 과제와 전망

지역사회복지는 지역주민의 참여를 보장하고 공동체의식을 강화하여 사회통합을 달성하기 위한 목표를 강조한다. 지역주민의 일상생활에는 수많은 문제가 존재하고 있으며, 이러한 문제들은 사회통합을 저해하고 있다. 그래서 지역사회복지는 사회통합에 장애가 되는 무관심, 소외, 갈등, 불평등, 범죄 등을 의도적으로 해결하기 위하여 지역주민의 힘을 모으는 것을 강조한다. 이러한 과정에서 지역주민의 공동체의식이 형성되고 건강한 지역사회를 조성할 수 있다.

사회통합에는 경쟁보다는 협력과 연대를, 성장보다는 분배를 강조하는 측면이 강하다. 현재의 지역사회는 개인 중심의 경쟁과 성장을 촉구하며, 결과적 재분배가 아니라 한정된 예산을 중심으로 효율성을 강조하는 수준에서의 재분배가 이루어지고 있다. 또 지역주민의 복지를 영원히 추구하기 위한 지속 가능한 사회는 협력과 공동체, 문화와 비물질주의의 확대로 만들어질 수 있다. 지역사회복지 패러다임의 전환은 모든 국민이 요구하는 쾌적한 삶의 질을 보장하기 위하여 평등성, 상호 보완성과 연대성, 협동성, 다양성, 자율성, 지속성과 순환성 등의 가치를 요구하고 있다. 이러한 현상은 지역사회복지의 과제가 적지 않고 수행할 과업이 많다는 것을 보여 주는 것이다.

특히 사회복지의 패러다임이 시설 중심 서비스에서 지역사회보호로 이미 전환되었고 다양한 형태의 지역사회복지기관이 활동하고 있지만 지역사회복지실천의 근거가 되는 이론 전개나 모델 개발은 매우 부족한 실정이다. 지역사회를 둘러싼 사회구조적 상황은 빠른 속도로 변화하고 있지만 지역사회복지이론과 모델은 과거의 것을 그대로 답습하는 수준에 머물러 있는 상황이다. 지역사회복지의 이론적 배경이 대체로 미국 사회를 중심으로 구성되어 있기 때문에 한국적 상황에 적합한 실천모델을 개발하고 적용하여야 한다.

이뿐만 아니라 다양한 학문 영역에서 성장지상주의에 대한 회의 속에서 저성장을 지향하는 생태주의로 옮겨 가는 시도가 지속적으로 이루어지고 있는 데 반해, 지역사회복지는 여전히 성장 중심적이고 인간 중심적인 패러다임이 유지되고 있다. 물론 사회복지 각 분야의 실천기관에서 대상이나 영역에 따른 문제를 적극적으로 해결하기 위해 실천적 노력을 기울이고 있다.

이러한 상황을 중심으로 우리나라 지역사회복지의 과제를 살펴보면 다음과 같다.

1. 사회복지사의 문제의식과 역량 강화

1) 사회복지사의 정체성 확립

지역사회복지실천현장에서 일하고 있는 사회복지사는 구체적이고 직접적인 서비스를 구현하는 데 관심이 많다. 우리나라의 사회복지교육은 온정주의적 시각과 전문 기술적 접근이 강조된 형태로 발전하여 왔다. 이러한 문제는 지역사회복지현장의 실천과정이 개별 기관의 특성을 중심으로 진행하도록 하고 있다. 하지만 지역주민의 욕구가 다양하고 복합적이며, 지역주민 상호 간의 역동적 관계를 활용하기 위하여 지역사회복지현장의 움직임도 협력적이어야 한다.

그러나 사회복지사는 지역주민의 공동체를 형성하거나 사회정의를 달성하는 데에는 상대적으로 관심이 적다. 즉, 지역사회의 문제를 파악하고 지역주민의 참여를 촉진하는 노력이 부족하며, 지역주민의 권리를 대변하는 데 익숙하지 않다. 하지만 우리나라의 정치경제적 상황이 민의를 중시하는 구조로 변화되고 있으며, 다양한 사회 참여를 통하여 정책과정에 참여하여 적극적으로 의견을 제시하고 있다. 이러한 과정에 사회복지사가 적극적으로 참여하여 지역주민의 욕구와 문제를 효과적으로 해결할 수 있는 역량을 강화하는 것이 바람직하다.

2) 사회복지서비스의 시장화

우리나라는 사회복지서비스 전달체계가 다양한 부서와 관련되어 있다. 사회복지서비스 제공 기관과 유형이 다양하지만 사회복지서비스의 질이 높지 않은 상황에서 시장논리를 중심으로 영리화하는 것은 적합하지 않다. 왜냐하면 시장의존적 사회복지는 상업화를 강화하여 국가의 책임을 개인에게 전가하는 경향이 강하며, 개인은 가지고 있는 능력 정도에 적합한 서비스를 통하여 욕구를 충족하기 때문이다.

또 사회복지서비스의 시장화는 지역주민 혹은 클라이언트 집단의 욕구 충족이라는 목표보다 조직을 유지하고 이윤을 발생시키는 데 더 많은 관심을 가지게 한다. 사회복지서비스의 시장화는 사회복지가 강조하는 인간의 존엄성, 자율성, 전문성 등이 상실되어 사회복지 이념과 정체성을 훼손할 수 있다.

물론 시장화된 사회복지는 이용자가 선택하고 결정할 수 있다. 정부는 사회복지서비스의 시장화가 국가 중심의 관리 형태에서 벗어나 시장을 통하여 자율적으로 통제되기 때문에 비용 효율성이 있다고 강조한다. 하지만 이는 관리비용은 줄일 수 있으나 거래비용이나 시간비용이 증가하여 비용 감소 효과가 크지 않을 것으로 보고 있다. 사회복지서비스의 시장화는 보험 부담금과 이용자 부담금의 형태로 재원이 조성됨으로써 사회복지 대상자의 인격을 무시하는 낙인적 효과가 있다. 현대 복지국가의 사회복지는 전 국민을 대상으로 보편적 서비스를 제공하며, 사회복지 재원이 세금으로 형성되어 본인부담금을 최소화한다.

3) 지역사회복지운동의 실천

지역사회복지는 지역주민의 욕구를 충족하기 위하여 자발적이고 적극적인 참여가 필요하다. 한국사회는 지난 60여 년 동안 절대적 빈곤을 극복하기 위하여 부단한 노력을 기울였으며, 괄목할 만한 경제 성장을 이루어 냈다. 하지만 이 과정에서 지역사회의 절대적 가치인 공동체의식이 약화되는 경험도 하고 있다. 즉, 성장과 개발에 역점을 두다 보니 지역사회에 다양한 문제가 양산되는 부작용이 나타나는 것이다.

이러한 부작용과 역기능을 해소하기 위한 새로운 패러다임이 이미 다양한 형태로 실험되고 있다. 예를 들면, 생활협동조합, 생산자협동조합, 의료협동조합, 지역통화운동, 공동육아 등과 같이 생산과 소비를 자립적으로 유지하고자 하는 생활기능적 측면, 수돗물 불소화 반대 운동, 공동주거(co-housing)운동, 마을 만들기와 같이 문화와 생활의 개선에 역점을 두는 복합 기능적 측면, 기타 녹색공원 조성이나 National Trust같이 환경을 강조하는 운동이 다양하게 실험되고 있다.

바람직한 지역사회 공동체는 이렇게 다양한 측면이 함께 어우러지는 공동체라고 할 수 있다. 자립 지향적이며 공동체 지향적인 생활방식은 타자에 대한 관계를 인식하는 것이고 공동체의식을 키우는 것이며 삶을 주체적으로 살아간다는 것을 의미한다. 이러한 시도들은 미래사회에 대한 기대이며 희망으로서 정치, 경제, 사회, 환경적으로 지속 가능한 개발의 실현을 위한 지역적 활동이 활발하게 전개되어야 함을 입증하고 있다.

2. 지역사회복지 네트워크 구축

1) 다양한 서비스 기관의 출현

지역사회복지는 지역주민 개개인의 삶의 질을 향상시키고, 공동체의식을 강화하여 사회통합을 추구하는 것을 목표로 하며, 이러한 목표를 달성하기 위하여 다양한 활동을 실천하고 있다. 1990년을 전후하여 우리나라의 사회복지 패러다임이 절대적 빈곤을 비롯한 특정의 욕구를 가진 지역주민을 보호하기 위한 거주시설에서 전체 지역주민의 삶의 질을 강화하기 위한 참여중심의 이용시설로 거의 바뀌었으며 이 과정에서 다양한 지역사회복지실천기관이 설립되었다.

즉, 지역사회복지의 핵심적 기능인 지역사회보호, 재가복지, 사례관리 등을 실천할 수 있는 지역사회복지관, 노인복지관, 장애인복지관, 지역사회정신건강센터, 지역자활센터, 가족지원센터, 주민자치센터 등이 빠른 속도로 설립되거나 증설되고 있다. 물론 이들 기관이 구체적이고 직접적인 서비스를 개별적으로 제공하는 과정에서 서비스의 중복, 제한적 서비스, 근본적 원인 해결 노력 부족이라는 한계를 가지고 있으며 이러한 문제를 해결하는 것도 중요하다.

2) 서비스 전달체계 구축

최근 지역사회는 장애인구의 증가, 고령화의 촉진, 저출생, 가족 기능과 형태의 변화 등으로 다양한 욕구가 분출되고 있다. 지역사회복지서비스는 지역적 특성과 욕구가 반영되어 지역주민에게 필요한 서비스를 중심으로 제공되는 것이 바람직하므로 지역의 역량을 강화하여 보편적 서비스와 선택적 서비스가 다양하게 제공되어야 한다. 하지만 정부의 정책은 국민의 개별적이고 다양한 욕구에 적극적으로 부응하거나 지역적 특성을 반영하기 어렵다. 따라서 이러한 문제를 해결하기 위하여 전문적이고 통합적인 서비스를 전달하기 위한 사회복지 전달체계가 구축되어야 한다.

또 지역사회보장협의체를 통하여 지역사회복지에 관한 체계적 의견 수렴과 협의를 바탕으로 지역사회복지 개선 방안을 마련하고, 지역사회복지서비스의 연계 및 조정 역할을 수행하며, 지역사회의 사회복지자원을 개발하고 효율적으로 활용하도록 하고 있다. 지역사회보장협의체에는 민간 전문가, 공공복지 관계자, 학계, 보건 분야 관계자 등으로 구성되어 지역주민의 다양하고 복합적인 욕구에 포괄적이고 종합적인 서비스를 제공할 수 있을 것이다. 이를 위하여 민·관의 협력, 복지·보건의 연계를 강조하여 민주적 의사소통구조를 확립하고 이용자 중심의 통합적 복지서비스를 제공할 수 있는 기반을 조성하여야 한다.

3. 새로운 지역사회복지실천모델 개발

우리나라에 사회복지학이 학문적 형태로 소개되고 학습된 지 70여 년에 이르고 있다. 우리나라의 지역사회복지가 명확한 정체성을 가지지 못하고 사회복지 현장에서 겉도는 것은 실천현장에 적용할 한국적 모델이 없기 때문이다. 우리나라의 정치사회적 환경 변화, 지역사회복지 환경의 변화, 지역주민의 삶의 형태와 의식의 변화 등을 중심으로 우리나라의 지역사회에 적합한 이론과 모델이 개발되어야 한다.

1) 다문화사회의 다양성

세계화와 개방화는 경제사회적 역동을 반영하여 우리나라의 인구사회학적 특성을 변화시키고 있다. 생산 인구의 부족, 결혼관의 변화 등으로 국제결혼이 증가하고 있으며, 다인종·다문화사회로 변화되고 있다. 국제결혼 등으로 우리나라에 정착하게 된 다문화가족은 새로운 환경, 새로운 문화 등에서 원만한 상호작용이 이루어지지 않거나 심리적으로 불안정한 상태에서 적응과정을 거치고 있다. 이와 같은 인구사회적 특성의 변화는 지역사회복지실천의 변화를 요구한다.

지역사회복지는 지역주민의 동질성, 소속감, 연대성을 강조하는데, 다문화사회는 이러한 지역사회의 기본 전제를 무력화할 수 있다. 따라서 지역사회복지는 다문화가족의 특성과 지역사회의 특성을 적절하게 통합시킬 수 있는 방법을 모색하여야 한다.

2) 지방자치단체의 역량 강화

참여정부 후반기에 지방정부의 자율성과 역량을 발휘하고 중앙과 지방정부

상호 간의 협력을 통하여 지역적 특성에 부합되는 정책을 개발하고 실현할 수 있도록 지방분권정책을 추진하였다.

사회복지에 대한 지방정부의 관심 여하에 따라 지역주민의 욕구와 지역사회의 특성에 맞는 사회복지서비스를 개발할 수 있다. 하지만 지방정부의 무관심과 지방 공무원의 소극적 자세가 일반화되면 지역사회복지는 위축될 수밖에 없다. 또 지방정부는 지역적 특성에 맞는 사회복지정책과 프로그램을 개발하고 실현할 수 있지만 예산의 부족 등으로 신규 사업을 추진하기는 어렵다. 결국 지역사회복지를 비롯한 사회복지사업이 지역 간 재정자립도의 차이에 의하여 불균형을 초래할 수밖에 없다.

그리고 지방정부의 지역사회복지실천은 지역주민의 참여가 필요한데, 지방정부는 주민의 역할을 소극적으로 제한하고자 하는 경향이 강하다. 지역사회보장계획이나 지역사회보장협의체의 수립과정에서 볼 때 지방정부는 정책 방향에 걸림돌이 되지 않을 사람을 위원으로 구성하거나 추천함으로써 형식적 절차를 밟고 있다. 지역주민에 의한 지역사회보장계획 수립이나 지역주민의 욕구에 부합되는 지역사회보장협의체가 아니라 지방정부의 주도하에 이루어지는 형식적 과정을 거치고 있다는 점을 심각하게 우려하지 않을 수 없는 것이다.

3) 지역사회 거버넌스 강화

지역사회복지는 지역적 특성과 욕구가 반영되어 지역주민에게 필요한 서비스를 중심으로 제공되는 것이 바람직하므로 지역사회의 역량을 강화하여 보편적 서비스와 선택적 서비스가 다양하게 제공되어야 한다. 지역사회복지의 강화는 사회복지의 큰 흐름을 반영하는 것으로 지역사회 중심 재활사업(community based rehabilitation), 노인과 장애인을 이용자로 하는 사례관리(case management), 지역사회보호(community care), 재가복지서비스 등의 필요성이 부각되어 지역주민의 적극적 참여와 지역사회자원의 활용이 요구된다.

지역사회의 공동체를 형성하고 강화하기 위하여 사회복지시설을 비롯한 관련 기관의 협력과 연계는 필수적이다. 모든 시설이 복합적 지역주민의 욕구를 충족시킬 수 없기 때문에 다양한 사회복지시설과 공공기관과의 협력하에 연계된 서비스가 지역주민에게 제공되어야 한다.

지역사회복지의 강화는 민 · 관 협력, 민 · 민 협력의 필요성을 요구하고 있다. 다양한 서비스 기관의 출현은 서비스의 총량을 늘려 지역사회에 많은 서비스를 제공할 수 있게 한다. 하지만 개별 서비스의 운영에 집중함으로써 서비스를 조정하고 연계하는 네트워크가 효과적으로 작동하지 못하고 있다. 현재의 사회복지서비스는 분리되고 단편적으로 제공되고 있을 뿐이다. 지역주민의 욕구가 다양하게 폭발적으로 증대하고 있지만, 지역사회의 서비스 기관들은 개별적이고 단편적이어서 국민의 복합적 욕구를 충분히 충족시키지 못하고 있다.

우리 지역사회 내에 지역사회보장협의체, 사회복지협의회, 각종 직능단체협회 등의 다양한 조정기구들이 있으므로 이들의 관계를 분명하게 정립하고 네트워크를 구축하여 효율적으로 사회복지서비스를 제공할 수 있도록 지원하여야 한다. 따라서 대다수의 사회복지시설이 정부의 지도 · 감독하에 지역주민의 삶의 질을 강화하고 사회통합을 달성하기 위하여 다양한 프로그램을 실시하고 있기 때문에 민 · 민, 민 · 관의 지역사회 거버넌스를 통하여 지역사회 공동체를 건설하기 위한 노력이 강화되어야 한다.

4) 새로운 실천모델 개발 및 전문가 단체의 참여

우리나라는 사회문화적으로 급격한 변화를 경험하고 있다. 국제결혼 및 이민 등으로 인한 다문화사회, 결혼포기 및 기대수명 연장 등으로 저출생 · 고령화사회, 1인 세대 등의 가족분화, 그리고 인공지능 등의 제4차산업혁명 등은 새로운 지역사회복지 모델을 필요로 하고 있다. 우리나라의 급격한 사회변화는 새로운 지역사회복지실천모델을 필요로 하고 있다.

한편, 로스만의 지역사회복지 모델은 대표적인 모델이지만 시 · 공간적으로 오래된 모델이다. 1960년대의 경제성장기의 미국 사회를 배경으로 하고 있으며, 인권운동이 활발하게 전개되던 시기이기도 하다. 로스만의 모델은 시대적으로, 사회적으로, 경제적으로 한국적인 상황과 많이 다르다.

한편 우리나라의 지역사회복지 실천 경험도 많이 축적되어 있다. 새마을운동, 빈민운동, 인권운동, 가톨릭 등의 종교사회운동, 지역화폐, 마을만들기, 지역사회보장계획, 그리고 생태운동 등의 다양한 지역사회사회실천 활동이 오랜 시간 동안 실천되어 왔다. 다만 지역사회복지실천 기관 등의 노력이 이러한 지역사회실천 활동과 깊은 연관을 가지지 못한 측면이 있다.

따라서 사회복지기관에 의해서 다양한 방법으로 실천되어 온 지역사회복지 활동이 충분히 연구되어 새로운 실천모델을 개발하는 것은 시급한 과제이다. 사회복지사협회, 사회복지협의회 등의 전문가 단체들이 자료를 모으고, 분석하고, 적용하는 노력이 필요하다. 이러한 전문가 단체의 노력에 더하여 사회복지학계의 연구가 병행되어야 한다. 우리나라 사회복지학의 수준도 미국사회와 비교하여 낮지 않기 때문에 한국적 지역사회복지 모델 개발을 위하여 사회복지학계도 적극적으로 참여하는 노력이 필요하다.

참/고/문/헌

〈국내문헌〉

강대기(2001). **현대사회에서 공동체는 가능한가.** 서울: 아카넷.

강수돌(1999). **작은 풍요.** 서울: 이후.

강철희, 홍현미라(2002). 지역사회결속력에 대한 탐색적 연구. **한국사회복지학, 48**, 42-81.

고영복 편(1992). **사상사개설.** 서울: 사회문화연구소.

구승회(1995). **에코필로소피.** 서울: (주)새길.

구승회(2001). **생태철학과 환경윤리.** 서울: 동국대학교 출판부.

길은배(2001). 비정부기구(NGO)를 통한 남북 한 사회통합 연구–청소년분야의 교류 · 협력을 중심으로. 경희대학교 대학원 박사학위논문.

김기식(2001). 시민단체와 사회복지계의 새로운 연대를 모색하며. 한국사회복지학회 2001년 춘계학술대회자료집.

김남선(1992). **지역사회개발학개론.** 서울: 형설출판사.

김남선(2000). **지역사회조직론.** 대구: 홍익출판사.

김만호, 정일교(2022). **사례관리의 이론과 실제.** 경기: 공동체.

김범수, 신원우(2006). **지역사회복지론.** 경기: 공동체.

김상균(1999). 한국사회복지의 이념적 지평과 지향. 한국사회복지학회 1999년 추계학술대회자료집.

김성이 외(1997). **비교지역사회복지.** 서울: 한국사회복지관협회.

김성이, 大橋謙策 편(2000). **한일지역복지비교연구.** 서울: 나남출판.

김수정(2006). 사회복지사의 사회행동 실천 과정에 관한 연구. 이화여자대학교 대학원 박사학위논문.

김양식(2020). 1970년대 충북지역 새마을운동 자료검토. 충청북도, 충북학 제22집.

김연옥(1983). 미국 Community Action Program의 사회통제 기능에 관한 연구. 서울대학교 대학원 석사학위논문.

김영모(2001). **지역사회복지론.** 서울: 고헌출판부.

김영모(2002). **지역계획론.** 서울: 보성각.

김영화 외(2001). **사회문제론.** 서울: 대학출판사.

김익균, 고순철(2000). **한국지역사회복지론.** 서울: 대학출판사.

김익수(1998). 생태도시 조성을 위한 통합폐기물 관리방안: 전과정평가(LCA) 기법의 응용. 서울대학교 대학원 박사학위논문.

김정훈(2020). 새마을운동 변천과정에 관한 일고찰-역사적 접근. 가천대학교 석사학위논문.

김정희(1998). 생명여성주의의 존재론적 탐구: 반야 불교와 노자의 '마음'개념에 기초한 신인간형의 모색. 이화여자대학교 대학원 박사학위논문.

김종걸(2013). 사회적 경제: 새로운 성장과 사회통합전략. 중앙자활센터. 자활읽기, 제11호.

김종일(2005). **지역사회복지론.** 서울: 학현사.

김종해(1995). 도시지역 지역사회행동의 주민참여요인에 대한 연구: 부천시 조례제정 운동을 중심으로. 서울대학교 대학원 박사학위논문.

김종호(2001). 생태문제의 경제학적 수용에 관한 비판적 세 논문. 서울대학교 대학원 박사학위논문.

김찬호(2002). 마을만들기주민학교-일본마을만들기의 전개와 의미. 환경운동연합홈페이지(http://cice.kfem.or.kr).

김태성(1992). 사회복지에서 공공부문과 민간부문의 역할분담에 관한 연구. **사회복지연구, 4**(1), 57-80.

김통원, 김용득(1998). **사회복지실천 사례관리.** 서울: 지샘.

김해창(2003). 환경수도, 프라이부르크에서 배운다: 에너지자립 · 생태도시로 가는 길. 서울: 이후.

김희걸(2001). 재가와상노인의 사례관리 모형개발 및 효과: RAI적용을 중심으로. 중앙대학교대학원 박사학위논문.

김희연(2002). 지역사회복지의 네트워크분석. 이화여자대학교 대학원 박사학위논문.

남기민(1995). 중앙정부와 지방정부 간의 사회복지역할분담. 남세진 편. **한국사회복지의 선택.** 서울: 나남출판.

류기형, 박경일(1998). 청소년 자원봉사활동의 활성화를 위한 생활구조요인 분석(부산광역 시중·고등학생을 중심으로). **사회복지연구, 8**, 309-336.

류동민, 최한주(2003). 지역통화운동 활성화방안에 관한 연구 - 한밭레츠의 사례를 중심으로-. **경제발전연구, 9**(1), 86-106.

류정복(1997). 환경권 향유증대를 위한 환경윤리교육 모형개발에 관한 연구. **국민윤리연구, 36**(1), 113-132.

맹진영(1994). 새로운 사회운동과 운동정치학. 문화와사회연구회 편. **현대와 탈현대**. 서울: 사회문화연구소.

문순홍 편(1999). 생태패러다임, 생태담론 그리고 생태비평의 언어전략. **생태학의 담론**. 서울: 솔.

문순홍 편(1999). 생태발전론의 아버지 슈마허론: 재편집된 "작은 것이 아름답다". **생태학의 담론**. 서울: 솔.

박강주(2006). 상허 유석창의 농촌지역사회개발 교육사상이 새마을운동에 미친 영향. 건국대학교 대학원 박사학위논문.

박경일(2007). **사회복지정책론**. 경기: 공동체.

박석돈(1997). 사회복지이념과 공동체정신. **사회복지, 135**, 1997 겨울호.

박석돈(2001). 지역사회복지사업수행에 있어서 공·사간의 역할과 과제. **한국지역사회복지학, 9**, 57-87.

박성쾌(2004). 사회자본 패러다임과 사회·감성재화에 관한 소고. **수산해양교육연구, 16**(2), 199-209.

박영미, 박희서, 서순복, 오세은, 전정환(1998). **지역개발과 환경보전**. 서울: 학현사.

박용남(2000). **꿈의 도시, 꾸리찌바-재미와 장난이 만든 생태도시 이야기**. 서울: 이후.

박용남(2001). 한밭레츠-나눔과 보살핌의 공동체 실험. 녹색평론, 9~10월호.

박정임(2002). 정신장애인을 위한 강점관점 사례관리모델의 효과성에 관한 연구. 서울여자대학교 대학원 박사학위논문.

박종관(2004). 지역혁신을 위한 사회자본의 증진방안. 지방자치, 189(2004. 6). 현대사회연구소.

박찬웅(2000). 사회적 자본, 신뢰, 시장: 시장에 대한 사회학적 접근. 한국사회학회 2000년도 춘계특별 심포지엄자료집.

박태영(2008). **지역사회복지론**. 경기: 학현사.

박형신, 조대엽, 김종길, 문형욱(2000). **새로운 사회운동의 이론과 현실**. 경기: 문형.

박희봉(2002). 지방거버넌스와 사회자본. 박종민, 이종원 편. **한국 지방민주주의의 위기: 도전과 과제**. 서울: 나남출판.

백은령(2003). 지체장애인의 삶의 질에 영향을 미치는 요인에 관한 연구–환경요인과 사회통합정도를 중심으로. 가톨릭대학교 대학원 박사학위논문.

백종만(1995). 국가와 민간 간의 사회복지의 역할 분담. 남세진 편. **한국사회복지의 선택**. 서울: 나남출판.

부 티 후엔. 2021. 베트남 새농촌개발 프로그램의 내용과 성과 연구-한국 새마을운동과의 비교와 적용전략. 부산외국어대학교 석사학위논문.

설한(2000). 공동체주의: 협동, 책임, 참여의 정치사회학. **국제정치연구**, 3, 199-238.

성현찬, 김귀곤(1997). 전략환경평가 모형의 개발과 적용에 관한 연구(Ⅰ): 도시기본계획평가를 중심으로. **환경영향평가**, 6(1), 5-32.

신명호, 서정균, 이근행, 이호, 홍인옥(2000). 도시 공동체의 현황과 전망. **도시연구**, 6, 51-81

신응배(1979). 복지사회와 환경지표. **대한토목학회지**, 27(1), 2-3.

안용완(2001). 사회복지계에서 본 시민단체와 사회복지. 2001년 춘계학술대회 자료집. 한국사회복지학회.

안윤숙, 김홍주(2019). 지역사회복지 활성화를 위한 사회적경제의 역할과 과제. **지역사회연구**, 27(4), 177-198.

안태욱(2021). 사회적 경제 생태계 구성조직 역할 중요도 연구: 전라북도 사회적 경제 중심으로. **사회적기업연구**, 14(2), 63-85.

여미영(2022). 사회적 경제 및 사회자본이 경제 성장에 미치는 영향. **사회적기업연구**, 15(1), 211-235.

오동석(1999). 주민참여적 지방자치의 헌법적 정당성. 서울대학교 대학원 박사학위논문.

오정수, 류진석(2004). **지역사회복지론**. 서울: 학지사.

원석조(2001). **사회복지역사의 이해**. 서울: 양서원.

원주영(2023). 의식개선을 통한 환경관리: 1970년대 초 도시의 환경문제와 새마을운동. 한국과학사학회지, 제45권 제1호.

유상오(2001). 생태지향적 공간 조성을 통한 지역 문화 형성. 환경정의시민연대 편. **생태도시의 이해**. 서울: 다락방.

윤순진(2002). 전 지구적 환경위기와 기후변화협약, 그리고 환경정의. 대안사회포럼-신자유주의 세계화, 사회의 실종, 그리고 공공성의 위기.

윤준상(1994). 지역사회개발행정사업에 대한 주민의 집단행동참여와 그 관련변인. 서울대학교대학원 박사학위논문.

이근행(2001). 생태적 도시공동체의 가능성과 전망. **도시연구**, 7, 96-116.

이금진(2003). 지역기반 정신장애인 직업재활수행기관 간 연계강화에 관한 연구. **한국사회복지학**, **54**, 35-64.

이금진(2004). 장애인 직업재활기관의 사례관리실천 현황분석. **장애와 고용**, **14**(3), 36-54.

이상헌(1993). 한국환경운동의 이데올로기와 주체에 관한 연구. 서울대학교 환경대학원 석사학위논문.

이상헌(1996). 환경위기와 근대성의 우화(羽化). **도시연구**, **2**, 179-206.

이성, 정지웅(2002). **지역사회조직론-지역사회리더십과 시민운동을 중심으로**. 서울: 학지사.

이성록(2002). 자원봉사활동에 대한 다차원적 동인의 영향력. 서울여자대학교 대학원 박사학위논문.

이양훈, 김준환, 김혜정, 김백수, 오호진, 이동우(2007). **지역사회복지론**. 서울: 창지사.

이영철(2003). **지역사회복지실천론**. 경기: 양서원.

이재준(2001). 환경친화적인 주거 단지 조성 사례와 적용 방안 모색. 환경정의시민연대 편. **생태도시의 이해**. 서울: 다락방.

이정락, 이운경(2020). 1970년 새마을운동 관련 연구에 대한 논쟁과 2010년 이후 새마을운동의 학문화 과정에 관한 연구. 충청북도, 충북학 제22집.

이 준(2003). 생태주거단지의 계획기준 도출에 관한 연구-유럽의 생태주거단지를 중심으로. 서울대학교 대학원 석사학위논문.

이창우(2001). 도시계획 패러다임 변화와 지속 가능도시. 시민환경연구소 편. **생태도시로 가는 길.** 서울: 도요새.

이창우(2002). 우리나라 지역화폐운동의 현황 및 과제. 한밭레츠실험 3년 평가 워크숍 자료집.

이태영(2002). 사회복지사들의 사회행동에 대한 태도 및 행위 조사연구. **한국사회복지학,** 62-94.

이택룡, 노무지(2001). **지역사회복지론.** 서울: 양서원.

이필렬 외(1999). **교양 환경론.** 서울: 따님.

이희자(1998). 조직구성원의 자발적 조직행동에 관한 연구. 서울대학교 대학원 박사학위논문.

임경수, 소진광(2005). 지역사회 빈곤퇴치와 사회적 자본. **한국지역개발학회지, 17**(1), 35-54.

임현진, 이세용, 장경섭(1998). **한국인의 삶의 질.** 서울: 서울대학교 출판부.

임희섭, 양종회(1998). **한국의 시민사회와 신사회운동.** 서울: 나남출판.

장순철(2023). 사회적기업가 정신과 사회적 자본이 사회적 경제 조직의 조직성과에 미치는 영향에 관한 연구-흡수역량과 조직몰입을 중심으로. 우석대학교 박사학위논문.

장원봉(2001). 협동조합운동과 대안적 사회경제활동에 관한 문제제기. **도시연구,** 7, 1-17.

장윤정(1999). 주민들의 자발적인 분리수거 참여가 지역사회에 미치는 영향에 관한 연구. 서울대학교 환경대학원 석사학위논문.

장인협, 우국희(2001). **케어 · 케이스매니지먼트.** 서울: 서울대학교 출판부.

장주호(1981). 지역사회 복지사업의 조직화에 관한 연구. 단국대학교 대학원 박사학위논문.

장창곡(2001). 건강한 학교 만들기 모형 개발. **한국학교보건학회지, 13**(1), 39-45.

전광현(2001). 사회복지발전을 위한 시민참가의 의미와 과제. 한국사회복지학회 2001 춘계 학술대회자료집.

전해황(2001). 지역사회 유형별 민간사회안전망 구축방안에 관한 연구. 대구대학교 대학원 박사학위논문.

전해황 외(2008). **지역사회복지론.** 경기: 양서원.

정무성(1997). 지역사회복지실천모델에 관한 이론적 고찰. 한국사회복지학회 1997년 추계학술대회자료집.

정무성(2000). 지역사회복지의 전망과 과제. 한국사회복지학회 2000년 춘계학술대회자료집.

정석(2000. 9.). 마을단위 도시계획의 실험, 마을 만들기: 사례와 시사점. **서울도시연구, 1**(2). 1-18.

정순둘(2005). **사례관리실천의 이해.** 서울: 학지사.

정순오(2001). 21세기 지속가능한 지역개발의 방향: '지속가능한개발' 이념의 실천논의와 그 전망. 2001년 춘계학술대회자료집. 한국지역개발학회.

정연택(2003). 사회정책 연구의 분석틀로서의 사회적 자본－가능성과 한계. **사회과학연구, 14**, 299-322.

조명래(2000). 문화경제화와 문화도시계획. **도시연구, 6**, 115-130.

조선호(2015). 박정희 대통령의 새마을운동에 대한 통치이념 및 아이디어 분석: 새마을운동 관련 연설문을 중심으로. 순천대학교 대학원 박사학위논문.

조성빈(1999). 조직구성원들의 의미 형성과정과 결과에 관한 연구. 서울대학교 대학원 석사학위논문.

조용준(2020). 수원시 사회적 경제 5개년 계획수립연구. 수원시정연구원.

지은구(2003). **지역복지론.** 서울: 청목출판사.

최병두(1997). 자연의 지배, 탈소외, 승인. **도시연구,** 3, 175-222

최병두, 구자인, 조은숙, 이상헌(1996). 도시환경문제와 생태도시의 대안적 구상. **도시연구,** 2, 221-258.

최상호(1999). **지방시대지역사회개발론.** 서울: 박영사.

최영신, 김만호(2006). 일본 '자녀양육지원센터'의 복지 · 보건 연계에 대한 일고찰. **사회복지정책,** 27, 27-54.

최옥채(2001). **지역사회실천론.** 서울: 아시아미디어리서치.

최옥채(2001). 지역사회주민조직화 모형에 관한 소고: 접촉전략과 접촉방법을 중심으로. 사회복지재정의 이슈와 전망. 2001년 한국사회복지학회 추계학술대회자료집.

최옥채(2005). **조직화기술.** 경기: 학현사.

최일섭(1997). 지역사회복지실현을 위한 이론과 실천적 과제. 1997년 한국사회복지학회 추계학술대회자료집.

최일섭, 류진석(1998). **지역사회복지론.** 서울: 서울대학교 출판부.

최종욱, 권용혁, 정수복, 정범구, 차명제, 문순홍(1994). **현대의 위기와 새로운 사회운동.** 서울: 문원.

최종혁, 이연(2001). 지역사회복지증진을 위한 주민조직화에 관한 요인. 한국사회복지학회 2001 춘계학술대회자료집.

표갑수(2003). **지역사회복지론.** 경기: 나남출판.

한국산업사회학회 편(2001). **사회학.** 서울: 한울아카데미.

한국임상사회사업학회(2008). **지역사회복지론.** 서울: 신정.

한국지역사회복지학회 편(2004). **한국의 지역사회복지실천.** 경기: 학현사.

한동우, 윤주명(2001). 농촌지역문제에 대한 주민의식과 태도에 관한 연구－충청남도 합덕 · 우강 지역 사례연구－**한국사회복지학**, 10, 107-134.

한면희(2002). 문명 패러다임 전환과 생태주의. **과학사상**, **41**, 43-60.

함세남 외(1996). **선진국 사회복지 발달사.** 서울: 홍익제.

현외성(2002). 사회복지운동의 경향과 지역복지운동의 전개방향. 한국지역복지학회 2002년 한국지역복지학회 춘계학술대회자료집.

홍현미라(2005). 지역사회변화전략으로써의 자원개발과정에 관한 연구: 사회자본관점 적용. 이화여자대학교 대학원 박사학위논문.

환경정의시민연대 편(2001). **생태도시의 이해.** 서울: 다락방.

황성철(1997). 지역사회복지와 전문적 사회복지실천. 한국사회복지학회 1997년 추계학술대회자료집.

네이버 지식백과(https://terms.naver.com). 새마을운동- 1970년대에 정부의 주도로 이루어진 지역개발운동. 한국사사전2 - 역사사건 · 문화와 사상, 2015. 2. 10. 검색.

다음 백과사전(https://100.daum.net). 2023. 10. 23. 검색.

〈번역문헌〉

大塚達雄, 井垣章二, 澤田健次郎(1992). **사회복지.** (송정부, 김범수, 박봉관 역). 서울: 대영문화사(원저출간: 1983).

都市綠化技術開發機構 편(2002). **도시 생태네트워크 계획.** [都市のエコロジカルネットワーク](이승은, 홍선기 역). 서울: 시그마프레스(원저출간: 2000).

室田 武, 多辺田 政弘, 槌田 敦 편(2002). **순환의 경제학.** [循環の経済学: 持続可能な社会の条件] (권영근, 허헌중 역). 서울: 삼신각(원저출간: 1995).

永田幹部(2000). **지역복지론.** (김현훈, 유승호, 최재향 역). 서울: 동인.

田村明(1998). **마을만들기의 발상.** (한국도시연구소 역). 서울: 소화(원저출간: 1987).

住谷磬, 右田紀久惠 편(1989). **현대의 지역복지.** (박봉관 역). 서울: 대영문화사.

Beck, U. (1998). **정치의 재발견.** [Die Erfindung des Politischen] (문순홍 역). 서울: 솔(원저출간: 1993).

Boff, L. (1996). **생태 신학.** [Ecologia mundializacão espiritualidade] (김항섭 역). 서울: 가톨릭출판사(원저출간: 1993).

Bookchin, M. (1997). **사회생태론의 철학.** [Philosophy of social ecology] (문순홍 역). 서울: 솔(원저출간: 1995).

Breuel, B. (2000). **아젠다21.** [Agenda 21] (윤선구 역). 서울: 생각의나무(원저출간: 1999).

Dryzek, J. S. (1995). **환경문제와 사회적 선택－정치 경제 생태론.** [Rational ecology] (최승, 김태경, 김인호, 이재영 역). 서울: 신구문화사(원저출간: 1987).

Esman, M. J. & Uphoff, N. T. (2002). **지역사회조직론.** [Local organization: Intermediaries in rural development] (이성, 정지웅 역). 서울: 학지사(원저출간: 1984).

Hall, S. et al. (1996). **현대성과 현대문학.** [Formation of modernity] (전효관, 김수진, 박병영 역). 서울: 현실문화연구(원저출간: 1992).

Hall, S. et al. (2000). **모더니티의 미래.** [Modernity and its Future] (전효관, 김수진 외 역). 서울: 현실문화연구(원저출간: 1992).

Hobsbawm, E. (1997). **극단의 시대: 20세기 역사.** [Age of Extreme: The Short Twentieth Century] (이용우 역). 서울: 까치글방(원저출간: 1994).

Hobsbawm, E. & Hall, S. et al. (1999). **제3의 길은 없다.** [Third way is wrong] (노대명 외 역). 서울: 당대(원저출간: 1998).

Huntington, S. P. (2000). **문명의 충돌.** [The Clash of Civilization and The Remaking of World Order] (이희재 역). 서울: 김영사(원저출간: 1996).

Lovelock, J. E. (2001). **가이아.** [Gaia] (홍욱희 역). 서울: 범양사(원저출간: 1987).

Luke, T. et al. (1999). 생태학의 담론. [The Dream of Deep Ecology] (문순홍 역). 서울: 솔(원저출간: 1998).

Meadows, D. H. (1972). **인류의 위기.** [The Limits to Growth] (김승한 역). 서울: 삼성미술문화재단(원저출간: 1972).

Merchant, C. (2001). **래디컬에 콜로지.** [Radical ecology: the search for a livable world] (허남혁 역). 서울: 이후(원저출간: 1999).

Milbrath, L. W. (2001). **지속가능한 사회.** [Envisioning a Sustainable Society: learning our way out] (이태건, 노병철, 박지운 역). 경기: 인간사랑(원저출간: 1995).

Odum, E. P. (2001). **생태학.** [Ecology: A Bridge Between Science and Society] (이도원, 박은진, 김은숙, 장현정 역). 서울: 사이언스북스(원저출간: 2001).

Rein, M. (1997). **사회정책을 위한 사회과학.** [Social science] (이태영 역). 서울: 대학출판사(원저출간: 1976).

Schumacher, E. F. (2001). **작은 것이 아름답다: 인간중심의 경제를 위하여.** [Small is Beautiful] (이상호 역). 서울: 문예출판사(원저출간: 1993).

Scott, A. (1995). **이데올로기와 신사회운동.** [Ideology and The New Social Movement](이복수 역), 서울: 한울아카데미(원저출간: 1995).

Spretnak, C. & Capra, F. (1990). **녹색정치.** [Green politics] (강석찬 역). 서울: 정신세계사(원저출간: 1986).

Weizsacker, Ernst ulrich von(1999). **환경의 세기.** [Das jahrhundert der umwelt] (권정임, 박진희 역). 서울: 생각의나무(원저출간: 1999).

〈외국문헌〉

あべよしひろ，泉留維(2000). だれでもわかる地域通貨. 北斗出版.

西部忠(2000). '地域'通貨LETS－貨幣・信用を超えるメディア. 可能なるコミユニズム. 太田出版.

Bakalinsky, R. (2001). The Small Group in Community Organization Practice. In Tropman J., Erlich, J., and Rothman, J., *Tactics and Techniques of Community Intervention, Eds.* (pp. 144-150). Itasca: Peacock publishers,

Bookchin, M. (1987). *What is social ecology? The modern crisis* (2nd ed.). Montreal, Canada: Black Rose Books.

Bookchin, M. (1999). *The Concept of Social Ecology. Ecology: Key Concepts in Critical Theory.* Edited by Carolyn Merchant. New York : Humanity Books.

Brager, G. & Specht, H. (1973). *Community Organizing.* New York: Columbia University Press.

Devall, B. (1999). *The Deep Ecology Movement.* Ecology, Edited by Carolyn Merchant. New York: Humanity Books.

Devall, W. & Sessions, G. (1985). *Deep Ecology: Living as if nature mattered.* Layton, Utah: Peregrine Smith Book.

Dunham, A. (1970). *The New Community Organization.* New York: Thomas Y. Crowell Co.

Fiori, F. (1990). *Some Concepts of Community. Community Organization: Traditional Principles and Modern Applications.* Robert D. Patton, William B. Cissell. J ohnson: Latchpins.

George, V. & Wilding, P. (1994). *Welfare and Ideology.* Hemel Hempstead: Harvester Wheatsheaf.

Glennerster, H. (1985). *Paying For Welfare.* Oxford: Basil Blackwell.

Grosser, C. F. & Mondros, J. (1985). Pluralism and Participation: The political action approach. In S. H. Taylor, and R. W. Roberts (Eds.). *Theory and practice of community social work.* New York : Columbia University Press.

Haggstrom, W. C. (1995). Tactics Of Organization Building. In J. Rothman, J. L.. Erlich, & J. E. Tropman (Eds.), *Strategies of Community Organization* (5th ed.). Itasca IL: peacock.

Hardcastle, D. A., Wenocur, S., & Powers, P. R. (1997). *Community Practice: Theories and Skills for Social Workers.* Oxford: Oxford University Press.

Johnson, L. C. (1989). *Social Work Practice: A Generalist Approach* (3rd ed.). Massachusetts: Allyn and Bacon.

Kirst-Ashman, K. K. & Hull, G. H., Jr. (2001). *Generalist Practice with Organization & Communities.* CA: Brooks/Cole.

LaDuke, W. (1999). From Resistance to Regeneration. *Ecology: Key Concepts in Critical Theory.* Ed. by Carolyn Merchant. New York : Humanity Books.

Lapin, B. (1985). Community Development: Beginnings in Social Work Enabling. In S. H. Taylor, and R. W. Roberts (Eds.). *Theory and Practice of Community Social Work.* New York: Columbia University Press.

Lubove, R. (1983). *The Professional Altruist: The Emergence of Social Work as a Cause 1880~1930.* New York : Harvard University Press.

Lubove, R. (1986). *The Struggle for Social Security: 1900~1935.* Pittsburgh: University of Pittsburgh Press.

Marcuse, H. (1999). Ecology and Revolution. *Ecology: Key Concepts in Critical Theory.* Ed. by Carolyn Merchant. New York : Humanity Books.

McNutt, J. G. (1995). Social Welfare Policy and Environmental Crisis. Hoff, M. & McNutt, J. G. (Eds.). *The Global Environmental Crisis: Implications for Social Welfare and Social.* Aldershot: Avebury.

Merchant, C. (1999). *Introduction. Ecology: Key Concepts in Critical Theory.* Ed. by Carolyn Merchant. New York: Humanity Books.

Murray, C. (1984). Losing Ground: American Social Policy 1950~1980. New York: Basic

Books.

Naess, A. (1999). Deep Ecology. *Ecology: Key Concepts in Critical Theory.* Ed. by Carolyn Merchant. New York : Humanity Books.

Naess, P. (2001). Urban planning and sustainable development. *European Planning Studies, 9*(4), 503-524.

O'Conner, J. (1999). Socialism and Ecology. *Ecology.* Ed. by Carolyn Merchant. New York: Humanity Books.

Orden, J. O. (1946). Small Communities in Action.

Oskamp, S. (2000) Psychological Contributions to Achieving an Ecologically Sustainable Future for Humanity. *Journal of Social Issues, 56*(3), 373-390.

Parsons, H. (1977). *Marx and Engels on Ecology.* Westport, Conn.: Greenwood Press.

Payne, M. (1991). *Modern Social Work Theory: A critical introduction.* Hampshire: Macmillan.

Peritore, N. P. & Galve-Peritore, Ana Karina(2000). Ecopolitics in the Global South: AQ Method Study of Elites in Seven Nations. *Social Discourse and Environmental Policy.* Cheltenham: Edward Elgar.

Rivera, F. G. & Erlich, J. L. Eds. (1998). *Community Organizing In a Diverse Society.* Boston: Allyn and Bacon.

Ross, M. G. (1975). *Community Organization: Therapy, Principle and Practices.* N.Y. :Harper and Row.

Rothman, J. (1995). Approaches to Community intervention. In J. Rothman, J. L. Erlich, & J. E. Tropman. *Strategies of Community intervention* (5th ed.). Itasca, IL : Peacock.

Rubin, H. J. & Rubin, I. (1992). *Community Organizing & Development.* Boston: Allyn & Bacon.

Schutz, A. (1967). Concept and Theory Formation in the Social Science. In Collected Papers. Ed. *Maurice Natansan.* The Hague: Martinus Nijhoff.

Taylor, S. H. & Roberts, R. W. (1985). The Fluidity of Practice Theory: An Overview. In Samuel H. Taylor & Robert W. Roberts Eds. *Theory and Practice of Community Social Work*. New York: Columbia University Press.

Tropman, J. E., Erlich, J. L., & Rothman, J. Eds. (2001). *Tactics & Techniques of Community Intervention* (4th.). Itasca: Peacock Publishers, Inc.

Ungar, M. (2002). A Deeper, More Social Ecological Social Work Practice. *Social Service Review, 76*(3), 480-497.

United Nations(1955). *Social Progress Through Community Development*. New York: United Nations.

Warren, R. L. (1978). *The Community in America* (3rd ed.). Chicago: Rand McNally.

Weil, M. O. (1996) Model Development in Community Practice: An Historical Perspective. *Journal of Community Practice, 3*(3-4): 5-67.

Weil, M. O. & Gamble, D. N. (1995). *Community Practice Models. Encyclopedia of Social Work* (19th ed.). New York: NASW.

찾/아/보/기

저자 소개

■ **김만호**

경북대학교 사회복지학과 졸업(문학사)
경북대학교 대학원 사회복지학과 졸업(문학석사 · 문학박사)
한국 SOS 어린이마을 사회복지사
대구상인종합사회복지관 부장
대구가톨릭사회복지회 법인사무국 복지부장
가톨릭상지대학교 사회복지과 교수
현, 계명문화대학교 사회복지상담과 교수
전자우편: kimho1030@hanmail.net

〈저서 및 논문〉
장애인복지론(공저)
사회복지학개론(공저)
사례관리의 이론과 실제(공저)
사회복지현장실습 세미나(공저)
생태주의 이념의 특성과 유효성
생태주의적 지역사회복지모형 개발
생태주의 관점에서 사회복지이념의 분석적 고찰(공동)
사회복지사의 조직몰입 수준이 이직의도에 미치는 영향(공동)
일본 자녀양육지원센터의 복지 · 보건 연계에 대한 일고찰(공동)
보건소 중심 CBR 사업에 대한 산출분석(공동)
보건소 중심 CBR 사업의 포괄적 모형 개발의 탐색(공동)
사회복지관 평가의 BSC 성과측정모델 도입에 관한 탐색적 연구(공동)
녹색주의 사회복지 관점에서 지역화폐 분석(공동) 외 다수

지속 가능한 지역사회를 추구하는

지역사회복지론 [개정판]

1판 1쇄 발행 — 2016년 2월 25일
2판 1쇄 발행 — 2024년 2월 5일
2판 2쇄 발행 — 2025년 9월 10일

저　　자 – 김만호
발 행 인 – 강철원
발 행 처 – 양성원
주　　소 – 경기도 파주시 검산로 173번길 29-12
전　　화 – 031-946-3861(代)
팩　　스 – 031-946-3864
이 메 일 – tnwpub@naver.com
홈페이지 – tnwpub.co.kr
출판등록 – 2015년 8월 31일 제2015-000211호

ISBN 979-11-6126-565-0

정가 22,000원